Rose Boenicke, Alexandra Hund, Thomas Rihm
und Veronika Strittmatter-Haubold (Hrsg.)
Innovativ Schule entwickeln

Schriftenreihe der
Pädagogischen Hochschule Heidelberg
Band 47

Herausgegeben von der
Pädagogischen Hochschule Heidelberg

Wissenschaftlicher Beirat
Albrecht Abele, Gerhard Härle, Hans Peter Henecka,
Anette Hettinger, Gerhard Hofsäß, Veronika Strittmatter-Haubold

Innovativ Schule entwickeln

Kompetenzen, Praxis und Visionen

7. Heidelberger Dienstagsseminar

Herausgegeben von
Rose Boenicke, Alexandra Hund, Thomas Rihm
und Veronika Strittmatter-Haubold

Mattes Verlag · Heidelberg 2006

Über die Herausgeber:

Rose Boenicke, Dr., Jg. 1948, ist Professorin für Schulpädagogik am Institut für Bildungswissenschaft an der Universität Heidelberg.

Alexandra Hund, Jg. 1971, ist abgeordnete Lehrerin (GHS) am Institut für Weiterbildung an der Pädagogischen Hochschule Heidelberg.

Thomas Rihm, Dipl.-Päd., Jg. 1958, ist abgeordneter Lehrer (SoL) in der Abteilung Schulpädagogik am Institut für Erziehungswissenschaften an der Pädagogischen Hochschule Heidelberg.

Veronika Strittmatter-Haubold, Dr., Jg. 1950, ist Kommissarische Leiterin des Instituts für Weiterbildung an der Pädagogischen Hochschule Heidelberg.

Bibliographische Information Der Deutschen Bibliothek

Die Deutsche Bibliothek verzeichnet diese Publikation in der Deutschen Nationalbibliographie; detaillierte bibliographische Daten sind im Internet über http://dnb.ddb.de abrufbar.

ISBN 3-930978-86-5

© Mattes Verlag 2006

Mattes Verlag GmbH, Tischbeinstraße 62, Postfach 103866, 69028 Heidelberg
Telefon (06221) 437853, 459321, Telefax (06221) 459322
Internet www.mattes.de, Email verlag@mattes.de
Druck: Druck Partner Rübelmann GmbH, Hemsbach

Inhalt

Vorwort 7

Kompetenzen für Menschen in unserer Gesellschaft

Wolfgang Edelstein
Kompetenzen für die Zivilgesellschaft 13

Uffe Elbaek
New Horizons in University Didactics 27

Professionalität und Professionalisierung im Lehrerberuf

Arno Combe
Schulentwicklung als Herausforderung
für die Lehrerprofessionalität – zur „Individualitätsvergessenheit"
der deutschen Schule 37

Marlies Krainz-Dürr
Die Rolle von Lehrer/innen und Schulleiter/innen
in Schulentwicklungsprozessen 48

Botho Priebe
Schul- und Unterrichtsentwicklung aus der Perspektive
der Ausbildung und Fortbildung von Lehrerinnen und Lehrern . . . 65

Rose Boenicke
Schulentwicklung – die Perspektive der Lehrerausbildung (I. Phase) 80

Modelle der Schulentwicklung

Gerhard Fatzer
Zur Einleitung: Schulentwicklung als Organisationsentwicklung
Auf dem Weg zur guten Schule 85

Klaus-Dieter Block
Kooperatives Lernen – ein Abend mit Kathy & Norm Green 113

Barbara Koch-Priewe
Schulprogramme zur Mädchen- und Jungenförderung –
aktuelle Folgerungen für eine geschlechterbewusste Schule 126

Veränderungsschritte in Schulverwaltung und Schulpraxis

Werner Schnatterbeck
Bildungsreform in Baden-Württemberg
Maßnahmen – Begründungen – Begleitsysteme 143

Marianne Teske
Erwartung an Schulentwicklungsprozesse für Unterricht
und Schule als Organisation 155

Heidrun von der Heide
Schulentwicklung – Erfahrungen aus der Praxis 159

Gerd-Ulrich Franz
Schule ist zu gestalten! Ein zweifacher Erfahrungsbericht 165

*Hendrik Dahlhaus, Volker F. Herion, Jana Hornberger,
Michael Kirschfink, Undine Schmidt, Ingrid Schneider,
Andreas Werner, Traute Werner*
Schulentwicklung an der Elisabeth-von-Thadden-Schule Heidelberg 172

Visionen

Thomas Rihm
Entkoppelung tut Not – zum Verhältnis von Standardisierungen
und Lebensinteressen in der (Hoch-)Schulbildung 191

Kurt Aurin
Die gute Schule – Herausforderung und Chance 218

Autorenverzeichnis 233

Stichwortverzeichnis 235

Vorwort

Der vorliegende Band ist aus einzelnen Beiträgen des 7. Heidelberger Dienstagsseminars mit dem Titel „Schule entwickeln ... Visionen, Strukturen, Prozesse, Kompetenzen" entstanden. In Zusammenarbeit mit der Universität Heidelberg und der Schulverwaltung hat die Pädagogische Hochschule Heidelberg ein breites, umfassendes Veranstaltungsprogramm entwickelt, das aktuelle Ansätze der Schulentwicklung widerspiegelt. Eingeladen zur Veranstaltungsreihe waren in erster Linie Studierende der Pädagogischen Hochschule und der Universität Heidelberg, Kolleginnen und Kollegen, die im pädagogischen Feld tätig sind sowie die interessierte Öffentlichkeit. Ziel war es, über die drängenden Fragen im Bereich der Schulentwicklung miteinander ins Gespräch zu kommen und vielseitige Anregungen für das Leben und die Arbeit in Bildungseinrichtungen zu vermitteln.

Mit dem Titel *Innovativ Schule entwickeln* wollen wir deutlich machen, dass unser Bildungswesen in Bewegung geraten ist, Modernisierungen in Gang gekommen sind und dennoch weitere Entwicklungsschritte dringend anstehen. Innovative Konzepte liegen dazu vor. Sie orientieren sich an der Idee des Prozesses vom lebenslangen Lernen und weitergehend in der Perspektive, die Beteiligten aktiv in die Konzepte und in die Realisation einzubeziehen. Welche Chance die Referenten für die Schule und unser Bildungssystem sehen, werden in den folgenden Beiträgen dargelegt. Wichtig bei der Herausgabe des Buches ist es uns gewesen, dass sowohl die Theorie als auch Beispiele aus der Praxis ihren Platz in diesem Band haben.

Im ersten Kapitel *Kompetenzen für Menschen in unserer Gesellschaft* geben die Autoren Antworten auf die Frage, welche Fähigkeiten junge Menschen brauchen, um in der Welt von heute und morgen bestehen zu können. *Wolfgang Edelstein* hat den Schwerpunkt seiner Überlegungen auf den Bereich der Schule gelegt und beschrieben, wie sie beschaffen sein muss, so dass Menschen später in der Lage sind, wirtschaftliche, soziale und kulturelle Teilhabe erfahren zu können. Wissensgesellschaft, Medienherrschaft, Individualisierung und Globalisierung sind die großen Transformationen und Herausforderungen unserer Gesellschaft, für die Schülerinnen und Schüler gerüstet sein müssen, um aufgeklärt, handlungsfähig und mitmenschlich leben zu können. Beim Erwerb schreibt er der Schule eine zentrale Rolle zu, um zukunftsfeste Dispositionen für eine Zivilgesellschaft zu stärken. *Uffe Elbaek* dagegen hat seinen Fokus auf die Lernchancen in der Hochschule gelegt. Ebenso von Kompetenzen ausgehend zeigt er in seinem Beitrag auf, dass eine schnelle Reaktion auf Anfragen, eine hohe Qualität der Arbeit, flexibles Handeln, die Bereitschaft zum lebenslangen Lernen und die Fähigkeit, Netzwerkarbeit zu leisten, als Schlüsselqualifikationen von jungen Menschen trainiert werden können und müssen. Umsetzungsmöglichkeiten zeigt er am Beispiel der dänischen Hochschule Kaospilot auf, die er vor zehn Jahren gegründet hat und seither leitet. Dabei ist es ihm besonders wichtig, dass die Menschen einen Paradigmenwechsel vollziehen, bei dem es darum geht, sich nicht für einen Beruf ausbilden zu lassen, sondern vielmehr sich selbst in die Lage zu versetzen, seinen eigenen Arbeitsplatz zu kreieren.

Hinsichtlich der Rolle von Lehrerinnen und Lehrern in Schulentwicklungsprozessen arbeitet *Arno Combe* heraus, dass das zentrale Kriterium für *Professionalität und Professionalisierung im Lehrberuf* in der Kompetenz liegt, Schüler in ihren individuellen Möglichkeiten zu erkennen und zu fördern. Aus dieser grundsätzlichen Orientierungen am Entwicklungsstand des Individuums erwachsen alle weiteren Schritte der Schulentwicklung. *Marlies Krainz-Dürr* macht darauf aufmerksam, dass solche Neuorientierungen geradezu den Charakter eines „Kulturbruches" haben, da sie völlig neue Rollenanforderungen an Lehrerinnen und Lehrer implizieren. Ihr besonderes Augenmerk gilt der Frage, wie Schulleitungen solche Übergänge zu neuen Definitionen der professionellen Rolle ermöglichen können. Anhand eines kurzen Abrisses der Bildungsreformen vergangener Jahrzehnte verdeutlicht *Botho Priebe*, wie stark dabei bisher die Kompetenzen von Lehrpersonen vernachlässigt wurden. Neue Ansätze, die dieses Defizit beheben sollen, bergen jedoch die Gefahr, Lehrer in der „Rolle des isolierten Einzelgängers" festzuschreiben. Diese Problematik illustriert *Rose Boenicke* anhand der Lehrerausbildung an der Universität, in der angehende Lehrpersonen sich eher in einer rezeptiven und reproduktiven Rolle wahrnehmen, als auf ihre zukünftigen Aufgaben der Gestaltung, der Kooperation und der Partizipation an gemeinsamen Entwicklungsprozessen vorbereitet zu werden.

Ein einziges Modell der Schulentwicklung gibt es nicht, vielmehr bestehen ganz unterschiedliche Ansatzpunkte und *Modelle der Schulentwicklung*, wie sie im dritten Kapitel des Buchs beschrieben sind. *Gerhard Fatzer* ist dabei ein Verfechter des Ansatzes der Organisationsentwicklung. Es gelingt ihm, in seinem Beitrag Konzepte der lernenden Organisation als Organisationsprozesse darzulegen, die als Ganzes betrachtet werden müssen. Entscheidend für das Gelingen sind dabei die Schulkultur und der Umgang mit Widerstand. Der Autor zeigt nicht nur Faktoren auf, die förderlich sind, sondern macht auch Grenzen der Organisationsentwicklung in der Schule deutlich.

Veränderungsschritte und Weiterentwicklungen im Bildungssystem sind nicht nur notwendig, sondern werden auf unterschiedlichen Ebenen des schulischen Lebens angegangen. *Werner Schnatterbeck* legt in seinem Beitrag dar, wie das Bundesland Baden-Württemberg auf die gesellschaftlichen Wandlungs- und Entwicklungsprozesse bereits mit der Bildungsplanreform 2004 reagiert hat, in der die Qualität des Lernens vor der Quantität des Wissens steht. Erreicht wird diese vor allem durch eine größere Eigenständigkeit der Schulen, Bildungsstandards, Fächerverbünde, die ganz-

Vorwort

heitlich von der Lebenswelt der Schüler ausgehen, Selbst- und Fremdevaluation sowie einer reformierten Lehrerfortbildung. *Marianne Teske* unterstreicht mit ihrem Beitrag die getroffenen Aussagen. Ihr Blick fällt dabei auch auf die Kompetenzen, über die Lehrkräfte verfügen müssen, um aktiv den Schulentwicklungsprozess zu gestalten und weiter zu entwickeln. Drei verschiedene Beispiele schulischer Praxis verdeutlichen, welche Faktoren Entwicklung in der Schule ermöglichen und welche sie am Leben halten. Die Beiträge zeigen auf, was Einzelschulen bewirken können und welche unterschiedlichen Wege sie für ihre Entwicklung gewählt haben. Gemeinsam ist ihnen, dass der Prozess fordernd war und ist, sich aber die Anstrengung für ein Kollegium lohnt, denn die Früchte der Arbeit kommen dem Unterricht und damit den Schülerinnen und Schülern zugute.

Im Kapitel *Visionen* verfolgen die Autoren das Ziel, Schule derart zu konzipieren, dass sie angemessene Antworten auf die Herausforderungen im Zeitalter der Bildungsglobalisierung geben kann. Während *Thomas Rihm* sein Modell einer zweiphasigen Schulzeit vom Standpunkt der Lernenden ableitet, geht *Kurt Aurin* in seinem Entwurf einer ‚guten Schule' vom Standpunkt der Lehrerinnen und Lehrer aus. Er bezieht sich in seiner Argumentation auf die zentralen Prozesse, die sich in jeder Schule vollziehen: Formulierung der Schulziele, Kooperation innerhalb des Kollegiums, kooperative Steuerung des Schulgeschehens. Die Impulse, die dabei von den verschiedenen miteinander vernetzten schulischen Gestaltungsebenen ausgehen, zielen auf eine bestmögliche Förderung der Schüler und Schülerinnen. *Thomas Rihm* setzt sich im Zentrum seiner Argumentation mit dem Verhältnis von Standardisierungen und Lebensinteressen auseinander. Er arbeitet heraus, dass Standardisierungen nur dann eine Chance haben, dauerhaft als Handlungsoptionen der Lernenden zu wirken, wenn ihnen von den Lernenden selbst aktiv Bedeutung zuerkannt wird. Andererseits bedürfen die Lernenden zum Aufbau einer Lern- bzw. Lebensperspektive eines ‚offenen' Orientierungsrahmens, den die Standardisierungen bieten können. In einer besonderen Weise zueinander in Beziehung gesetzt, kann es so zu einem konstruktiven Zusammenwirken beider Wege der Verbesserung der Bildungsqualität kommen. Somit geben beide Konzepte, sowohl das Modell einer zweiphasigen Schulzeit als auch der Entwurf einer ‚guten Schule', jeweils aus ihrem Blickwinkel, Hinweise auf eine zukunftsweisende Schulentwicklung.

Wir danken den Referenten, die mit ihren Beiträgen zum Gelingen der Reihe beitrugen und im Anschluss an die öffentliche Veranstaltung im offenen Kreis über ihre Standpunkte mit interessierten Teilnehmern diskutierten. Ebenso danken wir der Pädagogischen Hochschule Heidelberg für die finanzielle Unterstützung, den Mitgliedern der Vorbereitungsgruppe für ihr fachkundiges und engagiertes Mitwirken an der Konzeption, den Studierenden Dieter Block, Florian Melzer, Ali Zerkout, die als Moderatoren die Veranstaltung mitgestalteten, dem Beirat der Hochschul-Schriftenreihe für die Bereitschaft, diesen Band in die Schriftenreihe aufzunehmen, Janine Jahnke für den Satz und das Layout des Buches sowie dem Verleger Kurt Mattes, der uns bei der Umsetzung unterstützt hat.

Wir hoffen, dass unser Beitrag zur Schulentwicklung zu Diskussionen in der Bildungslandschaft anregen wird. Auf die vielfältigen Rückmeldungen[1] von Ihrer Seite sind wir sehr gespannt.

Heidelberg, Dezember 2005

Rose Boenicke
Alexandra Hund
Thomas Rihm
Veronika Strittmatter-Haubold

---

[1] Rückmeldungen nehmen wir gerne entgegen unter: ifw@ph-heidelberg.de

Kompetenzen für Menschen
in unserer Gesellschaft

Wolfgang Edelstein

Kompetenzen für die Zivilgesellschaft[1]

1. Überlegungen zur Gestaltung der Schule sollten von ein paar einfachen Fragen ausgehen: Welche Kompetenzen brauchen junge Leute, um in der Welt von heute und morgen zu bestehen? Also: Welches sind die Voraussetzungen für *Teilhabe an der gesellschaftlichen Praxis*? Welche dieser Kompetenzen müssen sie in der Schule erwerben? Wie muss folglich die Schule beschaffen sein, um den Schülern diese Kompetenzen zu vermitteln? Mit diesem simplen Argument setze ich voraus, dass wir in der Schule nicht für diese selbst, sondern für das Leben lernen, und dass dafür nicht, wie Brecht in den „Flüchtlingsgesprächen" zynisch anmerkt, der eigentliche Vorbereitungseffekt auf das Leben im Erlernen der Ungerechtigkeit besteht, die dem Schüler in der Schule begegnet.

Was bedeutet es, wenn Schüler in der Schule für das Leben, auf Teilhabe an der gesellschaftlichen Praxis vorbereitet werden sollen? Welche Herausforderungen hält das Leben bereit, was wird die Zukunft von den Schülern heute und morgen verlangen? Dazu drei Bemerkungen:

Erstens: Die Voraussetzungen für Teilhabe an der gesellschaftlichen Praxis sind im Begriff, sich gegenüber früheren Zeiten zu ändern. Dabei ändert sich mit den veränderten gesellschaftlichen Bedingungen das Anforderungsprofil der Individuen. Welches sind die *zukunftsfesten Kompetenzen*, die Menschen benötigen, um in der neuen Welt zu bestehen?

Zweitens: Die erforderlichen Kompetenzen sind nicht angeboren und fallen nicht vom Himmel. Sie müssen von den Individuen erworben und deshalb zielsicher und absichtlich vermittelt werden. Dieser Erwerbsprozess erfordert zugleich neue Formen des Lernens in der Schule, einmal weil die benötigten Kompetenzen teilweise mit dem alten Geschirr nicht mehr vermittelt werden können; zum anderen, weil teilweise die Kompetenzen für die Bewältigung der Zukunft selbst in neuen Formen und Verfahren des Lernens bestehen.

Drittens: Für eine Erziehung zur Teilhabe an der gesellschaftlichen Praxis brauchen wir geeignete Institutionen. Diese Vorbereitung auf eine immer komplexere, immer weniger traditionsbestimmte Welt kann die Familie allein nicht mehr leisten. Deshalb muss die Schule dafür in Anspruch genommen werden. Die Schule, wie sie heute organisiert ist, erweist sich jedoch für die Aufgaben, die sich hierbei stellen, als schlecht gerüstet. Folglich muss sich die Schule ändern, um ihre Schüler auf das Leben vorzubereiten. Im Blick auf die Notwendigkeiten der Vorbereitung auf gesellschaftliche Teilhabe ist ein Programm schulischer Kompetenzvermittlung gefordert in den drei maßgeblichen Bereichen: *wirtschaftliche* Teilhabe, *soziale* Teilhabe, *kulturelle* Teilhabe (Edelstein 2000). In schulnäheren Begriffen sind dies die Bildungsziele Beschäftigungsfähigkeit, soziale Kompetenzen, Fähigkeit zur Teilnahme an der Kultur. Im Blick auf die heraufziehenden Strukturen und Funktionen der künftigen Zivilgesellschaft müssen wir dem entsprechend eine schulische Erfahrungswelt gestalten, in der die erforderlichen Kompetenzen nachhaltig erworben werden können.

„In der Welt bestehen" setzt zunächst Wissen darüber voraus, wie die Welt beschaffen ist. Erst wenn diese Kenntnis vorliegt, können die Eigenschaften der Individuen bestimmt werden, die erforderlich sind, um den Anforderungen der Welt begegnen zu können. Wenn wir diese Eigenschaften kennen, kann man sich der Frage zuwenden, was wir *tun* können, um die Kompetenzen zu entwickeln, die Fertigkeiten zu trainieren, das Wissen aufzubauen, die Persönlichkeiten zu kultivieren, die nötig sind, in einer Welt zu bestehen, die so beschaffen ist, wie wir es mit den besten verfügbaren Methoden der Sozial- und Zukunftsforschung feststellen können. Und schließlich wird es nötig sein, sich der Gestalt der Schule zuzuwenden, in der Kompetenzerwerb, Fertigkeitstraining und Persönlichkeitskultivierung für ein Leben in der zukünftigen, das Leben bestimmenden Zivilgesellschaft optimiert werden können. Es geht freilich nicht nur darum, funktionale Ziele angemessen zu erreichen; es geht nicht bloß darum, dass Individuen in Zukunft in der Gesellschaft irgendwie angepasst funktionieren. Vor allem aber geht es darum, Kompetenzen zu entwickeln, Fertigkeiten zu trainieren, Wissen aufzubauen und die Persönlichkeiten zu kultivieren, die nötig sind, um in der Welt *einsichtig*, *handlungsfähig* und *mitmenschlich* zu bestehen. Denn Beschäftigungsfähigkeit besteht nicht darin, dass die Mitglieder der nachwachsenden Generation als angepasste Sklaven dressiert oder nach dem Vorbild von zwar verlässlichen, aber des Denkens nicht mächtigen Maschinen konstruiert werden; Sozialkompetenz besteht nicht darin, dass Menschen sich unkritisch der Herrschaft von Gruppennormen unterwerfen. Vielmehr besteht soziale Kompetenz darin, dass die Einzelnen kooperieren, Verantwortung übernehmen, mit anderen gemeinsam Initiative entfalten und Projekte abgestimmt planen und durchführen können. Sie müssen moralisch urteilen, politisch diskutieren und demokratisch handeln können. Sie sollen nicht als unkritische Untertanen funktionieren, sondern als bewusst autonome Subjekte im Projekt ihres Lebens.

2. Zunächst aber will ich einige Veränderungen benennen, die uns bevorstehen bzw. die unser Leben bereits zu bestimmen begonnen haben. Es ist nötig, die junge Generation zu befähigen, diese Strukturveränderungen zu bewältigen: den Übergang in die Wissensgesellschaft, die Allgegenwart der medialen Information und Desinformation; die Individualisierung, die Globalisierung, die kulturelle Pluralisierung, die globale Transformation des

natürlichen Gleichgewichts, die Entterritorialisierung der Politik. All diese Transformationen sind zugleich Prüfsteine für den Bestand der Demokratie. Denn Demokratie ist nicht nur eine *Herrschaftsform*, die eine geregelte Teilnahme der Bürger zur Legitimierung der politischen Institutionen fordert, sondern eine *Gesellschaftsform*, die Engagement und Handlungskompetenz zur Teilnahme an zivilgesellschaftlichen Prozessen verlangt, aus welcher Beteiligung an der repräsentativen Demokratie erst ihren Sinn gewinnt, und diese zivilgesellschaftliche Teilnahme wiederum hat ihre Wurzeln in einer demokratischen *Lebensform*, in der alltägliche Tugenden der Fairness, der gleichberechtigten Interaktion, der Kooperation und des gegenseitigen Respekts die moralische Substanz der Zivilgesellschaft schützen (Himmelmann 2001). Die vorhin genannten tiefgreifenden Transformationen der Lebenswelt stellen folglich Herausforderungen an die Handlungskompetenzen der Individuen dar, mit denen die nachwachsende Generation nicht nur ihr individuelles Leben, sondern auch Risiken und Gefährdungen der Demokratie auf allen drei Ebenen wird bewältigen lernen müssen.

In allen Bereichen des Lebens und der Gesellschaft löst Wissen, also geprüfte und bewertete Information, Tradition als Medium der Steuerung des Handelns ab. Wenn in der Vergangenheit bürgerschaftliche Traditionen die repräsentative Demokratie bewahrt haben, wird in Zukunft das Wissen der Bürger über ihre Fähigkeit zur Lösung gesellschaftlicher Probleme und damit über den Bestand der Demokratie entscheiden. Gleichzeitig treten, als Antipoden des reflexiven Wissens, die Medien der Informationsdiffusion ihren Siegeszug an, insbesondere die Bildmedien, das Fernsehen, der Computer, aber auch die Kommunikationsmedien, deren Real-Symbol das allgegenwärtige Handy ist. Die Medien haben die Zeitstruktur des jugendlichen Lebens revolutionär verändert. Mindestens 15.000 geschätzte Stunden verbringt der durchschnittliche Jugendliche vor dem Bildschirm bis zum 18. Geburtstag (Weiß 2000) – das entspricht der Gesamtheit aller Schulstunden, die er besucht. Nehmen wir hinzu, dass er in derselben Zeit nach sachverständigen Schätzungen bis zu 200.000 Gewaltakte in den Bildmedien wahrnimmt und dass er als Teilnehmer an Computerspielen stellvertretend an einer Unzahl von Gewaltakten teilnehmen bzw. Fertigkeiten der Gewaltausübung (z. B. als Scharfschütze) erwerben kann (Grossman & Degaetano 1999). 30 Prozent ihrer Zeit verbringen vor allem männliche Jugendliche nach neueren Schätzungen am Computer. Es nimmt nicht Wunder, wenn sie weder Lust noch Zeit zum Lesen finden (Baumert et al. 2002). Klar ist indessen, dass die unerhörte und nicht zuletzt vulgäre Präsenz der Infomedien die kognitive und emotionale Konstruktion unseres psychischen und mentalen Haushalts in hohem Maße beeinflusst. Und nichts bedroht die Demokratie mehr als eine Medienherrschaft, die rationale politische Diskurse mit Mitteln der Massenpsychologie und Werbetechnologie ablöst.

Individualisierung. In bisher unbekannter Radikalität müssen Menschen die Aufgaben ihres Lebens (bereits heute und morgen noch mehr) allein als Individuen meistern: Die Anleitung durch Tradition tritt zurück hinter Entscheidungen auf den Märkten, religiöse Bindungen zerfallen, mit der Auflösung überdauernder Arbeitsplätze und Positionen verdampfen Solidaritäten. In instabilen Ehen wachsen mehr Einzelkinder auf. Das Single-Dasein gehört zur Normalität. Es lässt Mobilität leichter zu und fördert die allseits geforderte Flexibilität am Arbeitsplatz. Unter solchen gesellschaftlichen Bedingungen bedürfen Sozialität und Stabilität der Person explizit der Kultivierung. In seiner Analyse des „flexiblen Menschen" hat Richard Sennett (1998) das Bild einer Gesellschaft gezeigt, die demokratische Lebensformen gar nicht mehr zulässt, weil sie die Stabilität und Kontinuität des gemeinschaftlichen Lebens, die deren Voraussetzungen sichern, der Auflösung preisgibt.

Die *Globalisierung* hat das nationale Wirtschaftssystem bereits tiefgreifend verändert und mit ihr den Arbeitsmarkt und die Berufsstrukturen. Weder sind wir darauf vorbereitet noch haben wir die junge Generation darauf vorbereitet. Wir wissen, dass viele Jugendliche deshalb Angst, Beunruhigung und Wut verspüren und dass dies *ein* Motiv von Fremdenfeindlichkeit, Aggression und Gewalt bildet.

Globalisierungsverlierer gibt es im Weltmaßstab zwischen Nord und Süd und in Verlierergesellschaften, aber ebenso innergesellschaftlich inmitten der Gewinner, und davon sind Jugendliche teils mittelbar, im Blick auf ihre Zukunft, teils unmittelbar, im Blick auf ihre Gegenwart, am meisten betroffen. Die Armut wächst, sagt uns die Sozialberichterstattung, und die Kinderarmut wächst disproportional, wie der Kinder- und Jugendbericht der Bundesregierung (2002) zeigt. In unserer Wohlstandsgesellschaft leben bereits über eine Million Kinder in Armut. Welche Gefahren für die Demokratie auf allen ihren Ebenen daraus erwachsen, dass Vertrauen in die Zukunft, in die gerechte Regelung sozialer Verteilungskonflikte und in die Lösbarkeit sozioökonomischer Probleme in großen Segmenten der Gesellschaft verloren geht, muss sicher nicht im Einzelnen beschrieben werden.

Wissensgesellschaft, Medienherrschaft, Individualisierung, Globalisierung - all das kündigt Abstraktion, Volatilität und Entgrenzung an. Das gilt für das Eindringen des Computers in die Arbeitswelt wie für die Börse, das gilt aber auch für die Transformation der „heimischen" und lokalen Kultur durch die gegenseitige Durchdringung oder zumindest Präsenz der Kulturen, der Nationalitäten, der Sitten und Gebräuche, die zwar einerseits ein großer Reichtum ist, andererseits auch dunkle Seiten einer kulturellen Verwahrlosung zeigt. Nach Jahrzehnte währenden mehr oder weniger gut gemeinten, aber keineswegs immer erfolgreichen Versuchen der Assimilation und Inkorporation als (durchaus nicht unproblematische) Versuche der Anerkennung des Fremden sind zudem seit dem schwarzen September in Deutschland und vielerorts in Europa die Zeichen auf Abwehr und Bekämpfung des Fremden gestellt. Häufig wird der Fremde als Vertreter eines überall lauernden Terrors verdächtigt. Die ubiquitäre Durchdringung der Kulturen mit Fremdem und mit Fremden wird unsere Zukunft mitbestimmen. Darauf sind wir in Deutschland nicht vorbereitet, und doch müssen wir uns darauf einstellen, und auch dies ist bereits heute ein Prüfstein einer demokratischen Gesellschaftsform.

Eine globale Dimension des Wandels ist der *ökologische Wandel* – die Transformation der Natur. Wir sind bereits mitten im Prozess des Übergangs zu einem viel fragileren planetarischen System, dessen bisheriges Gleichgewicht gefährdet ist. Eine mit den regionalen und vor allem überregionalen Schutzbedürfnissen der Menschen kompatible Steuerung dieses Wandlungsprozesses bedarf einer bisher unterentwickelten Einsichtigkeit und einer ungeheuren Anstrengung zur Entwicklung einer neuen nicht-ausbeuterischen, geradezu moralischen Einstellung zur Natur und einer transnationalen politischen Handlungsgemeinschaft zu ihrer Bewahrung in unserem ureigensten, und doch bisher kaum durchschauten und die Lebensführung durchdringenden Interesse. Wer hier nicht lernen will, wird fühlen müssen. Der ökologische Wandel wirft die Frage nach der Demokratie auf einer bisher noch nicht beschrittenen und theoretisch noch nicht hinreichend begriffenen Ebene auf: *world citizenship* und menschenrechtlich gesicherte Teilhabe an einer planetarischen Demokratie.

Schließlich gehört zu den schicksalhaften Veränderungen der Welt und des individuellen Lebens die *Entterritorialisierung der Politik*. Seit Jahrzehnten bemühen sich in Deutschland Schulen und Zentralen für Politische Bildung, politisches Engagement unter Jugendlichen zu entwickeln und Partizipation am System der repräsentativen Demokratie zu erzeugen. Doch die Verdrossenheit gegen Politik und Politiker, das Misstrauen gegen die politischen Institutionen ist, wie die Jugendforschung zeigt, unter deutschen Jugendlichen und in Europa allgemein groß (Deutsche Shell 2000; Wilkinson & Mulgan 1995). Nun schwindet im Zuge der Europäisierung und Internationalisierung der Politik, der Macht und der Entscheidungsmechanismen die *Gestaltung der politischen Entscheidung* immer deutlicher aus der Verfügung lokaler und nationaler Institutionen, abstrahiert sich immer stärker in übernationalen, häufig gesichts- und namenlosen Gremien und Bürokratien, deren Legitimität nur Experten verstehen, weil konkret nachvollziehbare Akte politischen Handelns, wie wir sie aus der vergangenen Erfahrung lokaler Politik kennen, kaum mehr gegeben sind. Dennoch greifen diese fernen und im subjektiven Bewusstsein kaum repräsentierten Institutionen wie Weltbank und IWF, wie WTO und GATS, wie Europäischer Rat und Europäische Kommission ständig in das Leben ein, von den Milchpreisen bis zur Gesundheitsfürsorge, vom Lastkraftverkehr bis zu den Abluftstandards, sogar in den Wert und den Namen unserer Münzen. Lebensverhältnisse und Entwicklungschancen der Dritten Welt werden fast ausschließlich von ihnen bestimmt. Mit Programmen wie dem BLK-Programm „Bildung für eine nachhaltige Entwicklung" („21") versuchen wir Schülern nach dem Umweltgipfel von Rio Verantwortung für sie nahe zu bringen. Die Demokratie lebt von der Beteiligungsgerechtigkeit für alle auf allen Ebenen – von der lokalen bis zur planetarischen. Demokratie impliziert Bereitschaft, für das Gemeinwesen Verantwortung zu übernehmen, und diese setzt Beteiligungschancen voraus. Beteiligung will gelernt sein, und Motivation zum Lernen hat nur, wer Vertrauen in das System aufbringt, an dem er sich beteiligt. Politikverdrossenheit signalisiert Vertrauensverlust. Doch wenigstens im Nahraum können Schulen Vertrauen in eine demokratische Lebensform herstellen, die, so möchte man hoffen, Voraussetzungen auch für Beteiligung und Verantwortungsbereitschaft jenseits der lokalen Erscheinungsform einer Gemeinschaft erzeugen kann.

3. Welche Kompetenzen braucht nun das Individuum, um in der heraufziehenden Welt der großen Transformationen *einsichtig* und aufgeklärt, *handlungsfähig* und *mitmenschlich* zu bestehen? Im Folgenden versuche ich, die *kognitiven*, *persönlichkeitsspezifischen* und *soziomoralischen* Kompetenzen zu beschreiben, die für die Bewältigung der Transformationsdynamik der Gesellschaft erforderlich sind, und zwar in Gestalt der Fähigkeit zum Handeln in der zivilen Gesellschaft. Dabei haben die verwendeten Begriffe stets die doppelte Bedeutung funktionaler, d.h. psychologischer und normativer, d.h. handlungssteuernder Begriffe.

(a) Als ersten Kompetenzbegriff habe ich soeben das Wort „*Einsicht*" in Anspruch genommen. Das impliziert nicht so sehr die Sammlung und Speicherung eines Wissensvorrats im Gedächtnis (das von Franz Weinert kritisch so bezeichnete Bevorratungslernen) als vielmehr eine *verständige Verarbeitung der Information* eine reflektierte *Auswahl* und *Bewertung* (Weinert 1998). „Reflektiert" heißt dabei ein intentionales Verhältnis des Lernens zum Gegenstand und zum Prozess der Aneignung, und das impliziert die aktive Mitwirkung des eigenen Willens, das heißt Autonomie und Sicherung positiver Motivation (Deci & Ryan 1985, 1991). Es geht folglich um die selbstbestimmte Mitwirkung am eigenen Lernprozess und nicht um passive Unterwerfung unter fremdes Diktat. Angeleitet durch eine psychologisch aufgeklärte konstruktive Didaktik ist Lernen im hier beschriebenen Sinne ein Prozess einsichtiger Verarbeitung von Information. Dieser Prozess leitet die *Transformation von Information in handlungsorientiertes und anwendungsbereites Wissen* ein. Dieser Prozess entsteht nicht von selbst. Er muss eigens erworben und der Erwerb eigens vorbereitet werden. Das Lernen muss also selbst gelernt werden. Die Schule muss sich den Auftrag, *verständnisintensives Lernen* und dementsprechend das Lernen des Lernens zu fördern, erst noch voll zu Eigen machen.

(b) Der zweite Begriffskontext, der Begriffskontext der Handlungsfähigkeit, steht unter der Überschrift *„Selbstwirksames Handeln"*. Die von Albert Bandura entwickelte Theorie der Selbstwirksamkeit (1997) rückt die persönlichen Bedingungen erfolgreichen Handelns und Lernens ins Zentrum der Aufmerksamkeit. Das psychologische Konstrukt der Selbstwirksamkeitsüberzeugung enthält die subjektive Gewissheit eigener Handlungsmächtigkeit. Es handelt sich um die optimistisch getönte Bereitschaft, eigenes Handeln im Blick auf intendierte Handlungsziele auch gegen Widerstände effektiv einzusetzen. Vereinfacht ausgedrückt ist dies die - immer relative Gewissheit des Erfolgs auf der Grundlage der Erfahrung, dass ich etwas *kann*. Ganz offensichtlich hat Selbstwirksamkeit mit der Bewältigung *neuer* Anforderungen zu tun, bereichsspezifisch oder allgemein, individuell oder gemeinsam; und offensichtlich ist, wie sehr die Struktur der schulischen Arbeit, die Schul-Erfahrung, die Überzeugung des eigenen Wirksamkeitsvermögens kultivieren müsste.

Die vorherrschenden Bedingungen der Schule wirken freilich dieser optimistisch getönten Handlungsbereitschaft entgegen: Hierzu gehört die mangelnde Anschlussfähigkeit an früher erworbenes Wissen durch die alles bestimmende Fragmentierung der Stoff-, Lern- und Zeitpläne sowie die Resignation vieler Schüler angesichts von Leistungsanforderungen, die sie aufgrund früherer schulischer Erfahrung nicht glauben erfüllen zu können: „gelernte Hilflosigkeit" nach dem Ausdruck von Seligman (1979). Dies ist eine Einstellung, die im Blick auf konkrete Leistungsanforderungen zu Demotivierung vor der Aufgabe, im Blick auf das eigene Selbst zu Depression führt. Die schulbezogene Depression signalisiert den Zusammenbruch der Überzeugung, dass ich etwas vermag (Malsch 2004). Demoralisierung ist auch die Haltung vieler Lehrer, denen Unterricht in desinteressierten, unwilligen oder abweisenden Gruppen über ihre Kraft zu gehen scheint – der Verfall des beruflichen Engagements als Antwort auf zunehmenden beruflichen Stress (Schmitz 2000).

Angesichts der Unsicherheit der beruflichen, administrativen, (sozial)versicherungsrechtlichen, schließlich auch der berufsinhaltlichen und der politischen Zukunft müsste wenigstens das subjektive und eingelebte Vertrauen in die je eigene Handlungs- und Krisenbewältigungskompetenz, die Überzeugung eigener Wirksamkeitschancen, zukunftssicher und krisenfest sein. Es muss auch unter schwierigen Bedingungen möglich sein, eine Aufgabe zu meistern, eine Gefahr zu bestehen, eine Firma zu gründen, einen Beruf zu finden, etc.. Es war zwar schon unter den industriekapitalistischen

Bedingungen des vergangenen Jahrhunderts wichtig genug, in der Überzeugung zu handeln, man könne die eigenen wohlerwogenen Ziele erreichen. Dabei haben gesellschaftliche Regulative, die relative Offenheit des Arbeitsmarkts, die Unterstützung durch berufsfördernde Maßnahmen, die wohlfahrtsgesellschaftlichen Eingrenzungen der Lebensrisiken Belastungen abgefedert und individuelle Verantwortlichkeiten eingegrenzt. In einer zivilgesellschaftlich transformierten Kultur des gesellschaftlichen Lebens wird nun das individuelle Leben in viel höherem Maße als unter den Regulationen des Wohlfahrtsstaates in die eigene Verantwortung gelegt werden. Das Individuum wird eine auf eigene Wirkungsüberzeugungen angewiesene Verantwortlichkeit für sich selbst übernehmen müssen. Umgekehrt wird die Zivilgesellschaft in ihrer Funktionsfähigkeit von der selbstwirksamen Organisation des eigenen Lebens abhängig sein. Deshalb benötigt die vorhersehbare Zukunft in einem bisher unerreichten Ausmaß und in einer neuen Qualität eine individuelle Handlungsbereitschaft, die sich gegen eigene innere Widerstände sowie gegen von außen gesetzte Beschränkungen durchzusetzen vermag.

(c) *Perspektivenwechsel*. Handlungsbereitschaft, motivierte Handlungsbefähigung und Überzeugungen eigener Wirksamkeit würden ohne Einbettung in einen gemeinschaftlichen Kontext, der dem Handeln über individuelle Bedürfnisse hinaus Sinn verleiht, leicht in bloße Durchsetzung egoistischer Interessen umschlagen. Zwar müssen wir in einer gesellschaftlichen Umwelt hoher Komplexität, die vor allem bei den Unterprivilegierten Handlungslähmung, Ohnmachtsgefühle, Demütigung und Depression erzeugt, die Handlungsbereitschaft und das Handlungsvermögen stärken. Doch zugleich ist die Situierung des Handelns in einem psychologischen Kontext erforderlich, der das Vermögen und die Bereitschaft zu handeln an *Einsicht in den sozialen Handlungszusammenhang* bindet. Wenn Handlungsbereitschaft aus dem Kontext der Einsicht in den sozialen Handlungszusammenhang entlassen wird, wird sie als rein egoistisches Motiv auch gegen gerechtfertigte Interessen und Perspektiven Anderer rücksichtslos durchgesetzt werden.

Als balancierende Kraft, welche die erwünschte Handlungsbereitschaft, die optimistische Besetzung der eigenen Handlungsziele mit der sozialen Situierung in einem prosozialen Handlungskontext im Gleichgewicht hält, brauchen wir die Fähigkeit, die *Perspektive des Anderen* einzunehmen. Der Perspektivenwechsel ist die grundlegende Struktur des sozialen Zusammenlebens; und die Fähigkeit zum Perspektivenwechsel ist die grundlegende Kompetenz, aus der soziales Handeln, Kooperationsvermögen, aber auch das moralische Urteil im Hinblick auf Gerechtigkeit, Fürsorge und Angemessenheit des Handelns in Interaktion mit Anderen hervorgehen: Ich muss fähig sein, mich in die Position des Anderen zu versetzen, d.h. seine

Perspektive einzunehmen. Die Fähigkeit zum Perspektivenwechsel ist Voraussetzung dafür, dass wir unser Handeln auf die Bedürfnisse Anderer abstimmen, die Mitwirkung Anderer legitim in Anspruch nehmen, Rücksicht auf Andere nehmen können (Edelstein & Keller 1982). Im Lichte dieser Rücksicht wird die Handlungsbereitschaft daran gehindert, in bloße Lizenz zur ungezügelten Durchsetzung der eigenen Interessen umzuschlagen, zu Lasten der konstruktiven Interaktion, zu Lasten eines kooperativen Projekts, schließlich zu Las-ten einer mitmenschlich gestalteten Kultur.

Wie bei der Einsicht und der Selbstwirksamkeitsüberzeugung handelt es sich bei der Fähigkeit zum Perspektivenwechsel um zweierlei: um ein naturwüchsiges, selbstreguliertes Entwicklungspotenzial und um eine differentielle, bei den Individuen also unterschiedlich ausgebildete Struktur, die Ergebnis von Lernprozessen ist. Sie muss also kultiviert und gepflegt, durch Bildungs- und Erziehungsmaßnahmen gefördert werden, das heißt: in der Entwicklung beschleunigt, in der Substanz angereichert, in der Differenziertheit gefestigt werden. Von früh auf kann im Elternhaus, in Kindergarten und Vorschule die Aufmerksamkeit mehr oder weniger umsichtig, mehr oder weniger intensiv durch wahrnehmungssteigernde und sensibilisierende Hinweise auf die Position des Anderen und seiner Erwartungen gelenkt werden, um den spontanen Egozentrismus in den frühen Jahren durch die Wahrnehmung zu begrenzen, dass da auch ein Anderer ist oder Andere sind. Die Differenzierung der Perspektiven der beteiligten, der betroffenen Personen, die Koordinierung der Perspektiven von ego und alter, die moral- und urteilsbestimmende Perspektive der dritten Person (Selman 1984; Keller 1996) – das sind grundlegende Fähigkeiten der sozialen Interaktion, des kontraktuellen Handelns, der Zuschreibung von Motiven in Beziehungen zwischen Akteuren. Aus der Struktur des Perspektivenwechsels geht ein System soziomoralischer Begründungen und Urteilsbildung hervor, das seinerseits eine durch Bildungsprozesse zu erwerbende Kompetenz ist, die in der Schule gefördert werden muss. So setzt der Prozess der Mediation die Fähigkeit zum Perspektivenwechsel voraus, und die Praxis der Mediation kann wie kaum ein anderer sozialer Prozess die Entwicklung der Fähigkeit zur Perspektivenübernahme fördern. Deshalb wäre es vielversprechend, die Praxis der Mediation in Schulen einzusetzen, um die dadurch geförderten Kompetenzen für weitere soziale Projekte und schulische Gemeinschaftsaufgaben zu nutzen. Prozesse der Partizipation und Kommunikation sind ohne *Perspektivenwechsel* und Perspektivenkoordination undenkbar und dienen zugleich intensiv und nachhaltig ihrem Erwerb. Sie stellen wie *einsichtiges Lernen* und *selbstwirksames Handeln* fundamentale Fähigkeiten dar, ohne die demokratisches Handeln nicht denkbar ist.

4. Was kann die Schule leisten, um zukunftsrelevante und zukunftsfeste Dispositionen für eine Zivilgesellschaft zu stärken, die, gleichgültig, ob wir das bedauern oder begrüßen, in weit geringerem Maße als heute von wohlfahrtsstaatlichen Institutionen reguliert und abgesichert sein wird und zugleich in weit größerem Umfang als heute auf Selbstorganisation, Initiative und Handlungsfähigkeit der Bürger angewiesen, aber auch von ihrer Kooperationsfähigkeit und Verständigungsbereitschaft, von ihrer sozialen Kompetenz abhängig sein wird?

Schul- und Unterrichtseffekte beruhen auf der Wechselwirkung kognitiver, sozialer und organisatorischer Faktoren. Lehrer, die darüber Bescheid wissen müssten, um professionell kompetent zu sein, wissen häufig darüber sehr wenig. Dabei besitzen wir Erkenntnisse über förderliche und nachteilige Wirkungen unterschiedlicher Unterrichtsmethoden und Sozialformen auf das Lernen in unterschiedlichen Fächern unter verschiedenen subjektiven und objektiven Voraussetzungen. Wir wissen, dass Schulen, Klassen, Fächer und nicht zuletzt Lehrverfahren unterschiedliche, aber auch unterschiedlich günstige Entwicklungsmilieus für unterschiedliche Schüler konstituieren (Weinert 2001). Wir wissen, dass Zeitorganisation, Tagesrhythmus, Gruppenteiligkeit, Projektstruktur und Partizipationsformen bedeutsamen Einfluss auf das kognitive Klima in der Klasse, auf das Schulklima, auf Motivation, Lernfreude und Leistungsergebnis ausüben.

Das Selbstvertrauen selbstbewusster Individuen wächst nicht in Isolation, es wächst nur im sozialen Zusammenhang. Auch berufliche Leistung und Initiative sind sozial konstituierte Erfolge. Selbstwirksamkeit wird zwar als Eigenschaft von Individuen gemessen, setzt jedoch den Zusammenhalt von Individuen voraus, die eine Leistung kooperativ erbringen und den Individuen Anerkennung zurückmelden. Für alle drei Grundkompetenzen erfolgreichen Handelns in der zivilen Gesellschaft – Beschäftigungsfähigkeit, Sozialfähigkeit und Kulturfähigkeit – gibt die soziale Kompetenz den Ausschlag. In unterschiedlichem Ausmaß zwar, aber doch in jedem einzelnen Fall sind die Individuen für anerkennungsfähige Leistungen auf die Fähigkeit zur Kooperation angewiesen: Sie müssen gemeinsam handeln, gemeinsam planen, sich einigen können, Streit schlichten, Ziele und Mittel diskutieren, Probleme lösen, Strategien entwickeln, Belohnungen fair verteilen, Anerkennungen zuteilen, aber auch vergemeinschaften können. Fundamental ist dabei die Fähigkeit, die Perspektive des Anderen zu übernehmen. Diese Fähigkeit muss erworben, entwickelt, differenziert, koordiniert und verallgemeinert werden, mit Handlungsbewertungen und Beurteilungen verbunden, also strategisch, kommunikativ oder auch, in entsprechenden Kontexten, moralisch evaluiert werden. Auch dies ist eine didaktische Aufgabe, durchgehend im Klassendiskurs in allen Fächern. Projekte als privilegierte Verfahren des sozialen, politischen und moralischen Lernens setzen gleichermaßen auf erfahrungsgeleitetes und einsichtiges Lernen, kultivieren den Perspektivenwechsel der Akteure in der Kooperation und das selbstwirksame Handeln verantwortlicher Teilhaber. Die drei basalen Kompetenzen demokratischen Handelns – Einsicht, Selbstwirksamkeit und Perspektivenkoordinierung – bestimmen die partizipatorischen Prozesse und Gelegenheiten zur Kooperation, die eine zivilgesellschaftlich geöffnete Schule bietet, die zugleich fördert, worauf sie angewiesen ist.

Den Unterricht auf Kooperation umzustellen und die Kooperation auf *Anerkennung* zu orientieren, statt bloß auf individuell erzeugte, kompetitiv erbrachte Leistung zu setzen, das Leben in den Klassen und das Klima der Schulen in den Dienst des Erwerbs sozialer Kompetenz zu stellen, das wäre eine folgenreiche Transformation der Schule und würde sie zu einem Sumpfbeet demokratischer Lebensformen machen. Eine Unterrichtskultur des verständnisintensiven Lernens, eine selbstwirksamkeitsförderliche Leistungsökonomie und eine auf die Praxis sozialer Kompetenz zielende schulische Organisation, das gibt es sehr wohl in Spuren und Ansätzen, in einzelnen Schulrepubliken und Leuchtturmschulen, als Ziel von Fortbildungen und als Traditionen der Reformpädagogik. Es kommt indessen darauf an, die entsprechenden Praktiken aus dem Dunst einer bloß idealistischen Reformpädagogik zu lösen. Verständnisintensives Lernen, eine selbstwirksamkeitsförderliche Pädagogik und der Erwerb sozialer Kompetenz sollten nüchtern gesehen werden als funktionale Ziele einer professionell gestalteten schulischen Erziehung für die zivile Gesellschaft. Wenn die Schule in den Dienst dieser Ziele gestellt werden soll, hat das didaktische, organisatorische und institutionelle Konsequenzen oder besser: Voraussetzungen. Unterricht, der im Blick auf Verständnis als Bildungsstandard geführt wird, muss anders strukturiert sein als Unterricht, der mit Blick auf korrekte Antworten auf inhaltliche Fragen gestaltet wird. Verständnisintensiv unterrichten setzt auf heuristische Exploration durch die Schüler, die konstruktive Funktion von Fehlern, die Kooperation von Schülern bei der Suche nach brauchbaren Lösungen, die Diskussion pro und contra, Hypothesenbildung und Widerlegung, vor allem auf Motivierung durch die verhandelte Sache selbst. All das erhält einen ganz anderen Stellenwert im Unterricht, als es in der lehrergelenkten Instruktion geschieht, die freilich in der Gesamtökonomie des Unterrichts weiterhin eine Rolle spielen muss, wenn auch mit Blick auf andere Prioritäten eine begrenztere; und gewiss erfordert eine veränderte Struktur des Unterrichts eine andere Art der Rückmeldung: eine multikriteriale Leistungsbewertung, die den Facettenreichtum konstruktiver, aktivierender, auf Einsicht und Verständnis zielender Unterrichts- und Lernprozesse angemessen berücksichtigt.

Das soeben in aller Kürze beschriebene Unterrichtsgeschehen zielt darauf, die Schüler zu Subjekten des Lernprozesses werden zu lassen. Das hat nicht nur Folgen für die *innere* Seite des Lernens – Motivation, Beteiligung, Einsicht, Überzeugung eigener Tüchtigkeit oder Selbstwirksamkeit, aber auch Fehlertoleranz und Perspektivenübernahme als Voraussetzung diskursiver Prozesse, sondern es hat Folgen für die *soziale Organisation* des Lernens. Individualisierung der Aufgabenstellung, Lernkontrakte, aufgabenbezogene Kooperation in kleinen Gruppen, gemeinsam geplante, arbeitsteilig durchgeführte, kollektiv verantwortete, präsentierte, reflektierte und bewertete Projekte bieten eine Alternative zum herkömmlichen, meist frontalen Klassenunterricht, lösen ihn gegebenenfalls ab, variieren ihn zumindest. Deshalb sind Projekte eine didaktische Großform und nicht eine marginale Veranstaltung am Rande des Schuljahrs. Die Organisationsformen eines schüleraktivierenden Unterrichts machen deutlich, dass sie als Gelegenheitsstrukturen für eine didaktische Praxis fungieren, die in den Formen einsichtigen, selbstwirksamkeitsförderlichen und sozial sensibilisierten Lernens ausgelegt ist. Dabei spielen Partizipation und Verantwortungsübernahme der Schüler im Lernprozess eine konstitutive Rolle. Von hier ist es ein logischer Schritt zur Änderung der institutionellen Ordnung des Lernens in der Schule mit dem Ziel, dass aktive Träger gemeinsam organisierter Prozesse eine funktionsgerechte Mitbestimmung im mikropolitischen Kontext des schulischen Lebens ausüben. Eine solche partizipatorische Strukturierung ließe sich bei Suspendierung der von Stundentafel und Stundenplanung der Halbtagsschule ausgehenden Zwangsverkettung von Zeit, Gegenstand, Lehrer und Gruppe (also in der *Ganztagsschule*) wesentlich leichter bewerkstelligen als unter dem herrschenden Zeitregime. Aber selbst unter den gegenwärtigen institutionellen und organisatorischen Bedingungen lassen sich didaktische Ansätze für die Förderung einsichtsvollen Lernens, selbstwirksamen Handelns und soziomoralischer Kompetenzen entwickeln und damit Schlüsselkompetenzen für Lernen und Leben in der Demokratie fördern, auf denen alle anderen aufbauen.

5. Ich habe versucht, die heraufziehenden sozio-ökonomischen, ökologischen und vor allem sozialen und sozialpsychologischen Lebensbedingungen unter dem Blickwinkel ihrer Anforderungen an die Individuen zu beschreiben. Sodann habe ich drei Eigenschaften oder Attribute eines widerstandsfähigen Charakters beschrieben, der in einer solchen Welt bestehen kann – Einsicht, Selbstwirksamkeit und soziale bzw. soziomoralische Kompetenz. Dies sind zugleich Bedingungen der Beschäftigungsfähigkeit und der Sozialfähigkeit, und es sind Bedingungen einer demokratischen Lebensform. Schließlich habe ich einige Ausführungen dazu gemacht, wie die Schule die Entwicklung dieser Eigenschaften fördern kann. Es geht darum, den Unterricht vom Primat von Gedächtnis und Algorithmen auf Kompetenzerwerb umzustellen, die Schüler zu Subjekten des eigenen Lernprozesses zu machen, lernende Gruppen zu ak-

tivieren, die fragmentierte Stundentafel im Dienste ganzheitlicher Lernprozesse umzugestalten und um kontinuierliche Projekte zu ergänzen, die Schule durch Gelegenheiten zur Partizipation auf den verschiedenen funktionalen Ebenen der Organisation als *demokratische* Lebensform auszugestalten, sie als mikropolitische Kommunitäten zu organisieren und sie auf gemeinsame Projekte mit der Gemeinde zu verpflichten, um ihnen eine zivilgesellschaftliche Verfassung zu geben (Edelstein & de Haan 2004). Wir brauchen eine entwicklungsfähige, kollegial gesteuerte und mit Schülern und Eltern partizipatorisch verwaltete Schule, die zur Entwicklung *aller* ihrer Mitglieder beiträgt. Vielleicht kann man solche im Hinblick auf Kompetenzlernen, Partizipation und Verantwortung organisierte Schulen als demokratische Schulen bezeichnen. Effektiv sind sie, wie z. B. die Finnen demonstriert haben, allemal.

Anmerkungen

[1] Eine Version des Textes ist erschienen in: Landesinstitut für Schule (Hrsg.). Erziehungskultur und soziales Lernen. Symposion des Landesinstituts (Soest). Bönen/Westf.: Verlag für Schule und Weiterbildung.

Literatur

Bandura, A. (1997). *Self-efficacy: the exercise of control*. New York: Freeman.
Baumert, J. et al. (2002). *PISA 2000 – Die Länder der Bundesrepublik Deutschland im Vergleich*. Opladen: Leske + Budrich.
Bundesministerium für Familie, Frauen, Senioren und Jugend (2002). *Elfter Kinder- und Jugendbericht. Bericht der Sachverständigenkommission über die Lebenssituation junger Menschen und die Leistungen der Kinder- und Jugendhilfe in Deutschland*, Berlin.
Deci, E. L. & Ryan, R. M. (1985). *Instrinsic motivation and self-determination in human behavior*. New York: Plenum.
Deci, E. L. & Ryan, R. M. (1991). A motivational approach to self: Integration in personality. In: R. Dienstbier (Hrsg.). *Perspectives on motivation*. Lincoln, Nb.: University of Nebraska Press.
Deutsche Shell (Hrsg.) (2000). *Jugend 2000. 13. Shell Jugendstudie*. Opladen: Leske + Budrich.
Edelstein, W. (2000). Lernwelt und Lebenswelt. Überlegungen zur Schulreform. *Neue Sammlung, 40*, S. 369-382.
Edelstein, W. & de Haan, G. (2004). Empfehlung 5: Lernkonzepte für eine zukunftsfähige Schule – von Schlüsselkompetenzen zum Curriculum. In: Heinrich-Böll-Stiftung und Bildungskommission der Heinrich-Böll-Stiftung (Hrsg.). *Selbstständig lernen. Bildung stärkt Zivilgesellschaft. Sechs Empfehlungen der Bildungskommission der Heinrich-Böll-Stiftung*. Weinheim: Beltz, S. 130-188.
Edelstein, W. & Keller, M. (Hrsg.) (1982). *Perspektivität und Interpretation. Beiträge zur Entwicklung des sozialen Verstehens*. Frankfurt/Main: Suhrkamp.
Grossman, D. & Degaetano, G. (1999). *Stop teaching our kids to kill: A call to action against TV, movie and video game violence*. New York: Random House.

Himmelmann, G. (2001). *Demokratie lernen als Lebens-, Gesellschafts- und Herrschaftsform.* Schwalbach/Ts.: Wochenschau-Verlag.

Keller, M. (1996). *Moralische Sensibilität: Entwicklung in Freundschaft und Familie.* Weinheim: Psychologie Verlags Union.

Malsch, B. (2004). Wird Schulpsychologie zum Ersatz für institutionelle Schulreform? In: W. Kowalczyk (Hrsg.). *Konkrete Handlungsanleitungen für erfolgreiche Beratungsarbeit mit Schülern, Eltern und Lehrer. Wie sie im Schulbereich beraten, fördern und Probleme lösen.* Kissing: WEKA (Loseblattsammlung, 27. AL, Kap. 4/2.2).

Schmitz, G. (2000). *Zur Struktur und Dynamik der Selbstwirksamkeitserwartung von Lehrern. Ein protektiver Faktor gegen Belastung und Burnout?* Dissertation, Freie Universität Berlin.

Seligman, M. (1979). *Erlernte Hilflosigkeit.* München: Urban & Schwarzenberg.

Selman, R. (1984). *Die Entwicklung des sozialen Verstehens.* Frankfurt/Main: Suhrkamp.

Sennett, R. (1998). *Der flexible Mensch. Die Kultur des neuen Kapitalismus.* Berlin: Berlin Verlag.

Weinert, F. E. (1998). *Wissen und Werte für die Welt von morgen.* Bildungskongreß des Bayerischen Staatsministeriums für Unterricht, Kultus, Wissenschaft und Kunst, 29. u. 30. April 1998, München.

Weinert, F. E. (2001). Lernen des Lernens. In: Arbeitsstab Forum Bildung (Hrsg.). *Bildungs- und Qualifikationsziele von morgen. Vorläufige Leitsätze und Expertenbericht.* Bonn.

Weiß, R. H. (2000). *Gewalt, Medien und Aggressivität bei Schülern.* Göttingen: Hogrefe.

Wilkinson, H. & Mulgan, G. (1995). *Freedom's children. Work, relationships and politics for 18-34-year-olds in Britain today.* London: Demos.

Uffe Elbaek

New Horizons in University Didactics

Der folgende Beitrag ist eine gekürzte transkribierte Zusammenstellung der Präsentation von Uffe Elbaeck, die er am 23. November 2004 in der Pädagogischen Hochschule Heidelberg vorgetragen hat. Uffe Elbaeck ist Gründer und Leiter der dänischen Hochschule Kaospilots.

In seinem Beitrag finden sich grundlegende Überlegungen zur gesellschaftlichen Entwicklung. Er leitet daraus Konsequenzen für die Gestaltung von Lehr-Lern-Prozessen ab und stellt die sich daran orientierten Grundzüge sowie Arbeitsweisen seiner Hochschule vor.

1. Learning chances

For the last 25 years I have been involved in all kind of projects. And for the last 13 years I have been the head at the Kaospilots in Aarhus. I could go much more in detail about the program and the purpose and how we teach students and how we interact with students. I will talk about that later. First of all I will tell a bit about what has fascinated me and what has inspired me and what has challenged me to create learning chances. Where do people unfold their full potential? How do we do that? I know all of you sitting here are struggling with how we create a brilliant learning environment for creating competences and how we actually deal with the need reframing it. How do we handle the situation that we don't forget the future? What is needed for the future? How do we give the students the right skills and attitudes so that they are able to manage their life in the future? You have completely to reform the way, the contract between society, the companies, the individuals, the contract between society and the unions, the contract between educational institutions and the business world. And a lot of people get scared in that situation. They don't want to deal with this. Some are curious and they ask themselves how to reinvent Europe. There are a lot of different cultures presented in this room, different ages, different cultural backgrounds, different social backgrounds, different gender backgrounds. What I would like to do for the next hour is to share some of my thoughts with you. How do I see the world right now and how does that reflect the way we organize our life and our education and how we deal with our students.

2. Kaospilots – a Danish project

What I would like to do is to describe what window I am looking out of and share with you some thoughts and some discussion we have at the Kaospilots in Aarhus and maybe I should just very briefly tell you about our project. It is a three-year-program in higher education and the students are 24 years old when they enter. So they are quite experienced students. The terms of admission are very strict. There are many more people who want to join the program than we are able to take because it's a small educational institution. There are only about 100 students, the focus of the program is what we call modern entrepreneurship and social innovation. We deal with the question how to create jobs for the future and how to organize them.

3. Handling the future

So the question is: do we have the competence to be part of the new organizations in the future? How do we train our students for the future?

You know what is going on in society, you know what kind of organization is needed, but are you able to handle it in practice? There is a big gap between theory and practice. So how do we organize our education institutions so that we can jump back and forth between these two positions?

The following changes in society affect our situation in Euorpe – the climate, globalisation, unemployment and ecological problems.

4. Globalisation

A lot of traditional industry jobs are disappearing. When you hear the news in Germany or when you hear the news in Scandinavia it is always the same story: industrial work is moved to China and part of the service sector is transferred to India. So China is going to be the factory of the future and India and other countries are going to be the office for the future. And in a way that pushes us to a situation where we should raise the question: can we imagine Europe, Germany, and Denmark without any single industrial workplace? Can we imagine that?

There was a meeting in Davos in Switzerland in January this year and they talked about globalisation and the effect on the USA and the European economy. The French minister of finance said the big problem was the speed in which this development happened. Maybe he paints it too black and white but things are going really fast right now. What kind of social conflicts will show up? People get scared because they are losing their job position, they are losing the understanding about what a job is. So if we don't handle it right now then I think we will see a lot of social conflicts in Europe in the future.

It is going to be a huge challenge for Europe to face this situation. India produces 250.000 engineers a year compared to my own home country Denmark that produces 2.500. These engineers cost maybe the tenth of what an engineer costs in Denmark.

5. Tools and competences

What kind of tools and competences are needed for a new kind of generation? In Denmark we have the private sector. We have the public sector and we have the non-profit sector. Each of these sectors is under huge pressure. The private sector is for example under pressure of the citizens in the society, saying we don't believe in big business any more. Can we really believe in the figures the companies come out with in their yearly reports? There are a lot of people questioning the way we organize the private sector. Is it ethically correct? Can we believe in it? So there is a huge pressure on the private sector and the staff would like to have a normal life. People can't work any longer for eight hours, they would also like to see their families, they would like longer to have a more steady carrere and have further education too. A lot of people in the companies wonder if we do the right thing in the right way. The public institutions and the citizens want a better service for the taxes they have to pay. They can't stand the way the public institutions are bureaucratic organized in.

And each of these organizations or sectors is trying to reinvent themselves at the moment. The private sector talks about the social responsibility of its business and they also talk about how to really outsource all the non important functions. The public sectors talk about new partnerships and privatisations and so on. The non profit organisations start to act a bit like the private sector, for example, Amnesty International is a consulting company, they start to produce merchandise. So each sector is trying to reinvent itself.

6. The fourth sector: new forms of organizations

The question right now is: do we see a new sector coming up in the middle called the fourth sector? Do we see new kinds of institutions and companies which in a way have taken the best part from the old three sectors. They accept the market, they want to be economically cost-covering. There is at least a big discussion going on in Denmark and at the Kaospilots we also see completely new forms of organizations developing which take the best parts of the three old sectors. You can find examples of it in banks, school and so on.

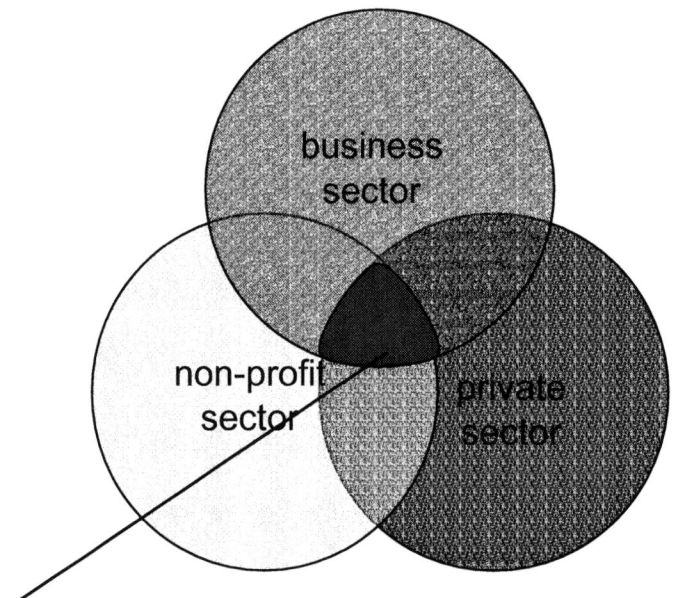

Fourth sector: quality characteristics
- reacting quickly
- high quality level
- adapting to competences
- flexibility
- network

7. Speed of changes

If there is a need, we have to react very quickly. I can give you a very simple example. You need a taxi and you call your local taxi office. It might happen that they put you on a waiting list if they are busy. You get nervous and angry because you want to get through and you don't have time. Everyone of you has experienced that. A successful company has to react quickly and should cover the people's needs as fast as possible.

8. Quality

We not only want to get our needs covered quickly, we also want to get them covered on a high level of quality. So if you ask your teacher, you want the answer quickly and you also want a competent answer. If an institution has to be very quick with its decisions and has to work on a high level of quality, three things are necessary:

8.1 Flexibility

The organization of the sector has to be very flexible, we have to be able to change our resources very quickly. If you change the way of organization, you can change the position of the institution.

8.2 Further education

We also have to deal a lot with the further education of our staff. Further education today is completely different from my father's generation. He got a further educational program after he had been in his company for twenty-five years. But today a lot of companies send their young staff to a further educational program regularly because they need specific skills in the organization. So they use the further education as a strategic tool.

8.3 Network

But no organization has all the knowledge needed inside and that's why everyone now talks about networks. We have to have access to other organizations and institutions that have the knowledge we maybe will need in the future. The question is: how quick are you? On what quality level are you performing? How flexible are you in the way you organize and hire and fire people? How aware are you of the knowledge creation in your organization? And what strategic network do these institution members belong to?

What is the knowledge strategy inside the organization you are working at the moment? Do you have the right staff that is able to solve the task? I know from my own organization that it is a very tricky question because you like your colleagues. And there is for sure this balance between security and innovation. What happens if you as a staff member are unsecured about if you have the job half a year from now or if you lose it?

I think that has a lot to do with what kind of vision we have for Europe and whether we accept the waves hitting us. Or do we want to create our own wave?

9. Qualification and competence model: four competence areas

At the Kaospilots we try to develop what we call qualification and competence model. It's not the one and only model, I don't think that we have discovered a model which will solve all problems. But I just share with you that qualification and competence model we are working with when we coach and train our students. For sure, each of us needs some professional qualifications. Which means concrete skills, concrete knowledge. Normal educational institutions have taught people in professional skills for the last two hundred years. But in our opinion it is not enough any more. We need to develop also some more broader competence. These are the four other competences we are dealing with at the Kaospilots. Meaning competence, relation competence, changes competence and action competence.

Meaning competence means the ability to create meaning and see meaning in what you do create a perspective, create a context and understand the context we are working in.

Relation competence is about how we interact with our colleagues how we interact in the organization we are part of and how we interact in the network society. It's about creating relationships and about how we communicate and how we solve conflicts. *Change competence* is about how to adapt with what is going on in society and how to be able to change yourself, to be flexible, but also to learn new knowledge in a quick way, when it is needed.

And the last thing is to create visible, concrete results in concrete situations. This is what we call the *action competence*. For example: Most of the people get their professional qualification but get fired because of their soft skills. They are not able to develop strategies for solving conflicts, to communicate and to make their decisions transparent.

So if you can't create meaning and be motivated by that, if you can't be a good colleague, if you can't change with and adapt to the situation and if you can't produce concrete, visible results, then you get fired. The problem and the challenge is: How does modern education deal with the four competence areas: meaning, relationship, change and action?

10. Relation Competence

We only transmit knowledge when we interact and share our experiences. That's what we call relationship competence. We are moving from an industry society to a knowledge society. How good are we to share knowledge quickly with each other? The companies which are the quickest to share knowledge inside their own organizations are also the companies I think will survive and develop in the future. Are we producing the teachers and the pedagogues for the future? And how can we produce concrete results? How many of the teachers actually go out and make a difference in society, create values in society?

11. Examples

At the Kaospilots we organize, for example, to train the students in all these four areas plus what is our professional focus. Some very simple pedagogic principle is for example that we value equally the professional development and the personal development among the students. That, for example, means that the students every three months not only get professional feedback, but also personal feedback. They have personal coaches. It also means that we never train students in projects on paper only. All the projects the students work with are real projects. With real customers outside the school walls. This means the students work with companies or public institutions or non profit organisations, when they are doing a project. Whatever is produced inside the system should be used outside the system, too. The role of the teacher is coaching the students. The project itself must have a meaning. And the student must experience the meaning of the project.

We should have a salary, of course, but what really makes a difference if I should accept this job or another job is if I can see the meaning of it. If I can see the meaning of it then I am motivated. So how do you train this meaning purpose that people really feel for what they are doing?

12. How the Kaospilots work

The students at the Kaospilots are extremely motivated and I don't exaggerate. They have work at school, they have lectures, do projects every day from 9 to 4 and then most of them stay at school working on projects until maybe seven, eight, nine o'clock in the evening. We have some simple rules. When the students start at school they get a package of business cards and a key. The key fits to all rooms in the facilities so the last one leaving the school locks the door. So the school and the space are for students and they use it and they work in it and they change it. They get a business card from day one. When they enter the room they are already professionals, they can exchange their business cards. Many educational institutions are like a ghetto. And you go through that for maybe three or four, five years in your own internal organisation culture and then you leave the institution, the university or whatever kind of educational institution it is and then you first really start to understand that you have to deal with the real world.

So what the Kaospilots do during the three years is to gain a lot of personal contacts and they do real projects for external customers. That means if they leave the building three years after they have entered then they can call people and use the contact they have built up.

13. Creating a job

It is an enormous change in our mindset if you as an institution have the picture in your head that you train teachers to go out and get a job instead of training people to create a job. Just imagine these two differences. I am going out to get a job or I am going out to create a job. That's a difference.

The time of big companies is over here in Europe. I don't know if it is true but that is my feeling. The big companies will move away. What I can imagine are a lot of smaller companies.

14. Values

I think only people who are able to adapt to new situations will survive.

We have six values at the Kaospilots. The first value is being playful. Students should learn in a playful learning environment at the Kaospilots. The next value is working in the real world. We want to be part of and deal with real conflicts, real projects and the real need of the people. Another value is feeling what is going on in society. We should understand trends and how young people organize their private lives. Then risk-taking is an important value for us, too. Try to go out of your own risk zones and try to figure out how it is to be out of your own risk zones and learn from it. Then we try to keep the balance on mental and on a economical level. And compassion is the last value at the Kaospilots. We should have social compassion and cultural compassion.

We had a workshop with all hundred students and the staff and the boardmembers and identified these six values on which the Kaospilots are based on. If you take one value away, the whole system will change and it won't be the Kaospilots anymore. If you need more information, please contact our website: www.kaospilots.dk

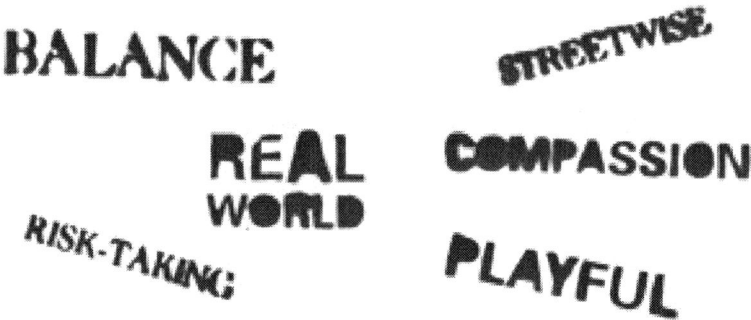

Abbildung aus www.kaospilots.dk

Professionalität und Professionalisierung im Lehrerberuf

Arno Combe

Schulentwicklung als Herausforderung für die Lehrerprofessionalität – zur „Individualitätsvergessenheit" der deutschen Schule

Einleitung

Im ersten Teil möchte ich einen Überblick über den Stand der Professionsforschung geben und einige begriffliche Vorklärungen voranstellen. Ich möchte aber auch fragen, worin denn die Professionalität eines Lehrers oder einer Lehrerin heute besteht. Ich frage also, um das Thema zu entfalten, nach der zentralen Entwicklungsaufgabe der Schule. Ich werde dabei von der „Individualitätsvergessenheit" der deutschen Schule sprechen. Aber dazu später.

1. Ansätze heutiger Professionsforschung

Zunächst lässt sich der gesamte Forschungsbereich im Umkreis der Professionstheorie nach den Leitbegriffen Profession, Professionalität und Professionalisierung gliedern und ordnen.

Der Begriff *Profession* verweist auf bestimmte Berufe und deren Eigenschaften und Merkmale, z. B. akademische Ausbildung, einen besonderen gesellschaftlichen Wertbezug, eine besondere, von der Profession selbstverantwortete Kontrolle von Standards der Berufsausübung und Berufsethik usw. Die Leitfrage lautet hier: Welche Merkmale zeichnen Berufe aus, die man, wie etwa den Arztberuf, als Profession zu bezeichnen pflegt?

In diesem Forschungsbereich geht es unter anderem um die Frage, was das gesellschaftliche Ansehen und die Bedeutung von Berufen ausmacht. Von Adorno stammt die Bemerkung, Lehrer[1] seien „zwar Akademiker, aber eigentlich nicht gesellschaftsfähig" (1965, S. 488). Adorno diagnostiziert also eine gewisse Ambivalenz dem Lehrerberuf gegenüber. Er deutet an, dass dies ein Problem des Vertrauens sein könnte. Möglicherweise herrscht das Gefühl vor, individuell nicht genügend gefördert worden zu sein. Ich komme an späterer Stelle noch einmal auf das Stichwort Vertrauen und die damit einhergehende Kompetenzerwartung an die Lehrer zurück.

Die zweite große Forschungsrichtung, die sich im Bereich der Professionstheorie herausgebildet hat, ist dem Stichwort *Professionalität* zuzuordnen. Professionalität verweist auf einen erreichten Zustand, einen Zustand der Könnerschaft. Die Leitfrage dieser von der Kognitionspsychologie angeregten

Untersuchungsrichtung ist: Was unterscheidet das Wissen und Handeln eines Experten von dem eines Novizen, also eines Anfängers? Im deutschsprachigen Raum hat Rainer Bromme in einer Arbeit mit dem Titel „Der Lehrer als Experte" (1992) diesen Faden der Expertentheorie aufgenommen. Aus dieser Forschungsrichtung resultieren wichtige Erkenntnisse, z. B. Erkenntnisse darüber, wie sich ein sogenanntes Praxis- und Erfahrungswissen bei Lehrern aufbaut, wobei ein Erfahrungswissen jenes Wissen ist, das einem Protagonisten ohne viel Besinnungszeit in einer komplexen Handlungssituation zu reagieren ermöglicht. Dieses Erfahrungswissen ist vom Theoriewissen wohl zu unterscheiden, und es ist problematisch, dass über diese Unterscheidung von Theorie- und Praxiswissen und ihre speziellen Funktionen wenig Klarheit herrscht. Dabei wissen wir heute genauer, dass und warum auch das universitäre Studium nicht rein platonisch bleiben muss und soll. Im Moment wird hier die Rolle der Fallarbeit, des Fallverstehens und der sog. Kasuistik völlig zu Recht betont (vgl. hierzu auch Combe/Kolbe 2004). Auch ich werde mich im Folgenden auf eine Szene aus der Unterrichtspraxis beziehen. Denn auch in der Pädagogik lernt man über die Handlungsmöglichkeiten und Handlungsmuster einer Praxis sehr viel am Beispiel, genauer: Dies lernt man bei der hermeneutischen Rekonstruktion einer Ablauffigur (Combe/Helsper 1994).

Ich komme nun zum Begriff *Professionalisierung*. Dieser Begriff verweist auf eine Handlungsdynamik, aber auch einen geschichtlichen Prozess bzw. eine gewünschte Veränderung der pädagogischen Arbeit. Die Leitfragen lauten: Was sind die Charakteristika der Handlungssituation eines Lehrers oder einer Lehrerin? In welche Richtung entwickelt sich die Lehrerarbeit? Diese Forschungsfragen werden aufgenommen in den Ansätzen von Oevermann, Schütze, Helsper und anderen (vgl. hierzu Combe/Helsper 1996). Man wird sagen können, dass die Versuche, die Eigentümlichkeit des Lehrerhandelns zu fassen, einen Schwerpunkt der gegenwärtigen Forschung darstellen. Diesen Theorieansätzen gemeinsam ist, dass sie die Handlungssituation des Lehrers in ihrer Dynamik beschreiben und ein beachtliches Maß an Unsteuerbarkeit, Ungewissheit und Undurchschaubarkeit diagnostizieren. Betont wird der „Wagnischarakter" (Bollnow) pädagogischen Handelns. Damit verweisen die Befunde in diesem Forschungsbereich in wünschenswerter Deutlichkeit auf die Frage, wie man den sisyphusartigen Belastungen dieses Berufs überhaupt standhalten kann, ohne dass Einrichtungen, Orte und Zeiten der Berufskrisenverarbeitung vorgesehen sind (vgl. hierzu Combe/Buchen 1996).

Ich will nun im Folgenden die unter dem Stichwort Professionalisierung angegebene zweite Leitfrage diskutieren, nämlich die Frage, in welche Richtung sich die Lehrerarbeit bzw. in welche Richtung sie sich entwickeln sollte. Wo liegt also die Herausforderung für die Lehrerprofessionalität?

2. Zur Entwicklungsrichtung der Lehrerarbeit

Ich führe diese Frage nach der Entwicklungsrichtung der Lehrerarbeit mit einer kleinen Fallszene ein.[2]

1. Schuljahr: Personen: D = Dirk
L = Lehrerin
B = Bettina
M = Martin
S = Chor

L: Dirk, Dirk, Finger auf dieses Wort (sie zeigt ihr Buch hoch, hält ihren Finger auf das Wort). Du hast die falsche Seite, Dirk.
B: (Guckt zu Dirk hinüber:) Du hast die falsche Seite. Hier (zeigt ihm die Seite in ihrem Buch).
D: (Guckt zu Bettina. Guckt in sein Buch.)
L: Martin, du kannst ihm doch immer ein bisschen helfen, du sitzt doch gleich daneben.
B: (Nimmt Dirks Buch, blättert darin, sucht die Seite.)
L: Schön, überall sind die Finger auf dem ersten Wort. Fein, ihr beiden hier vorne. Soran, du auch? Gut.
D: (Meldet sich.)
S: Lilo malt ein Haus. Lilo malt einen Tisch.
L: So.
B: (Gibt Dirk das Buch:) Auf dem hier.
D: (Nimmt seinen Finger herunter, ist verwirrt, guckt auf die Seite daneben.)
M: Nee, auf den anderen.
SS: Lilo malt ein Haus. Lilo malt einen Tisch.
L: Der Dirk ist noch nicht so weit. Dirk, Finger auf das erste schwarze Wort.
D: (Hält seinen Finger auf ein falsches Wort.)
B: (Steht auf, zeigt es ihm:) Hier.
M: (Zeigt es ihm auch noch mal:) Hier.
L: (Zeigt ihre Seite hoch, hält den Finger auf das erste Wort:) Das ist das erste Wort.
M: (Zeigt darauf:) Dort.
D: (Hat sich tief über sein Buch gebeugt, zeigt jetzt auf das erste Wort.)
L: Und jetzt ganz langsam bitte. Immer wenn wir ein neues Wort sprechen, rutscht unser Finger ein Stückchen weiter.
SS: (Sprechen im Chor:) Lilo malt ein Haus. Lilo malt einen Tisch. Lilo malt ein Auto.

Ohne großen Interpretationsaufwand wird deutlich, dass sich die Szene von einem Bagatellfall wegbewegt. Wir wissen alle, wie wichtig ein gelingender Anfang ist. Aber Dirk verliert den Anschluss. Es treten Helfer auf den Plan. Bettina, in der Art einer Hilfslehrerrolle, nimmt Dirk sogar das Buch aus der Hand und dringt damit gleichsam in die persönliche Körpersphäre Dirks ein. Martin, zwangsweise zum kontinuierlichen Helfen auserkoren, bleibt kurz angebunden. Vielleicht will er nicht mit einem als schwach etikettierten Schüler identifiziert werden. Aber was macht die Lehrerin?

Wäre es für sie nicht ein Leichtes gewesen, Dirk ohne großes Aufsehen von seinem Problem zu befreien? Hätte sie sich nicht auf Dirk zubewegen und ihm wie nebenbei einen Fingerzeig geben können? Warum bleibt sie wie angewurzelt vorne stehen, was hindert sie, warum verlässt sie die frontale Position nicht? Durch ihre Haltung könnte sie der Klasse Folgendes signalisieren wollen: Liebe Schüler, merkt euch, auf jeden Einzelnen und seine Probleme einzugehen, kann ich mir nicht leisten. Ich bin dafür verantwortlich, dass wir das Pensum schaffen und muss mich, wohl oder übel, am Gesamtablauf des Klassengeschehens orientieren. Ich kann schon allein auf Grund der Schülerzahl gar nicht auf Einzelne und deren (Lern-) Probleme eingehen!

Inwiefern ist nun dieser „Fall Dirk" und dieser Unterrichtsablauf, selbst wenn er von der Form des Lesenlernens her doch veraltet anmutet, aktuell? Inwiefern ist dieser Fall auch nach den Ergebnissen der Unterrichtsforschung verallgemeinerungsfähig? Und: Inwiefern enthält diese Szene Hinweise auf die Entwicklungsrichtung der Lehrerprofessionalität?

Der Fall steht meines Erachtens für folgende, inzwischen vielfach belegte Struktur eines spezifisch deutschen Unterrichtsskripts: Im Mittelpunkt des Unterrichts steht ein gemeinsames Fortschreiten, ohne dass Rücksicht auf individuelle (Lern-)Probleme genommen würde (vgl. etwa Baumert/Köller 2000).

Aber hat man nicht von Seiten der Theorie wie der Praxis mit starken Vorbehalten zu rechnen, wenn es etwa bei Jürgen Baumert heißt, Lehrkräfte hätten „die Verantwortung für die Entwicklung eines jeden Schülers zu übernehmen" (2003, S. 221). Ja, können wir uns bei der funktionalen Differenzierung, der Arbeitszeit und der Organisationsform der Lehrerarbeit gegenwärtig überhaupt vorstellen, dass jeder Lerner die Chance erhält, intensiv individuell betreut zu werden?

Ich möchte im Folgenden von der Individualitätsvergessenheit der deutschen Schule sprechen (vgl. auch Combe 1997). Diese Individualitätsvergessenheit ist ein mentales, aber auch ein praktisch-organisatorisches und ein lerntheoretisch zu entfaltendes Problem.

3. Individualitäts- und Entwicklungsorientierung als mentales und praktisch-organisatorisches Problem

Das mentale Problem liegt darin, dass nur relativ langsam akzeptiert wird, dass das Leitbild des Unterrichts, nämlich die homogene Schulklasse, eine Fiktion ist, von der wir uns verabschieden müssen. Und wenn es eines Beweises für diese Individualitätsvergessenheit bedurft hätte, so hat ihn PISA erbracht. In der PISA-Studie sind es z. B. ein Fünftel der 15-Jährigen, die über ein lebenspraktisch absolut untaugliches Lesevermögen verfügen, wobei es sich hier um eine in der Grundschule schon vorhandene Schere von Entwicklungsjahren handelt, die sich nicht mehr schließt. Was für unser Thema relevant ist, ist aber nun, dass diese Schüler und Schülerinnen unerkannt bleiben bzw. auch auf Nachfrage von den Lehrkräften nicht identifiziert werden können (PISA 2000, S. 103 und 119).

Analysiert man nun die Reaktionen auf PISA, so münden diese in seltener Einhelligkeit in die Forderung nach einer stärkeren Individualitäts- und Entwicklungsorientierung des Unterrichts (Combe 2005). Noch selten in der Geschichte des schulischen Lernens ist, gerade im Anschluss an PISA, so deutlich markiert worden, dass (auch) das schulische Lernen radikal individuell, nicht delegierbar und nicht determinierbar ist. Ich werde an späterer Stelle noch begründen, warum Lernen individuell und undelegierbar ist und niemand für den anderen lernen kann.

Ich weiß nun auch, dass es Ansätze gibt, auf Individualität und Unterschiedlichkeit zu reagieren, dass es Versuche zu einer stärkeren Individualitäts- und Entwicklungsorientierung des Unterrichts gibt, auf die im Moment alles ankäme. Ich möchte einige dieser Maßnahmen zur Individualitäts- und Entwicklungsorientierung des Unterrichts in Deutschland aufzählen:

– Wochenarbeit in der Grundschule;
– Individuelle Fächerwahl in der gymnasialen Oberstufe;
– Portfolio;
– Individuelle Lernaufgaben;
– Individuelle Förderpläne für leistungsschwache Schüler;
– Verstärkung des Projektunterrichts, der stärker an die Zugangsweisen von Schüler(innen) anknüpft;
– Kleingruppen, in denen die Einzelnen stärker zum Zuge kommen;
– Begabtenförderung;
– Verstärkung der diagnostischen Kompetenzen der Lehrkräfte usw. usw.

Der Überblick zeigt: Es tut sich einiges! Aber quantitativ ist es vermutlich immer noch wenig im Verhältnis zu der gesamten Masse der Schulen, in der Unterricht in konventionellen Bahnen läuft. Der Überblick zeigt auch: Es sind viele Einzelmaßnahmen, die noch nicht die Schule als System und die vorherrschende Organisationsform des schulischen Lernens erreichen. Was wir brauchen ist im Ergebnis eine andere Schule, die konsequent nach dem Prinzip der gezielten Förderung des individuellen Lerners aufgebaut ist.

Ein Blick über den Zaun, nach Finnland und Schweden, zeigt, dass der Aufbau der Schule und des Unterrichts nach dem Individualisierungs- und Entwicklungsprinzip möglich ist (vgl. im Folgenden auch Reinhard Kahls Film „Auf den Anfang kommt es an", Hamburg 2003). Zur Grundstruktur gehört zunächst einmal das einer Stufe zugeordnete Lehrerteam, das in einem bestimmten Schulbereich seine individuellen Arbeitsplätze innerhalb einer 35-Wochenstunden umfassenden Präsenzpflicht hat. Die *Basis der Individualisierung ist also die Teamarbeit der Lehrer.* Die Chancen von Schülern individuell betreut zu werden steigen, wenn mehrere Ansprechpartner vorhanden sind. Darüber hinaus erstellen und benutzen die Teams differenzierende und individualisierende Arbeitsmaterialien. Ebenso werden Lernstandsdiagnosen eingesetzt und mit einzelnen Schülern individuelle Lernpläne ausgearbeitet. So hat jeder Schüler seinen individuellen Lern- oder Stundenplan, nach dem er arbeitet und den er mit seinen Lehrerberatern und auch mit seinen Eltern bespricht. Oft wird das *Logbuch*, das der Selbstüberprüfung dient, durch ein Portfolio ersetzt, in dem Dokumente und Nachweise über das Gelernte gesammelt werden. Natürlich gibt es daneben auch Unterricht, Unterricht oft auch in Großgruppenform für mehrere Klassen, was bei uns als so genanntes Team-Kleingruppenmodell vereinzelt bekannt geworden ist. Aber Unterricht ist nur ein Teil von Schule!

Diese Individualisierung des Lernens als oberste Leitvorstellung bedeutet aber nun keineswegs, dass kein Pensum und keine Standards erreicht werden müssen. Dieses Lernpensum und die Standards sind aber äußerst transparent, das heißt z.B., die schulinternen Curricula einer bestimmten Abteilung können auf der Schulhomepage von jedem, der dies einsehen möchte, zur Kenntnis genommen werden. Damit wird dem Prinzip gefolgt, dass die Wege des Lernens höchst verschieden und individuell sein können, das Ziel aber vorgegeben ist und auch deutlich markiert wird. Im Rahmen dieses Prinzips der Vielfalt und der Suche nach der optimalen Gestaltung des besten Lernwegs für den Schüler X oder Y oder eine Lerngruppe sind Fördermaßnahmen an der Tagesordnung, die in unserem Schulsystem völlig undenkbar wären. Teilweise wird sogar bei älteren Schülern auf mehrtägige, ja auf mehrwöchige Anwesenheit im Unterricht verzichtet, sofern sich diese zur Abarbeitung eines bestimmten curricularen Bereichs selbst verpflichten. Das macht ganz nebenbei deutlich, wie viel Vertrauen hier zwischen den Beteiligten existieren muss.

Nun geht die Einführung einer besonderen Individualisierungskultur in Schweden auf den Anfang der 90er Jahre zurück. Dennoch bleibt der Versuch der Schaffung eines entwicklungsorientierten Schulkonzepts offenkundig stets auch eine experimentelle Aufgabe, bei der man nie fertig ist und immer noch dazulernt. Entsprechend wird diese pädagogische Grundorientierung durch den Einsatz von Evaluationsinstrumenten immer wieder neu überprüft, mit deren Hilfe Lehrer, vor allem aber auch Schüler und Eltern die Bemühungen einer Schule um Individualisierung bewerten. Eindrucksvoll erscheint mir vor allem die Selbstverständlichkeit und auch Gelassenheit, mit der schwedische und finnische Lehrer und Lehrerinnen auf solche Rückmeldungen von außen, die doch Probleme aufdecken, reagieren. Bilanziert man dieses in Schweden und Finnland vorliegende *Bedingungsgefüge*, so werden Arbeitsstrukturen notwendig, die sowohl die individuelle Diagnose und Förderung wie die kollegiale Kooperation ermöglichen. Feedbackstrukturen und Teamentwicklung sind die Säulen eines individualisierenden Systems. Damit wird auch klar, dass die gegenwärtig vorherrschende Organisationsform der deutschen Schule eine pädagogische Fehlkonstruktion ist, was nicht sogleich heißt, die staatliche „Pflichtschule" sei abzuschaffen, wie U. Oevermann (1996) meint (vgl. Combe 2005).

Skizzieren wir nun einige Ansatzpunkte, die von grundsätzlicher Bedeutung für eine zu verändernde Wahrnehmungseinstellung der Lehrerschaft hierzulande sein könnten.

Sehr früh müssten sich Lehramtsstudierende mit der Aufgabe konfrontiert sehen, sich in Lernvorgänge einzudenken, übrigens auch in ihre eigenen (vgl. hierzu: Combe 2005). Wer hat schon das Bild lernender Lehrer vor Augen? Ein anderes Grundelement der Ausbildung und Lehrerfortbildung, das den Blick auf das Einzelne und unverfügbar Besondere einspielt, sehe ich in der Arbeit mit Fällen. Dieses „Lernen am Fall", das „Wegbahnungen" (W. Flitner) sichtbar macht, ist in anderen Professionen, wie etwa in der Jurisprudenz oder in der Medizin selbstverständlich und zentral. Über Jahrzehnte hat hier die Erziehungswissenschaft einen ziemlichen Platonismus gepflegt. Das scheint im Moment anders zu werden (vgl. hierzu Combe/Kolbe 2004; Combe 2004).

Einen wichtigen Baustein bei der Einführung einer entwicklungsorientierten Lernkultur haben Johannes Bastian, Roman Langer und der Verfasser mit dem Thema „Schülerrückmeldung über Unterricht" untersucht. Die Grundidee dieses Begleitforschungsprojektes war es, ein eigentümliches und festgezurrtes Klischee aufzubrechen: Die Lehrer und Lehrerinnen seien immer nur die Macher von Unterricht. Eine weitere Idee dieses Feedbackprojekts war, Formen zu finden, die Schüler und Lehrer über ihr Lernen ins Gespräch bringen. Wir haben im Laufe des Projekts auch Instrumente und Methoden gesammelt, mit denen man Erfahrungen über Lernen in aller Kürze erheben, dokumentieren und auch sichtbar machen kann (Bastian/Combe/Langer 2004).

Aber nicht nur die Schüler lernten durch Rückmeldung ihre unverwechselbar eigenen Lernerfahrungen zu formulieren. Auch der Lehrer lernte viel darüber, welche Probleme die Schüler mit sich und den Lernanforderungen der Schule haben. Der Lehrer wurde gleichsam zum Mitlerner seiner Schüler. Das ist viel, bedenkt man, was eine neuere Untersuchung im Bereich der Sekundarstufe I und Sekundarstufe II erbracht hat. „Oft können sich die Lehrer aufgrund ihrer fachlichen Orientierung gar nicht mehr in die Lernsituation hineindenken, in der sich Schüler befinden" (Meyer u. a. 2000, S. 215).

4. Individualitäts- und Entwicklungsorientierung als lerntheoretisches Problem

Es besteht gegenwärtig durchaus die Neigung, Reformen und Schul- und Unterrichtsentwicklung mit dem Stichwort „Konstruktivismus" Nachdruck zu verleihen. Schon Terhart (1999) macht in einem grundlegenden Aufsatz allerdings auf die Bandbreite im Gebrauch des Begriffs Konstruktivismus aufmerksam. Neben einem „radikalen" Begriffsverständnis stünden „moderate" Formen. Ich möchte im Folgenden für ein „dialektisches" Verständnis des Konstruktivismus plädieren.

Fragen wir also, ob sich die hier auf das schulische Lernen bezogene Individualisierungsthese vom konstruktivistischen Denken her stützen lässt. Einleuchtende Befunde hierfür liefert etwa die Neurobiologie über die Funktionsweise menschlicher Wahrnehmung. Und zwar müssen wir uns die Gehirntätigkeit wahrnehmungsphysiologisch als ein hochdynamisches, aber selbst organisiertes System vorstellen, „das auf der Basis seines Vorwissens unentwegt Hypothesen über die es umgebende Welt formuliert, also die Initiative hat, anstatt lediglich auf Reize zu reagieren" (Singer 2001, S. 399). Die Wahrnehmung ist also durch eine fortwährende „Spontanaktivität" (Singer) und zugleich durch Aspekthaftigkeit insofern geprägt, als die Bildung von Hypothesen und Erwartungswerten unmissverständlich auf erfahrungsgeschichtlich je besondere individuelle Zugangsweisen zu Gegenständen verweist („Vorwissen!"): Lernen ist also individuell, unvertretbar, nicht delegierbar. Ich kann nicht für den anderen lernen und vice versa. Lerngegenstände müssten deshalb auch als Erfahrungsgegenstände der Lernenden, als *ihre* Phänomene begriffen und rekonstruiert werden, wobei die Forschungen in diesem Bereich auf eine begrenzte Anzahl deutlich unterscheidbarer Aspektkonfigurationen und Erlebnisweisen hindeuten (Marton/Booth 1997; Murmann 2002; Gebhardt 2004). Die neuere Mathematikdidaktikforschung hat „Denkstile" ermittelt (Borromeo Ferri 2004; Busse/Kaiser 2003), was eine Typisierungsmöglichkeit eröffnet – also eine Erleichterung der Diagnose der individuellen Zugangswege zu Gegenständen des Unterrichts. Somit kann gesagt werden, dass ein individualisierender Zuschnitt schulischen Lernens von einer konstruktivistischen Sicht der Dinge gestützt werden kann. Gestützt wird der Gedanke einer subjektiven Erfahrungs- und Erkenntniswelt einer jeden Person und bestätigt werden diejenigen Ansätze schulischen Lernens, die ein exploratives Verhalten des Schülers und ein Lernen aus selbsttätiger Einsicht fordern. Doch damit scheint nur ein Eckpunkt bzw. eine Seite menschlichen Lernens beschrieben. Der andere, für das Lernen konstitutive Tatbestand ist, dass jeder Lernende von vornehrein und gleich ursprünglich in eine dem Einzelnen gegenüber relativ selbstständige Welt intersubjektiv geteilten und in symbolischer Gestalt verkörperten kollektiven Wissens einbezogen ist, das sich aus den Leistungen vergangener Generationen aufgebaut hat. Damit hat Schule eine Generalisierungs- und Individualisierungsaufgabe.

Der Konstruktivismus hat sich also mit einer dualen Perspektive auseinanderzusetzen: Der von der individuellen Erfahrungsgeschichte her stets subjektive Zugang ist komplementär verschränkt mit den von konkreten Erfahrungssubjekten abgelösten, kollektiven Wissensbeständen und als bewährt geltenden, fachlichen Deutungen und Erklärungsansätzen, die in verschriftlicher Form in Lehrwerken oder Curricula vorliegen, archiviert und kodifiziert werden, und die gleichsam das geronnene, vorübergehend fixierte Resultat einer Bedeutungsaushandlung sind. Die für das schulische Lernen charakteristische künstliche Präparierung von Gegenständen zum Zwecke der systematischen und kumulativen Vermittlung muss also sowohl fachlich erforderlichen, bewährten wie subjektiv anschlussfähigen Thematisierungen Rechnung tragen. Das eine kommt ohne das andere nicht aus. Erneut wird also in der Auseinandersetzung mit der Sicht des Konstruktivismus der spannungsvolle *Kern der Lehrerarbeit* offenkundig.

5. Schlussbemerkung

Ich fasse zusammen und kehre nochmals zum Ausgangspunkt, zur Frage der Professionalisierung und einer zentralen Entwicklungsaufgabe im Lehrerberuf zurück. Wir haben davon auszugehen, dass es angesichts der Komplexität der Gesellschaft zahlreiche Problemlagen gibt, die wir nicht mit eigenen Bordmitteln bewältigen. Dies ist eine Situation, die wir nur aushalten, wenn sie von Professionen stabilisiert wird. Wir sind in solchen Fällen darauf angewiesen, auf die Kompetenz anderer zu vertrauen, die wir keineswegs unmittelbar kennen. Die These dieses Beitrags war, dass Schüler und Schülerinnen erwarten können müssen, dass sie von der Schule in ihren individuellen Möglichkeiten erkannt und gefördert sowie ihre Schwächen wahrgenommen und bearbeitet werden. Hier liegt ein Zentrum der Kompetenzerwartung an die Lehrerschaft. Dass dies keine bloße Spekulation, sondern eine relevante Perspektive der Lehrerprofessionalität und Schulentwicklung ist, zeigt – über das Gesagte hinaus – eine Untersuchung des Max-Planck-Instituts für Bildungsforschung an der bei PISA erfolgreichen Laborschule in Bielefeld. Die Eltern betonen das hohe Interesse der Lehrer an der Entwicklung der ihnen anvertrauten Schüler. Und die Schüler heben hervor, dass es die Lehrer bei der Bewertung ihrer Leistungen vermocht hätten, ihre je individuellen Fähigkeiten, in einer auch für sie selbst augenöffnenden Weise, wahrzunehmen (Thurn 2003).

Anmerkungen

[1] Hiermit wird die männliche und weibliche Form zum Ausdruck gebracht.
[2] aus: Combe,A./Helsper, W.: Was geschieht im Klassenzimmer? Weinheim 1994, S. 24-33.

Literatur

Adorno, Th. W. (1965). Tabus über dem Lehrerberuf. In: *Neue Sammlung*, S. 287-498.
Bastian, J./Combe, A./Langer, R. (2004). *Feedback im Unterricht*. Weinheim.
Baumert, J. (2003). Transparenz und Verantwortung. In: Kilius, N. u.a. (Hrsg.). *Die Bildung der Zukunft*. Frankfurt, S. 213-228.
Baumert, J./Köller, O. (2000). Unterrichtsgestaltung, verständnisvolles Lernen und multiple Zielerreichung im Mathematik- und Physikunterricht der gymnasialen Oberstufe. In: Baumert, J. u.a. (Hrsg.). *TIMMS/III*, Bd. 2, Opladen, S. 229-230.
Borromeo Ferri, R. (2004). *Mathematische Denkstile*. Hamburg (Phil.Diss.).
Bromme, R. (1992). *Der Lehrer als Experte*. Bern/Wien.
Busse, A./Kaiser, G. (2003). Context in application and modelling – an empirical approach. In: Ye, Qi- Yiao, et a. Eds. *Mathematical Modelling in Education and Culture*. Chicester, p. 3-15.
Combe, A. (1997). Der Lehrer als Sisyphus. In: Pädagogik 49, Heft 4, S. 10 -15
Combe, A. (2004). Brauchen wir eine Bildungsgangforschung? Grundbegriffliche Klärungen. In: Trautmann, M. (Hrsg.). *Entwicklungsaufgaben im Bildungsgang*. Wiesbaden, S. 48-63.
Combe, A. (2005). Lernende Lehrer - Professionalisierung und Schulentwicklung im Lichte der Bildungsgangforschung. In: Schenk, B. (Hrsg.). *Bausteine der Bildungsgangtheorie*. Wiesbaden.
Combe, A./Helsper, W. (Hrsg.). (1996). *Pädagogische Professionalität, Zum Typus pädagogischen Handelns*. Frankfurt.
Combe, A./Helsper, W. (1994). *Was geschieht im Klassenzimmer?* Weinheim.
Combe, A./Kolbe, F.-U. (2004). Lehrerprofessionalität: Wissen, Können, Handeln. In: Helsper, W./Böhme, J. (Hrsg.). *Handbuch der Schulforschung*. Wiesbaden, S. 386-398.
Deutsches PISA-Konsortium (Hrsg.) (2001). *PISA 2000. Basiskompetenzen von Schülerinnen und Schülern im internationalen Vergleich*. Opladen.
Gebhard, U. (2004). Verstehenwollen und Sinnsuche. Zum Verständnis kindlicher Auseinandersetzungen mit lebendigen Kulturphänomenen. In: Köhnlein, W./Lauterbach, R. (Hrsg.). *Verstehen und begründetes Handeln*. Bad Heilbrunn, S. 77-94.
Kahl, Ch. (2003). *Auf den Anfang kommt es an*. Hamburg, (Film).
Marton, F./Booth, S. (1997). *Learning and Awareness*. Mahwah.

Meyer, M.A. u. a. (Hrsg.) (2000). *Schülerbeteiligung im Fachunterricht.* Opladen.

Murmann, L. (2002). *Physiklernen zu Licht, Schatten und Sehen eine phänomenographische Untersuchung in der Primarstufe.* Berlin.

Oevermann, U. (1996). Theoretische Skizze einer revidierten Theorie professionalisierten Handelns, In: Combe, A./Helsper, W. (Hrsg.). *Pädagogische Professionalität.* Frankfurt, S. 70-182.

Singer, W. (2001). Neurobiologische Anmerkungen zum Konstruktivismus – Diskurs. In: Barkholz, R./Gärtner, Ch./Zehentreiter, F. (Hrsg.). *Materialität des Geistes. Zur Sache Kultur – im Diskurs mit Ulrich Oevermann.* Weilerswist, S. 377-400.

Thurn, S. (2003). Schulleistungsuntersuchungen an der Laborschule. In: *Die Deutsche Schule* 95, Heft 4

Tippelt, R/Schmidt, B. (2005). Was wissen wir über Lernen im Unterricht? In: *Pädagogik* 3/2005.

Marlies Krainz-Dürr

Die Rolle von Lehrer/innen und Schulleiter/innen in Schulentwicklungsprozessen

Einleitung

In den vergangenen Jahren haben sich in Österreich die Anforderungen an Schulen und damit die Ansprüche an Lehrer/innen und Schulleitungen gewaltig verändert. Die Idee eines durch gesetzliche Vorgaben zentral geregelten Schulwesens wird zunehmend ersetzt durch die Vorstellung aktiv handelnder Einzelschulen, die in relevanten Bereichen selbst Entscheidungen treffen und ihren Erfolg überprüfen. Die einzelne Schule wird dabei als eine besondere Organisation betrachtet, die mit Instrumenten der Organisationsentwicklung verändert werden kann und soll. Es ist eine Reform der kleinen Schritte durch Dezentralisierung und Autonomisierung. Die schulischen Behörden des Bundes und der Länder geben einen Teil ihrer Kontroll- und Steuerungsmacht ab und beschränken sich darauf, Rahmenbedingungen zu setzen, innerhalb derer sich eigendynamische Prozesse realisieren können.

Diese neuen Anforderungen bewirken tief greifende Veränderungen der Berufsrollen aller in Schule und Bildungswesen tätigen Personen. Hat es vor nicht allzu langer Zeit ausgereicht, sich als Lehrer/in auf die Gestaltung des eigenen Unterrichts zu konzentrieren oder als Schulleiter/in für eine gute Verwaltung zu sorgen, so sind nun darüber hinaus Teamkompetenzen und Managementqualitäten gefragt. Diese in zahlreichen Publikationen beschriebenen neuen Rollen von Führungskräften und Lehrer/innen an Schulen (vgl. stellvertretend für viele: Rolff u.a. 1998, Dubs 1994, Fullan 1998, Bastian u.a. 2000) ist allerdings weniger eine Beschreibung dessen, „was ist", sondern eher ein Rollenentwurf für die Zukunft. Etliche Entwicklungsvorhaben an Schulen leiden darunter, dass längst nicht alle Lehrer/innen diese neuen Rollenanforderungen internalisiert haben.

Die folgenden Ausführungen beschäftigen sich mit den Aufgaben von Kollegien und Schulleitungen in Veränderungsprozessen. In den ersten beiden Abschnitten werden strukturelle Rahmenbedingungen beleuchtet und handlungsleitende mentale Modelle benannt, die schulische Kultur ausmachen. Anschließend wird die *These* vertreten, dass die Anforderung, Schulentwicklung betreiben zu sollen, einen „Kulturbruch" darstellt, und diese Zumutung Systemwiderstände erzeugt, die die Übernahme der neuen Gestaltungsaufgaben erschweren. Daraufhin wird ein Professionalisierungsmodell für Lehrer/innen angeboten, das die Schnittstelle zwischen der Professionalisierung einzelner und der Entwicklung der schulischen

Organisation thematisiert. Am Beispiel der Schulleitung wird abschließend demonstriert, wie die Rolle der Steuerung von Veränderungsprozessen ausgefüllt werden kann. Die angeführten Beispiele und geschilderten Erfahrungen stammen aus Forschungsprojekten in Österreich.

1. Organisatorisch-strukturelle Rahmenbedingungen von Schulentwicklung

Um die Entwicklungen an Schulen zu unterstützen, hat sich die österreichische Schulbürokratie in den letzten Jahren an verschiedenen Qualitätssicherungsmodellen orientiert. TQM, ISO, Qualitätszirkel und Organisationsberatung wurden auch im schulischen Bereich angewandt. Dabei zeigte es sich, dass diese Modelle nicht unbedingt zur Organisation und Kultur einer Schule passen. Etliche Projekte zur Qualitätssicherung auf dieser Basis gelangten bis zu einem bestimmten Punkt und verloren dann ihre Wirksamkeit (vgl. etwa Altrichter/Posch 1999 oder Krainz-Dürr 1999). Aber auch „schulnähere" Entwicklungsinstrumente wie z. B. das „Schulprogramm" kämpfen mit den Problemen von Verbindlichkeit und Nachhaltigkeit (vgl. Krainz-Dürr 2002). Es lohnt sich daher zu überlegen, was die Organisationsgestalt einer Schule ausmacht und von welchen Vorstellungen ihre Kultur geprägt ist.

In Schulen hängt der Erfolg der Arbeit in besonderer Weise vom Sachverstand, der Expertise und Motivation der Lehrer/innen ab, denen in wesentlichen Bereichen eine hohe Autonomie zugestanden wird. Verglichen mit anderen Organisationen sind Schulen weitgehend dezentral strukturiert, die einzelnen Einheiten sind nur lose miteinander verbunden, Kooperation und Zusammenarbeit werden bestenfalls als wünschenswert gefordert und in die Selbstorganisation der einzelnen Lehrer/innen übertragen, sind aber in den meisten Fällen nicht strukturell gebahnt. Mintzberg (1983, 1991) spricht von „kollegialen Organisationen", in denen einzelne Experten als Kollegen mehr neben- als miteinander arbeiten. Dieses Konzept wird in Österreich – vor allem, wenn es um die Reform der öffentlichen Verwaltung geht – unter dem Titel „Expertenorganisation" diskutiert (vgl. Grossmann 1997).

Die Struktur einer „Expertenorganisation" zeichnet sich durch eine flache Hierarchie aus und stützt sich auf eine sehr dünne Schicht des mittleren Managements. Macht ist einerseits auf der oberen Ebene der öffentlichen Verwaltung angesiedelt, die alle wesentlichen Entscheidungen von Budget bis Personal trifft, und auf der untersten Ebene, auf der in ihren Bereichen weitgehend autonome Mitarbeiter/-innen arbeiten. Die Übernahme von Leitungsfunktionen ist demgegenüber schwierig. Das Selbstverständnis der Mitarbeiter/-innen ist meist so beschaffen, dass sie sich eher ihrem Fach oder ihrer Profession verpflichtet fühlen als der jeweiligen Organisation, in der sie tätig sind. Die Organisation ist meist nur der Hintergrund zur Erfüllung der eigentlichen Aufgaben, die Arbeit am Schulganzen wird nicht als Teil der Lehrerprofessionalität angesehen, oft werden diese Tätigkeiten nur als ermüdende zusätzliche Aufgaben erlebt.

Für Entwicklungsarbeit bedeutet das, dass es an Schulen wenig Strukturen gibt, die diese Arbeit verantwortlich tragen können.

2. Werte, mentale Modelle, Prämissen für Handlungsspielräume

In Lehrkörpern herrscht ein „Mythos der Gleichheit", der besagt, dass alle gleich (gut) sind und zumindest auf der formalen Ebene keine Unterschiede gemacht werden dürfen. Die Beziehungen in Kollegien werden nach dem in der Literatur vielfach beschriebenen „Autonomie-Paritätsmuster" (vgl. Lortie 1975, Altrichter & Posch 1996) gestaltet. Handlungsorientierend für Lehrerinnen und Lehrer sind folgende informelle Regeln: Erstens darf niemand in den Unterricht eines Lehrers eingreifen (Autonomie) und zweitens müssen alle Lehrer/innen ohne Unterschied als gleichberechtigt betrachtet und daher gleich behandelt werden (Parität). Als dritte Regel gilt gewissermaßen der Bindestrich zwischen beiden: Lehrer/innen sollen im Umgang miteinander zuvorkommend sein und sich nicht in die Angelegenheiten ihrer Kolleg/innen einmischen.

Lehrerkollegien widersetzen sich häufig dem Versuch, Differenzierungen einzuführen oder Unterschiede (der Qualifikation, des Engagements, der qualifikationsorientierten Aufgabenverteilung usw.) formell sichtbar werden zu lassen. Einzelne Lehrer/innen oder Gruppen, die etwas Bestimmtes wollen und dies öffentlich machen, haben es daher schwer, da der Versuch der Profilierung in der Schule häufig (als „Profilierungssucht") negativ bewertet wird. Dies trifft besonders auf jene Personen zu, die aus dem Kollegium stammen und zeitlich begrenzte Leitungsfunktionen in Veränderungsprojekten übernehmen. Die geschilderten Phänomene treten in Abwandlungen in allen Schulen unabhängig vom Schultyp auf. Man könnte sie mit E. Schein (1995) als Teil „schulischer Kultur" betrachten. Schein unterscheidet bei der Beschreibung der „Kultur" einer Organisation drei Ebenen:

Die Ebene beobachtbarer Handlungen und Verhaltensweisen. Diese 1. Ebene ist sichtbar und kann an Handlungen abgelesen werden, ist aber – vor allem für Außenstehende – nicht ohne weiteres zu erklären. Warum sich Kollegien z. B. in Bezug auf das Sichtbarmachen von Unterschieden fast reflexartig defensiv verhalten, ist nicht unmittelbar einsichtig.

Gründe für das Verhalten können auf einem höheren Grad der Wahrnehmung über mehr oder weniger deutlich artikulierte Werte (2. Ebene) erschlossen werden. (vgl. Tabelle 1)

Diese Werte jedoch ruhen auf Grundannahmen (3. Ebene), die in ihrer

Form unsichtbar und unbewusst die Beziehungen aller steuern. Diese werden als so selbstverständlich angenommen, dass sie nur über Handlungen ins Bewusstsein gerufen werden können.

Die drei Ebenen wirken zusammen und erzeugen mehr oder minder konstante Verhaltensmuster, eine charakteristische „Kultur" einer Organisation. Diese „Kultur" ist es, die sich Veränderungsprozessen auf der Organisationsebene oft nachhaltig widersetzt und die Weiterentwicklungen behindert. Im folgenden seien – in freier Anlehnung an Schein – drei typische „Grundannahmen" beschrieben, die es schwer machen, zu kollektiven Verbindlichkeiten zu kommen, ohne deren Veränderung jedoch eine wirksame Schulentwicklung kaum möglich erscheint. (Die beschriebenen Handlungen der 1. Ebene sind durch die Erfahrungen aus einem Forschungsprojekt zur Schulprogrammentwicklung belegt, vgl. Krainz-Dürr u.a. 2002).

Beobachtbare Handlungen und Verhaltensweisen	Mangelndes Interesse an der Mitgestaltung der Schule.	Kollegien sind „vergesslich". Kollegien wollen sich nicht „binden".	Projektgruppenleiter/innen scheuen sich Vereinbarungen einzufordern oder Aufgaben zu delegieren.
Mehr oder weniger bewusst artikulierte Werte	Organisationsarbeit ist lästiger Verwaltungsaufwand.	Lehrer/innen als Beamte müssen sich nur an die Gesetze und Weisungen halten, nicht aber an Vereinbarungen vor Ort.	Alle Lehrer/innen sind gleichberechtigt, die Wahrnehmung von Leitungsfunktionen steht Lehrer/innen nicht zu.
(Unbewusste) Grundannahmen	Lehrer/innen sind Expert/innen für das Gestalten von Unterricht. Für Organisationsarbeit auf Schulebene sind sie nicht zuständig.	Expert/innen sind unantastbar und können zu nichts verpflichtet werden.	Ein Experte kann einem anderen Experten nichts vorschreiben.

Tabelle 1: Beispiel: Merkmale schulischer „Kultur" (in Anlehnung an Schein).

Folgt man dem Kulturbegriff von Schein, so wird deutlich, dass mit „Kultur" jene Elemente bezeichnet werden, die zu den stabilsten und am wenigsten formbaren Elementen einer Gruppe oder einer Organisation gehören. Sie sind mentale Modelle und betreffen das Denken, Handeln und Fühlen der Mitarbeiter/innen im Umgang mit den Herausforderungen des Arbeitsalltags.

Die eigentlichen Essenzen einer Organisationskultur sind daher nicht äußere Phänomene, spezifische Verhaltensmuster oder geäußerte Werte, sondern Grundannahmen, die auf einer tiefer liegenden, weniger bewussten und damit weniger greifbaren Ebene liegen. Sie besteht aus gemeinsam geteilten Prämissen, die bei der Bewältigung der Probleme externer Anpassung und interner Integration von den Mitgliedern einer Organisation oder Gruppe durch einen langen Lernprozess erworben wurden. Da diese im Laufe der Zeit als bewährte Strategien immer weniger in Frage gestellt werden, schwinden sie allmählich aus dem Bewusstsein und entziehen sich der Steuerbarkeit.

Im Falle der Schule waren die genannten Einstellungen auch tatsächlich für lange Zeit durchaus funktional. Die zentralistische Regelung des Bildungssystems hat der einzelnen Schule kaum Gestaltungsspielräume offen gelassen. Es bestand daher keine Notwendigkeit für Lehrer/innen, sich an Organisationsfragen der Schule zu beteiligen, und wenn dies geschah, war es freiwillig und konnte jederzeit ohne Schaden zurück genommen werden. Auch das Beharren der Lehrer/innen auf strikter Autonomie und „Nichteinmischung" schien funktional und verteidigte einen von kontrollierender Bürokratie bedrohten Freiraum. Mit der Verlagerung von relevanten Entscheidungen an die einzelnen Schulen haben sich die Anforderungen jedoch grundlegend verändert. Freiräume sollen nun plötzlich gestaltet (und nicht mehr bloß verteidigt) werden, sodass die freiwillige Beteiligung an der Arbeit am Gesamten zur Bewältigung neuer Aufgaben nicht mehr ausreicht.

3. Schulentwicklung als „Kulturbruch"

Die Kultur einer Organisation ist stabil und langlebig. Auch wenn bestimmte Verhaltensweisen – oberflächlich betrachtet – verändert erscheinen und z. B. die Zustimmung zu Veränderungsprojekten groß und die Beteiligung an Arbeitsgruppen zahlreich ist, muss das nicht heißen, dass sich die Haltungen nachhaltig gewandelt haben. In Krisensituationen fällt man häufig in die alten Muster zurück. Das kann zu einem erheblichen Hindernis für erforderliche Anpassungsprozesse und Steuerungsbemühungen werden. Schulentwicklung stellt in Bezug auf die beschriebenen Grundannahmen eine deutliche Herausforderung dar. Um in Entwicklungsprozessen professionell handeln zu können, muss das die schulische Kultur prägende „Autonomie-Paritätsmuster" gleich in zweifacher Hinsicht durchbrochen werden.

3.1 Bruch des Paritätsprinzips durch Aufgabenteilung

Mit Projekten zur Schulentwicklung werden in wenig strukturierten Kollegien Differenzierungen eingeführt. Es gibt Projektleitungen, Arbeitsgruppenverantwortliche und Steuergruppenmitglieder. Diese Differenzierungen verletzen Paritätsmuster und werden abgewehrt. Projektleiter/innen von Schulentwicklungsvorhaben geraten in den Verdacht, „... *zweite Chefin sein zu wollen*" oder müssen in Kauf nehmen, dass unter der Hand über „... *geheime und verdeckte Hierarchien gemunkelt wird*" (vgl. Krainz-Dürr u.a. 2002, 204). Um die Verletzung des Gleichheitsgrundsatzes möglichst gering zu halten, werden eine Reihe von Sprachspielen veranstaltet, die die Unterschiede beschönigen. Lehrer/innen bevorzugen die Beizeichnung „Koordinationsgruppe" oder „Konzeptgruppe" anstelle von „Steuergruppe", Projektleiter/innen werden zu Ansprechpartnerinnen gemacht und Personen, die Gruppen leiten, sollen „Koordinator/innen" genannt werden. Diese Euphemismen führen zu Rollenunklarheiten und erschweren Personen – ganz gleich auf welcher Ebene – die Ausübung ihrer Funktion.

3.2 Bruch des Paritätsmusters durch Evaluation

Einen weiteren „Kulturbruch" stellt die Forderung nach systematischer Selbstevaluation dar. Sie ist ein Kernelement von Entwicklung, bedeutet jedoch in mehrfacher Hinsicht eine völlig neue Anforderung an Schulen.

Zunächst ist – oberflächlich betrachtet – systematische Evaluation nichts „Schulfremdes" sondern gehört vielmehr zum Kerngeschäft jeder Lehrperson. „Evaluationen" im Schulbereich beziehen sich jedoch fast ausschließlich auf die Feststellung und Beurteilung von Schülerleistungen. Diese Leistungen werden summativ festgehalten, die wesentlichste Kategorie ist „gut", „schlecht", „richtig" oder „falsch".

Dass Evaluationen formativ Rückschlüsse auf die eigene Arbeit geben, ist im schulischen Alltag weniger gebräuchlich. An den Schulen gibt es bisher kaum eine systematische Feedbackkultur, weder im Sinne einer Einschätzung der Leistung der Gesamtorganisation noch im Sinne systematischen individuellen Feedbacks an Lehrer/innen bzw. Schulleiter/innen. Rückmeldungen über ihr Tun erhalten Lehrer/innen fast ausschließlich im Rahmen von Kontrollen durch die Schulleitung bzw. Schulaufsicht. Es ist daher nicht überraschend, dass Lehrer/innen Situationen meiden, in denen sie sich selbst einer „Evaluation" stellen müssen. Auch kollegiale Beratung, „peer review", gegenseitige Beobachtung usw. sind an vielen Schulen noch Fremdworte. „*Wir sind Kontrollierende und fürchten die Kontrolle*", fasst ein Lehrer diese Tatsache in einem Schulentwicklungsprojekt zusammen (vgl. Krainz-Dürr 2002, 205).

3.3 Bruch des Autonomiemusters
durch ausgehandelte Einschränkungen

Die einzelne Schule kann als eine typische Expertenorganisation aufgefasst werden. Diejenigen, die in der Organisation arbeiten, sind weitgehend autonom. Die einzelnen Lehrer/innen können – eingeschränkt lediglich durch den

Rahmenlehrplan – ihren Unterricht inhaltlich und methodisch völlig frei gestalten. Die hohe Autonomie des Einzelnen in Kernbereichen korrespondiert jedoch mit der Schwäche des „Kollektivs". Denn das Selbstverständnis der Lehrer/innen ist meist so beschaffen, dass sie sich in erster Linie ihrem Fach und ihrem Unterricht verpflichtet fühlen, die Arbeit an der Entwicklung der Schule in ihrer Gesamtheit jedoch nicht als selbstverständlichen Teil der eigenen Professionalität ansehen. Vielfach werden diese Aufgaben nur als zusätzliche Ansprüche erlebt, die vom „Eigentlichen" – dem (als rein individuelle Aufgabe verstandenen) Unterricht – abhalten.

Schulentwicklung erfordert nun über die Grenzen von Teams und Bereichen hinweg eine Zusammenarbeit und Abstimmung vieler. Dies ist nur zu leisten, wenn die Lehrer/innen sich einerseits für die Entwicklung des Gesamten zuständig fühlen und andererseits dazu bereit sind, sich in gewisser Weise durch ausgehandelte Regelungen „einschränken" zu lassen.

4. Professionalisierung für Schulentwicklung: ein Professionalitätsmodell

Für die Charakterisierung professionellen Lehrerhandelns scheinen folgende Kategorien[1] als theoretisches Konstrukt geeignet (vgl. Altrichter/Krainer 1996):

```
              Autonomie
                 ↑
                 |
  Reflexion ←---- ----→ Aktion
                 |
                 ↓
             Vernetzung
```

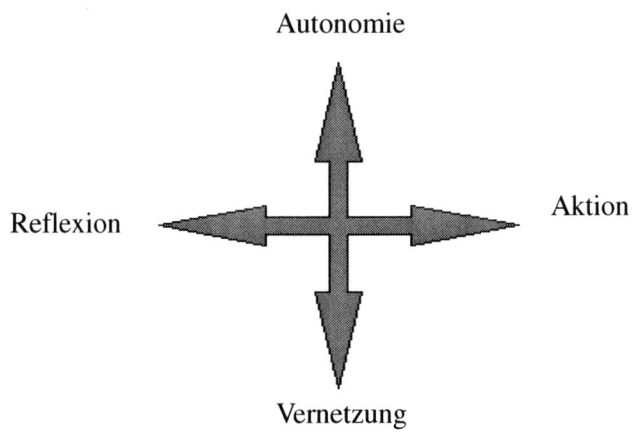

Abb. 1: Kategorien für professionelles Lehrerhandeln

Herbert Altrichter (2000) hat Bereiche herausgearbeitet, in denen Lehrer/innen in Schulentwicklungsprojekten gefordert sind. Diese Bereiche korrespondieren mit den genannten Professionalisierungskategorien und sind geeignet, die Diskussion um ein neues Rollenverständnis von Lehrer/innen zu fokussieren.

Schulentwicklungsvorhaben erfordern gemeinsame Arbeit und Koordination, interaktives Aushandeln von Zielen, Inhalten und Prozessentscheidungen. Dafür müssen Entscheidungsstrukturen geschaffen und Kommunikation gebahnt werden („Vernetzung"). Des weiteren bedarf Schulentwicklung eines speziellen Wissens und Könnens der Prozessgestaltung und des Projektmanagements („Aktion"). Schließlich stellen Entwicklungsvorhaben neue Anforderungen an die Reflexivität von Lehrer/innen, ihre Fähigkeit und Bereitschaft zu reflexiver Distanz, des Einholens von Feedback über die eigene Arbeit und Offenheit für Rückmeldungen.

Professionalisierung für neue Rollenübernahmen im Bereich Schulentwicklung bedeutet also auf der Folie des angebotenen Professionalitätsmodells eine verstärkte Hinwendung zu den Dimensionen „Vernetzung" und „Reflexion", eine Verlagerung vom autonomen Vorgehen in der Gestaltung individuellen (Fach)Unterrichts zu kollektiv verantworteten Lernprozessen der gesamten Schule.

5. Die Rolle von Schulleiter/innen in der Steuerung von Entwicklungen

Vor dem Hintergrund des bisher Gesagten stellt sich nun die Frage, wie die Rolle von Schulleitungen in Entwicklungsprozessen gestaltet werden kann, um den beschriebenen „Kulturbruch" zu managen bzw. den Prozess einer neuen Kulturentwicklung zu beeinflussen.

Dabei unterscheide ich mit Dubs (1994) zwei Ebenen, auf denen sich Führungshandeln in Gestaltungsprozessen realisiert. Die erste Ebene bezeichnet das strategische Management im Rahmen von Schulentwicklung. Auf dieser Ebene realisiert sich Steuerung als „Moderationsaufgabe" oder „Prozesssteuerung". Die zweite Ebene betrifft die Organisation und Implementierung größerer Veränderungsvorhaben. Auf dieser Ebene ist Schulleitung nicht als „Moderator", sondern als „Auftraggeber" gefragt. Ihre Aufgabe ist die der „Kontextsteuerung" (zum Bereich von Prozesssteuerung und Kontextsteuerung siehe auch Krainz 1995). Diese unterschiedlichen Rollenanforderungen klar zu kennen und damit auch zu trennen, erleichtert das Handeln von Schulleitungen.

5.1 Prozesssteuerung – Schulleitung als Moderationsfunktion

Ich möchte im Folgenden Steuerungsmöglichkeiten beschreiben, die geeignet sind, Entwicklungen anzuregen, zu moderieren und in einem bestimmten Ausmaß auch zu beeinflussen. Sie stützen sich eher auf bestimmte soziale Fertigkeiten und Haltungen als auf ein technisches Anwenden von Werkzeugen oder Verfahrensweisen.

5.2 Probleme organisationsbezogen definieren

In einer Untersuchung über das Selbstverständnis von Schulleiter/innen stellt Wissinger (1996) fest, dass Schulleiter/innen aufgrund ihrer Sozialisation und ihrer rechtlichen Stellung als Leiter/in *und* Lehrer/in enger mit der Unterrichts- und Erziehungsarbeit verbunden sind, als mit dem Leitungshandeln auf der Ebene der Organisation. Das bedeutet, dass organisationsbezogene Wahrnehmungen der Schule seitens der Schulleiter/innen eher unterrepräsentiert sind und Probleme häufig nicht als Probleme der Organisation Schule sondern als die von den in ihnen arbeitenden Mitarbeiter/innen definiert werden. Personalisierendes Denken ist in der Schule (auf allen Ebenen) weit verbreitet und auf beobachtete Defizite wird eher therapeutisch oder mit Fortbildungsmaßnahmen reagiert, als mit strukturellen Veränderungen.

Beispiel: *In einer allgemeinbildenden höheren Schule treibt ein besonders schwieriger Schüler die Lehrer/innen der betreffenden Klasse an ihre persönlichen Grenzen. Die Lehrer/innen stellten fest, dass sie sich als Einzelne überfordert fühlen und eigentlich dringend Unterstützung brauchen. Diese wird auf zwei Ebenen organisiert. Der Schüler wird durch außerschulische therapeutische Maßnahmen gestützt, die Lehrer/innen nehmen individuell an Fortbildungsveranstaltungen zum Thema „verhaltensauffällige Kinder" teil. Beide Maßnahmen verändern die Situation nur unwesentlich. Schließlich schlägt der Schulleiter auf Anregung des Elternvertreters der Klasse die Teilnahme an einem besonderen Projekt „Soziales Lernen" vor. Dieses Projekt sieht Supervision und Unterstützung für ein Klassenlehrer/innenteam für eine bestimmte Zeit vor. Der Schulleiter, der in den besonderen Fall dieses schwierigen Schülers und damit der schwierigen Klassensituation immer wieder involviert gewesen ist, ermutigt die Lehrer/innen nicht nur zur Teilnahme, sondern schafft auch die organisatorischen Möglichkeiten* (vgl. Krainz-Dürr/Vorhyzka/Witschl 2000).

An diesem Beispiel kann der Übergang von personen- zu organisationsbezogener Sichtweise deutlich gemacht werden. Angesichts des „Problemkindes" wurde zunächst an dieser Schule so reagiert, wie vermutlich an den meisten Schulen mit ähnlichen Problemen. Das Problem wurde als das des Schülers und schließlich als das mangelnder Ausbildung jeder einzelnen Lehrkraft definiert. Die ersten Maßnahmen zielten daher auch auf eine Therapeutisierung des Kindes und auf Fortbildungsmaßnahmen für die Lehrer/innen. Beides bedeutet, dass das Problem möglichst rasch, wenn man so will, „externalisiert" wurde. Das Kind wurde einer Therapieeinrichtung außerhalb der Schule zugewiesen (auch von einem Schulwechsel war die Rede), die Lehrer/innen wurden an eine Fortbildungsinstitution geschickt. Derartige Problemlösungen sind an Schulen häufig, man könnte überspitzt formulieren, Schule habe die Tendenz, „Irritierendes" möglichst rasch auszulagern. Wer nachhaltig „stört", wird nicht selten durch Schulwechsel ausgesondert, verhaltensauffällige Schüler/innen werden phasenweise aus dem Unterricht genommen und eigenen Lehrer/innen (Psychagogen etc.) zugewiesen und Lernprobleme werden nicht etwa im Unterrichtsgeschehen ernst genommen, sondern an das in seiner Größe nicht zu unterschätzende System privater Nachhilfe delegiert.

In diesem Fall jedoch wurde das Problem nicht nur personenbezogen betrachtet, sondern anfangs eher zufällig, später systematisch auf die Organisationsebene gehoben. Die Fragestellung lautet nicht mehr, was muss das Kind, was muss die/der einzelne Lehrer/in tun, um die Situation zu verbessern, sondern: wie kann Unterricht in seiner Gesamtheit so gestaltet werden, dass das Kind besser integriert und die Problemlösekapazität des gesamten Systems der Klasse erhöht werden kann? Das erforderte ein gemeinsames Vorgehen aller Lehrer/innen dieser Klasse, die sich im Verlauf des Projekts mehr und mehr als Team verstanden und auch als solches agierten. Es erforderte aber auch organisationsbezogenes Denken seitens der Leitung. Um ein Team werden zu können, braucht es Raum und Zeit, die für Gespräche und Planung genutzt werden können. Diese Ressourcen müssen von der Schule zur Verfügung gestellt werden, will man diesen wichtigen Teil der Lehrer/innenarbeit nicht ins Informelle abdrängen. Im konkreten Fall hat der Schulleiter den Lehrer/innen durch eine gemeinsame „Fensterstunde" im Stundenplan diesen „Raum" zur Verfügung gestellt. Die Lehrer/innen trafen sich nun allwöchentlich in dieser Stunde zu gemeinsamen Besprechungen und zur Arbeit. Was alle im Team nach einiger Zeit am meisten überraschte, war, dass der schwierige Schüler, der die Initialzündung zu dieser Entwicklung gegeben hatte, sehr bald kaum noch Anlass für Gespräche und Beratung lieferte.

5.3 Referenzrahmen bestimmen

Wenn wir – wie im oben beschriebenen Beispiel – Verhaltensweisen, Situationen oder Probleme wahrnehmen, so schreiben wir ihnen Bedeutungen zu: wir setzen einen Referenzrahmen. Dieser ist weder richtig noch falsch,er könnte aber in Bezug auf das Problem mehr oder weniger hilfreich sein (vgl. Wernig 1997). Oft ist es von entscheidender Bedeutung, welchen Referenzrahmen man in Bezug auf ein Problem wählt: Im eingangs beschriebenen Beispiel kann man in seinen Überlegungen z. B. davon ausgehen, wie man das störende Verhalten des Schülers am besten unterbindet. Man kann in diesem Fall aber auch nachdenken, welche Angebote und Maßnahmen im Unterricht gesetzt werden können, um den Schüler besser zu integrieren und die Problemlösefähigkeit der gesamten Klasse zu erhöhen. Im ersten Fall lädt die Sichtweise eher dazu ein, Restriktionen und Sanktionen zu überlegen, im zweiten fördert sie pädagogisch stützendes Verhalten. Beim ersten Referenzrahmen wird die Energie und Kreativität in Verhinderung von Negativem investiert, beim zweiten wird die Kraft zu konstruktiver Veränderung aktiviert.

5.4 Wechselwirkungen beachten – Kontexte erweitern

Personenbezogenes Denken geht nicht nur häufig mit Schuldzuweisungen Hand in Hand ("Kollege X hat seine Klasse nicht im Griff", „Kollegin Y verlangt zuviel von ihren Schüler/innen und hat daher zu viele negative Noten") sondern neigt auch dazu, Phänomene eher zu isolieren und einzeln zu betrachten. Nur selten nimmt man sich an Schulen (ebenfalls auf allen Ebenen) Zeit, auf die Suche nach Wechselwirkungen und Zusammenhängen zu gehen und die Kontexte genauer zu untersuchen.

Beispiel: *An einer berufsbildenden Schule wird einem Noteneinspruch stattgegeben und es werden Stimmen laut, eine bestimmte Lehrerin sei eben „zu streng". Der Schulleiter widersteht der Versuchung, das Problem zu personalisieren und regt eine Diskussion auf breiterer Basis an. Die Lehrer/innen des betreffenden Faches sollen gemeinsam Qualitätskriterien definieren und Leistungsstandards festlegen. Aber auch damit begnügt er sich nicht. Er versucht eine Art „benchmarking" zu betreiben und Vergleichsdaten aus anderen Schulen des Bezirks einzuholen. Dabei stellt er zu seinem nicht geringen Erstaunen fest, dass diese Daten (z. B. Wiederholung von Schularbeiten, Notenstatistiken) in erstaunlicher Dichte vorhanden und von der Schulaufsicht gesammelt waren, ohne dass diese je an die Einzelschule zurückgemeldet wurden. Diese Daten koppelt er mit Sozialdaten des Einzugsgebiets der Schule und stellt sie den Kolleg/innen zur Verfügung*[2].

Das Beispiel zeigt, wieviel bei der Einschätzung eines einzelnen Phänomens beachtet werden kann. Die Leistungen in einer Klasse sind von vielen Faktoren abhängig – vom sozialen Einzugsgebiet der Schule, der Zusammensetzung der Klasse, den mitgebrachten Kenntnissen, dem Klassenlehrer/innenteams, dem Unterricht selbst usw. -, die sich nicht einfach isolieren lassen. Soziale Systeme sind immer mehr als die Summe ihrer Teile, und Prozesse lassen sich nicht auf einfache Ursache-Wirkungsketten reduzieren. Bei der Analyse von Problemen ist daher die Suche nach Ursachen weniger effizient als die Beleuchtung der Kontexte und Wechselwirkungen. Es ist Aufgabe der Schulleitung bei der Erweiterung von Kontexten zu helfen, Daten zur Verfügung zu stellen und den Fokus auf Wechselwirkungen und Zusammenhänge zu legen um differenzierte Sichtweisen zu ermöglichen.

5.5 Kommunikationswege bahnen

Wer Phänomene in ihrer Wechselwirkung betrachten und Prozesse steuern will, muss Kommunikation herstellen. Die entscheidende Frage ist: Wer bespricht, klärt, stimmt ab, entscheidet was mit wem? Wer muss im konkreten Fall beteiligt sein? Welche Umwelten müssen einbezogen werden? Wie laufen die Informationsflüsse und Kommunikationswege?

Kommunikation darf nicht dem Zufall überlassen bleiben, sondern muss „gebahnt" werden. Berufsrelevante Kommunikation ereignet sich nicht einfach von selbst, selbst in einer kleinen Schule muss Kommunikation organisiert werden. Diese Organisationsaufgabe darf jedoch nicht jenen aufgebürdet werden, die unmittelbar in die Aktivitäten verstrickt sind, die Thema sein sollen. Die Organisation von berufsrelevanter Kommunikation ist Führungsaufgabe.

5.6 Feedbackschleifen institutionalisieren

Wenn es die Aufgabe von Führungskräften ist, Entwicklungsprozesse zu steuern und Kommunikationen zu organisieren, so müssen sie sich von Zeit zu Zeit vergewissern, wo ihre Organisation eigentlich steht, welche Themen relevant sind und bearbeitet werden müssen und welche Herausforderungen angenommen werden sollen.

Steuerung heißt in diesem Fall von Zeit zu Zeit aus dem Alltagsgeschäft auszusteigen, einen Prozess anzuhalten, auf die Metaebene zu wechseln und das Geschehen selbst zum Thema zu machen. Damit wird bewusst eine Differenz zum normalen Ablauf gesetzt. Die Funktion eines solchen Innehaltens, solcher „Reflexionsschleifen", ist die Erzeugung von Bewusstheit über die organisatorische Gesamtlage.

Im schulischen Ablauf österreichischer Schulen sind Reflexionszeiten jedoch kaum eingeplant. Es gibt – außer in Versuchsschulformen – keine organisatorisch verankerten Teamstunden, Fachgruppen müssen nicht regelmäßig zusammenkommen und selbstverständlich veranstaltete „Standortklausuren" sind eher die Ausnahme als die Regel. Nachdenken über Unterricht und Schule findet meist unsystematisch im informellen Raum statt. Diese Form reicht jedoch zur Steuerung einer Organisation nicht aus. Organisatorisch wirksam wird Reflexion nur, wenn sie gemeinsam und systematisch betrieben wird, wenn sich individuelles Nachdenken kommunikativ vermittelt. Steuerung heißt also, Zeiten für kollektive Reflexion schaffen und definieren, wer das reflektierende Subjekt ist (eine Fachgruppe, ein Team, das Kollegium usw.). Die Durchführung von Standortklausuren, das Erstellen von Situationsdiagnosen, die Organisation von Selbstreflexion (wobei klarzustellen ist, wer dieses „Selbst" im jeweiligen Fall ist), ist ein wichtiges Steuerungsmittel von Führungskräften.

5.7 Kontextsteuerung – Schulleitung als Auftraggeber von Veränderungen

Vorhaben wie Leitbild- und Schulprogrammentwicklung, die Reform der Oberstufe, die Einführung der 5-Tagewoche, die Etablierung eines systematischen Qualitätssicherungssystems an der Schule usw. sprengen den Rahmen des Normalbetriebes und müssen daher gesondert behandelt werden. Um diese Vorhaben nicht nur anzudenken, sondern nach einer Experimentierphase die Ergebnisse in der Organisation auch fest verankern zu können, ist es sinnvoll, sie als Projekte zu organisieren. (vgl. dazu Heintel/Krainz 2000; Patzak/Pattay 1998).

Zur Durchführung eines Projekts benötigt man Ressourcen (Personal, Zeit, Finanzierung) und als Werkzeug Projektmanagementwissen. Vieles, was an Schulen – auch im Rahmen von Schulentwicklungsvorhaben geschieht – wird heute als „Projekt" bezeichnet, ohne dass dieses „Werkzeug" angewendet wird. Das Wissen über Projektmanagement ist wenig verbreitet. Ein wesentliches Ergebnis eines in Österreich jüngst durchgeführten Forschungsprojekts zur „Schulprogrammentwicklung an berufsbildenden Schulen" hat ergeben, dass das Wissen über Projektmanagement ein wesentlicher Erfolgsindikator bei der Entwicklung und schließlich Implementierung von Schulprogrammen ist, dass jedoch ein dringender Fortbildungsbedarf in diese Richtung besteht (Krainz-Dürr u.a. 2002).

Wenn man Veränderungsvorhaben in Schulen nicht nur als Projekte bezeichnen, sondern zu ihrer Durchführung auch tatsächlich die Instrumente des Projektmanagements einsetzen will, stellt sich die Frage, welche Aufgabe Schulleitungen übernehmen müssen. Die Frage ist leicht zu beantworten, obwohl viele Schulleiter/innen gerade in diesem Bereich Schwierigkeiten haben. Schulleiter/innen sind – wenn es um Veränderungsvorhaben an ihrer Schule geht – nicht Projektleiter/innen, sondern Auftraggeber/innen dieses Projekts. Auftraggeber/in sein bedeutet vor allem eines: Die Schulleitung muss die Innovation eindeutig *wollen*, es reicht nicht, sie entweder bloß zuzulassen oder mit der Einstellung heranzugehen, „ ... mal sehen, was dabei herauskommt". In diesem „Wollen" liegt die eigentliche „Schlüsselfunktion" der Schulleitung, auf die in Schriften über Schulentwicklung immer wieder hingewiesen wird. Um keine Missverständnisse aufkommen zu lassen: „Wollen" heißt nicht, dass Schulleiter/innen ihre Vorstellungen durchpeitschen sollen, noch heißt es, dass ein Veränderungsprojekt unter Aufbietung aller Mittel unbedingt am Leben erhalten werden muss. Im Gegenteil: „Wollen" heißt, die Innovation, den Veränderungsschritt als grundsätzlich sinnvoll anzusehen und bereit zu sein, auch in (unvermeidlichen) Krisen und Konflikten, dem Projekt eine faire Chance zu geben.

Die Aufgaben des Auftraggebers lassen sich wie folgt zusammenfassen (vgl. Heintel/Krainz 2000; Patzak/Rattay 1998):

– Erteilung des Projektauftrags
– Treffen projektbezogener, strategischer Entscheidungen
– Schnittstellen managen.

5.8 Erteilen des Auftrags

Schulleiter/innen erteilen also einen Projektauftrag. Diese Auftragserteilung kann nicht, wie manchmal behauptet wird, durch das Kollegium erfolgen. Ein „Mandat" – also die grundsätzliche, mehrheitliche Zustimmung des Kollegiums – ist sinnvoll und es ist ratsam sich in allen Entwicklungsvorhaben, die die gesamte Schule betreffen, darum zu bemühen, kann aber die Auftragsvergabe durch eine verantwortliche Leitung nicht ersetzen.

5.9 Treffen projektbezogener, strategischer Entscheidungen

Die schwierigste Aufgabe für Schulleitungen ist oft, Ressourcen für Veränderungsprojekte freizumachen. Eine der wichtigsten Ressourcen für Veränderungsvorhaben sind Lehrer/innen, die bereit sind, zusätzliche (zusätzlich zu ihrer Unterrichtsführung) Aufgaben für die Schule zu übernehmen. Im „magischen Dreieck" (vgl. Berger 1999) zwischen „Zeit" (Terminen), „Leistungen" (Qualität) und „Ressourcen" (Personen, Mittel) muss die Schulleitung eine vernünftige und realistische Balance finden. Herkömmliche Steuerungsmittel wie teilweise Unterrichtsfreistellung für eine bestimmte Aufgabe, die Chance auf Zusatzeinkommen, Überstunden, Zeitausgleich oder ähnliches, mit denen in anderen Organisationen selbstverständlich operiert werden kann, stehen Schulleiter/innen so gut wie nicht zur Verfügung. In Österreich wird Lehrer/innenarbeit über Werteinheiten abgerechnet und der Bezugspunkt dieser Verrechnung ist (mit ganz wenigen Ausnahmen wie z. B. dem Führen einer Schulbibliothek) das Erteilen von Unterricht in der Schulklasse. Werteinheiten für Entwicklungs- und Organisationsarbeit für das Schulganze, Evaluationsaufgaben usw. können nicht vergeben werden. Für diese Arbeiten besteht lediglich die Möglichkeit (bescheidener) Belohnung und zumindest symbolischer Entlastungen. Schulleiter/innen müssen daher recht erfinderisch sein, wenn es darum geht, Kolleg/innen, die gesamtschulische Aufgaben übernehmen, zu honorieren.

5.10 Schnittstellenmanagement

Die Bewältigung der Schnittstelle von Projektgruppe und Gesamtkollegium bildet immer ein entscheidendes Erfolgskriterium von Veränderungsvorhaben. Das Management von Gruppengrenzen, die Kommunikation zwischen einzelnen Gruppen und zwischen den Gruppen und dem Organisationsganzen ist das Um und Auf des Gelingens von Schulentwicklungsprojekten, ja des Projektmanagements überhaupt (vgl. Heintel/Krainz 2000). Je stärker ein Lehrerkollegium sich zu strukturieren beginnt, desto mehr verschärfen sich die Gegensätze. Dies ist nun kein „Fehler" im System, vielmehr ist die Dynamik gar nicht anders zu denken. Um eine Gruppe zu sein, muss man sich gegen alle anderen „Nichtgruppenzugehörigen" abgrenzen und einen eigenen Willen entwickeln. Mehrere Gruppen haben mehrere „eigene Willen" und überdies ist der „Eigensinn" von Gruppen kaum je deckungsgleich mit dem Ziel der Gesamtorganisation. Dieses Widerspruchsfeld zu bearbeiten ist Aufgabe von Schulleitung.

6. Leitbild „Engagement" oder „Professionalität"?

Dieser Mangel an zur Verfügung stehenden finanziellen Ressourcen führt dazu, dass Schulleitungen in allen Schulentwicklungsprojekten auf die freiwillige Mitarbeit von Kolleg/innen angewiesen sind und kein Personal rekrutieren, ja nicht einmal zeitweilig umschichten können. „Engagement" ist daher in Schulen eine sehr wichtige Kategorie und spielt für die informelle Beziehungsstruktur von Lehrerkollegien eine zentrale Rolle.

Wir sind es gewohnt, dem Engagement hauptsächlich positive Seiten abzugewinnen. Wer würde sich z. B. als Berater/in in einem Schulentwicklungsprojekt nicht freuen, auf engagierte interne Kooperationspartner zu treffen, und welcher Schulleiter wäre nicht begeistert über eine engagierte Kollegenschaft? Aber engagiert zu sein hat durchaus seine Schattenseiten, sowohl für die einzelnen Individuen, vor allem aber für die Organisationen, in denen sie sich betätigen. Als engagiert gelten im allgemeinen jene, die bereit sind, bei vielfältigen Aktivitäten mitzumachen, die nicht unbedingt zu ihrer (Lehr)Verpflichtung gehören und daher auch kaum materiell honoriert werden. Engagement ist eine freiwillige Leistung, sie kann weder verordnet noch eingefordert werden und macht (gegenwärtig) Entwicklungsprozesse an Schulen erst möglich. Gerade darin liegt allerdings auch die Gefahr. Denn Engagement als besonderes Etikett für ein positives Berufsethos hat, auch wenn dies vielleicht paradox klingen mag, für die Entwicklung der Schule als Organisation und der in ihr arbeitenden Lehrer/innen eine eher hemmende Wirkung.

Engagement hat man, solange der Atem reicht und dann zieht man sich zurück. Der jeweilige Einsatz hängt von persönlichen Gestimmtheiten ab und ist, da oft ein differenziertes Professionalisierungsverständnis für die organisatorische Bewältigung der Aufgaben fehlt, eher zufällig vorhanden oder auch nicht.

Engagement alleine verändert auf die Dauer wenig. Einzelne mühen sich ab, die Organisation kann jedoch bleiben wie sie ist. Strukturelle Defizite werden solange durch persönlichen Einsatz ausgeglichen, bis der Atem derjenigen, die diesen leisten, erschöpft ist. Die besondere Pflege der Differenz zwischen Engagierten und Nichtengagierten im Schulbereich erweist sich bei genauerem Hinsehen eigentlich als Beitrag zur Nichtveränderung der Organisation (in diesem Sinn auch Scala 1995). Das Leitbild „Engagement" muss daher durch eine über das Erteilen von Unterricht hinausgehende Definition von „Professionalität" ersetzt werden. Diese ist in den neuen Rollenbeschreibungen von Lehrer/innen längst verankert. Sie muss nur noch in den Köpfen vollzogen werden.

Anmerkungen

[1] Aktion: Bereitschaft und Kompetenz zu experimentierender, konstruktiver und zielgerichteter Arbeit; Reflexion: Bereitschaft zu (selbst)kritischer und das eigene Tun systematisch hinterfragender Arbeit; Autonomie: Bereitschaft und Kompetenz zu eigeninitiativer, selbstorganisierter und selbstbestimmter Arbeit; Vernetzung: Bereitschaft zu kommunikativer, kooperativer und öffentlich wirksam werdender Arbeit.

[2] (aus einer Interviewserie mit Schulleitern, unveröffentlicht)

Literatur

Altrichter, H. & Krainer, K. (1996). Wandel von Lehrerarbeit und Lehrerfortbildung. In: Krainer, K. / Posch, P. (Hrsg.). *Lehrerfortbildung zwischen Prozessen und Produkten. Konzepte, Erfahrungen, Reflexionen.* Bad Heilbrunn: Klinkhardt, S. 33-51.

Altrichter, H. & Posch, P. (Hrsg.) (1996). *Mikropolitik der Schulentwicklung. Förderliche und hemmende Bedingungen für Innovationen an Schulen.* Innsbruck-Wien: Studien Verlag.

Altrichter, H. & Posch, P. (1999). *Wege der Schulqualität. Studien über den Aufbau von qualitätssichernden und qualitätsentwickelnden Systemen in berufsbildenden Schulen.* Innsbruck-Wien: Studien Verlag.

Altrichter, H. (2000). Schulentwicklung und Professionalität. Bildungspolitische Entwicklungen und neue Anforderungen. In: Bastian, J., Helsper, W., Reh, S. & Schelle, C. (Hrsg.). *Professionalisierung im Lehrberuf.* Opladen: Leske+Budrich, S. 145-166.

Bastian, J., Helsper, W., Reh, S. & Schelle, C. (Hrsg.) (2000). *Professionalisierung im Lehrberuf.* Opladen: Leske+Budrich.

Berger, C., Berger, H., Bodlak, R. & Schubert, K. (1999). *Leitfaden zum Projektmanagement zur Umsetzung im Schulwesen.* Wien: Pib.

Dubs, R. (1994). *Die Führung einer Schule. Leadership und Management.* Stuttgart: Franz Steiner Verlag.

Fischer, D. (1998). Braucht Schulentwicklung eine Steuergruppe? Aufgaben und Funktionen von Steuergruppen. In: *journal für schulentwicklung* 4/1998, S. 26-31.

Fullan, M. (1998). *What's worth fighting for in headship? Strategies for taking charge of the headship.* Open University Press 1998 (first published 1992).

Grossmann, R. (Hrsg.) (1997). Besser Billiger Mehr. Zur Reform der Expertenorganisationen Krankenhaus, Schule, Universität. Wien-New York: Springer, IFF-Texte Band 2.

Heintel, P. & Krainz, E. (1999). Führung im Projektmanagement. In: Rosenstiel, L., Regent, E. & Domsch, M.E. (Hrsg.). *Führung von Mitarbeitern.* Stuttgart: Schöffen-Poeschel Verlag, S. 455-464.

Heintel, P. & Krainz, E. (2000). *Projektmanagement. Eine Antwort auf die Hierarchiekrise?* Wiesbaden: Gabler.

Krainz, E. (1995). Steuern von Gruppen. In: Voß, B. (Hrsg.). *Kommunikations- und Verhaltenstrainings.* Göttingen: Verlag für angewandte Psychologie, S. 206-220.

Krainz-Dürr, M. (1997). Schulleitung bedeutet Management von Veränderungen. In: Grossmann, R. (Hrsg.). *Besser Billiger Mehr. Zur Reform der Expertenorganisationen Krankenhaus, Schule, Universität.* Wien-New York: Springer, IFF-Texte Band 2, S. 54-58.

Krainz-Dürr, M. (1999). Kritische Erfolgsfaktoren von Qualitätsentwicklung aus der Sicht der Schulentwicklungsforschung. In: Beucke-Galm, M., Fatzer, G. & Rutrecht, R. (Hrsg.). *Schulentwicklung und Organisationsentwicklung.* Köln: Trias Kompaß, S. 422-444.

Krainz-Dürr, M., Vohryzka-Laure, M. & Witschel, E. (2000). Biographie einer Innovation. In: GRUNDSCHULE H3/2000, S. 21-23.

Krainz-Dürr, M., Posch, P. & Rauch, F. (2002). Schulprogramme erstellen. Erfahrungen aus einem Pilotprojekt an berufsbildenden Schulen. Innsbruck-Wien-München-Bozen: Studienverlag.

Krainz-Dürr, M. (2003). Die Rolle der Schulleitung für die Steuerung von Entwicklungsprozessen. In: Rauch, F. & Biott, C. (Hrsg.). *Schulleitung. Rahmenbedingungen, Anforderungen und Qualifikation aus internationaler Perspektive.* Innsbruck: Studien Verlag, S. 65-100.

Lortie, C. (1975). *Schoolteacher.* A Sociological Study. University of Chicago Press: Chicago.

Mintzberg H. (1983). *Structures in Fives.* Prentice Hall: Englewood Cliffs, NJ.

Mintzberg H. (1991). *Mintzberg über Management, Führung und Organisation, Mythos und Realität.* Wiesbaden: Gabler.

Oesch, F. (1997). Führung in der Schulentwicklung. Worauf es ankommt. In: *journal für schulentwicklung* 4/1997, S. 8-15.

Patzak, G. & Rattay, G. (1998). *Projektmanagement. Leitfaden zum Management von Projekten, Projektportfolios und projektorientierten Unternehmen.* Wien: Linde.

Pesendorfer, B. (1995). Organisationsdynamik. In: Schwarz, G., Heintel, P., Weyer, M. & Stattler, H. (Hrsg.). *Gruppendynamik. Geschichte und Zukunft.* Wien: WUV-Universitätsverlag, S. 205-238.

Rauch, F. & Krainer, K. (2002). Grenzgänge zwischen Professionalisierung und Schulentwicklung. Begründung, Erfahrungen und Reflexionen zum Universitätslehrgang „Professionalität im Lehrberuf (ProFiL). In: Eckstein, K & Thonhauser, J. (Hrsg.). *Einblicke in Prozesse der Forschung und Entwicklung im Bildungsbereich.* Innsbruck-Wien-München-Bozen: StudienVerlag, S. 267-282.

Rolff, H.G., Buhren, C.G., Lindau-Bank, D. & Müller, S. (1998). *Manual Schulentwicklung. Handlungskonzept zur pädagogischen Schulentwicklungsberatung (SchuB)* Weinheim, Basel: Beltz.

Scala, K. (1995). Was heißt Lean Service im Erziehungssystem? Umgang mit Ressourcen als Organisationsentwicklungsperspektive der Schule. In: *Gruppendynamik. Zeitschrift für angewandte Sozialpsychologie.* Heft 3, S. 347-362.

Schein, E. (1995). *Unternehmenskultur. Handbuch für Führungskräfte.* Frankfurt/New York: Campus.

Wernig, R. (1997). Führung in komplexen Organisationen. Interaktions- und Kommunikationskompetenzen aus systemisch-konstruktivistischer Sicht. In: Buchen, H. (Hrsg.). *Schulleitung und Schulentwicklung. Erfahrungen-Konzepte-Strategien.* Berlin: Raabe.

Wissinger, J. (1996). *Perspektiven des schulischen Führungshandelns. Eine Untersuchung über das Selbstverständnis von Schulleiter/innen.* Weinheim und München.

Wimmer, R. (1991). Zwischen Differenzierung und Integration. In: *Gruppendynamik. Zeitschrift für angewandte Sozialpsychologie* 21.Jg. Nr. 4/1991, S. 359-389.

Wimmer, R. (1998). Das Team als besonderer Leistungsträger in komplexen Situationen. In: Ahlemeyer, H. & Königswieser,R. (Hrsg.). *Komplexität managen.* Wiesbaden: Gabler, S. 105-130.

Botho Priebe

Schul- und Unterrichtsentwicklung aus der Perspektive der Ausbildung und Fortbildung von Lehrerinnen und Lehrern

Einleitung

„Sicher haben Sie schon einmal gesehen wie im Herbst Gänse auf ihrem Flug Richtung Süden in einer „V"-Formation fliegen. Vielleicht interessiert es Sie, was die Wissenschaft herausgefunden hat, warum sie in dieser Formation fliegen.

Jeder Flügelschlag eines Vogels erleichtert den Flug des Vogels, der direkt hinter ihm fliegt. Durch die „V"-Formation erreicht der gesamte Vogelschwarm mindestens 71 Prozent mehr Reichweite, als wenn ein Vogel allein fliegen würde. ... Immer dann, wenn eine Gans die Formation verlässt, spürt sie plötzlich den Luftwiderstand und die Schwierigkeit, alleine weiterzukommen. Sie fliegt schnell in die Formation zurück, um in den Nutzen des gesamten Schwarms zu kommen. Wenn die Leitgans erschöpft ist, ordnet sie sich nach hinten ein und eine andere Gans übernimmt die Führung. Die hinteren Gänse schreien, um dadurch die Leitgans anzuspornen, die Geschwindigkeit zu halten. Wenn eine Gans erkrankt oder durch einen Gewehrschuss verwundet wird und ausfällt, verlassen zwei Gänse mit ihr die Formation und folgen der verletzten Gans zum Boden, um ihr zu helfen und sie zu beschützen. Sie bleiben bei ihr, bis sie entweder wieder fliegen kann oder bis sie stirbt. Dann nehmen sie mit einer anderen Formation den Flug auf, um ihren Schwarm wieder zu erreichen.

Wenn wir den Verstand einer Gans haben, werden wir in harten Zeiten zueinander stehen. Wenn Sie das nächste Mal Gänse in einer „V"-Formation sehen, denken Sie daran. Es ist ein Privileg und eine Herausforderung, als Mitglied eines Teams zum gemeinsamen Erfolg beitragen zu können" (Schratz, 2003, S. 108).

Gänse (und andere Vögel) haben diese Team-Kompetenz in ihrer genetischen Ausstattung; wir Fachleute im Bildungswesen müssen sie unter großen Anstrengungen erlernen. Die Lehrerbildung, die Aus- und Fortbildung und der Schulalltag sind die Zeitorte, an denen dieser Lernprozess stattfinden sollte. Wir werden nachschauen, ob das gelingt. Zumeist sind es aber wohl eher die Herausforderungen und oftmals auch Überwältigungen im Schulalltag, die uns in Richtung kooperativer Schul- und Unterrichtsentwicklung drängen, weil die vielfach neuen Reformimperative im PISA-Kontext jeweils nur individuell nicht mehr zu bewältigen sind.

Ich möchte in der Folge einen kurzen Rückblick auf Leitlinien der Bildungsreform in den letzten vierzig Jahren halten, aktuelle Leitbilder und Orientierungsmarken für den Lehrberuf erörtern, um von da aus über Anspruch und Wirklichkeit der Lehrerbildung im Hinblick auf die Folgen von PISA u.a. internationalen Vergleichsuntersuchungen zur Bildungsqualität und den Mainstream weltweiter Bildungsreformen zu sprechen.

1. Von Picht zu PISA

1964 rief Georg Picht die „deutsche Bildungskatastrophe" aus. Picht erklärte, dass Deutschland international seine wirtschaftliche Wettbewerbsfähigkeit verlieren würde, wenn nicht in großem Umfang mehr und höhere Qualifikationen bzw. Schulabschlüsse von deutschen Schülerinnen und Schülern erreicht würden. Dieser Fanfarenstoß von der „deutschen Bildungskatastrophe" fand vielfach offene Ohren und löste bis weit in die 70er Jahre hinein umfassende Maßnahmen zur Curriculumreform und im Bereich strukturell-organisatorischer Veränderungen des Bildungswesens aus. Zugleich fanden aber über die Frage, ob das deutsche Bildungssystem gegliedert oder integriert organisiert sein sollte, kulturkampfähnliche bildungspolitische Auseinandersetzungen statt, mit Verwerfungen und Verletzungen, die bis heute wirksam sind und verantwortlichen Bildungspolitikerinnen und -politikern Angst davor machen, die Strukturdebatte in ähnlicher Weise wie in den 70er Jahren zu führen. Und auch das Echo des Picht'schen Fanfarenstoßes von der „deutschen Bildungskatastrophe" hallt bis heute als fernes Donnergrollen nach, das sich Ende der 90er Jahre zu einem Gewitter mit Blitz und Donner verstärkte.

Die zweite Hälfte der 60er Jahre und die 70er Jahre des vergangenen Jahrhunderts waren vielfältig von Aufbruch und Reformgeist geprägt (Willy Brandt: „Mehr Demokratie wagen", „Die Schule der Nation ist die Schule."). Es meldeten sich aber auch erste Zweifel an den Möglichkeiten, Bildungsreformen „top down" zentral zu steuern, um so die erforderlichen Innovationen zu erreichen. Gleichwohl stabilisierte sich in Bildungspolitik und Fachöffentlichkeit ein Selbstbewusstsein, das von der Überzeugung geleitet war, eines der leistungsfähigsten Bildungssysteme der Welt zu besitzen.

Ende der 70er/Anfang der 80er Jahre erreichten uns in Deutschland Bildungsreformkonzepte und -berichte, die im Vergleich zu der relativ zentralistisch durchgeführten Reformpolitik in Deutschland in eine andere Richtung wiesen. Beispielhaft möchte ich die Studie von M. Rutter u.a. „15.000 Stunden – Schulen und ihre Wirkungen auf Kinder" (1979) anführen. Rutter u.a. hatten sich mit der Qualität des britischen Schulwesens befasst und waren auf das Phänomen aufmerksam geworden, dass Schulen unter weitgehend identischen Rahmenbedingungen sich vielfach signifikant unterschieden. Dieser Befund war eine mächtige Herausforderung für eine Input-orientierte vorrangig zentralistische Bildungspolitik, die auf die Sicherung und Gestaltung von Rahmenbedingungen des Bildungswesens setzte unter der Annahme, dass damit auch die Qualität des Schulwesens weitgehend gesichert sei. Wenn nun unter relativ identischen Kontextbedingungen einzelne Schulen sich teilweise extrem unterschieden, mussten andere Faktoren als nur die Rahmenbedingungen dafür ausschlaggebend sein.

Rutter u.a. formulierten das Konzept des „Schulethos" und verstanden darunter alle pädagogischen Bemühungen und Maßnahmen einer einzelnen Schule. Hinsichtlich ihres „Schulethos" ließen sich die Schulen deutlich unterscheiden trotz weitgehend gleicher Kontexte. Mit dieser und anderen Studien aus dem skandinavischen und dem anglo-amerikanischen Raum sowie im Anschluss an sozialpsychologische und betriebssoziologische Theorien und Konzepte der Organisationsentwicklung nahm in der Folge auch in Deutschland das Interesse an pädagogischen Fragen der Einzelschulen (Mikroebene) zu neben und in Verbindung mit dem dominant fortbestehenden Interesse an der Gesamtsteuerung des Bildungssystems (Makroebene).

Die 80er und 90er Jahre des vorigen Jahrhunderts standen im Zeichen zunehmender Bedeutung der Einzelschulen. Leistung und Qualität des Bildungswesens mussten sich „vor Ort" in den einzelnen Schulen erweisen. Unter der Leitfrage „Was ist eine gute Schule?" entstanden vielfältige Kriterienentwürfe zur Schulqualität, die weiter zu der Leitfrage führten „Wie machen wir gute Schule?". Organisationsentwicklung der Schule (OE), Institutionelles Schulentwicklungsprogramm (ISP), Schulinterne Lehrerfortbildung (SchiLF) u.a. Konzepte zur Schulentwicklung gewannen an Bedeutung und Nachfrage; Hochschulen und Landesinstitute stiegen mit Forschung und Qualifizierung in diese Arbeitsbereiche ein. Helmut Fend prägte den Leitbegriff dieses Mainstreams: „Die Einzelschule als pädagogische Handlungseinheit".

Ein deutschlandweit vielbeachtetes Leitkonzept für die Schulentwicklung war das Modell des Instituts für Schulentwicklungsforschung der Universität Dortmund (Rolff/Buhren, 2002), das Schulentwicklung im Dreieck zwischen Organisation, Personen und Unterricht positionierte:

Organisationsentwicklung (OE)

Personal-
entwicklung (PE)

Unterrichtsent-
wicklung (UE)

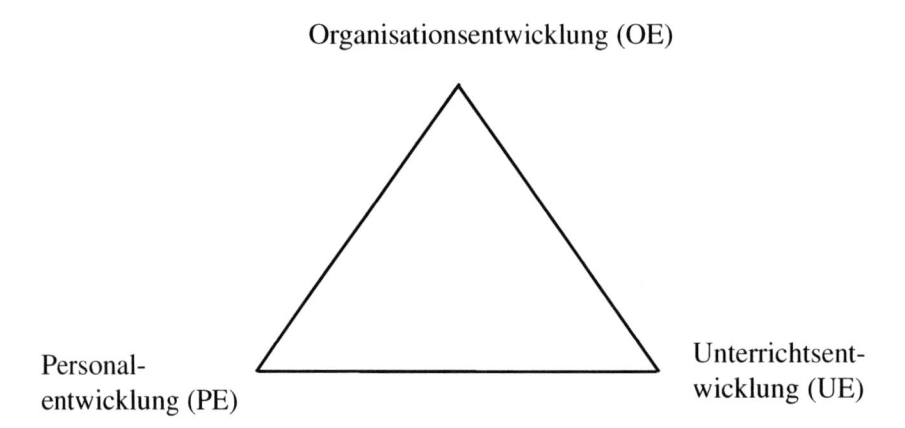

Abb. 1: Schulentwicklungsdreieck nach Rolff

Theoretisch-konzeptionelle und handlungspraktische Prioritäten dieses Modells lagen eindeutig bei der Organisationsentwicklung. Die OE-Vertreterinnen und -Vertreter standen auf dem Standpunkt, dass der Bereich Unterricht in Deutschland hinlänglich bekannt sei und qualifiziert wahrgenommen würde, dass die Personalentwicklung demgegenüber aber schon weniger eingeführt sei und bei der Schulentwicklung – vor allem bei der Qualifizierung von Schulleitungen – eine größere Bedeutung haben müsse und dass vor allem die Organisationsentwicklung der Schule in Deutschland weitgehend unbekannt sei und darum Vorrang vor Unterrichts- und Personalentwicklung haben müsse.

Schulentwicklung und Schulqualität waren hinsichtlich Forschung, Theorie, Konzeptbildung, Schulpraxis und Qualifizierung von Beratungspersonal im Wesentlichen Arbeitsbereiche einiger weniger Hochschulinstitute. Konzeptentwicklung, Beraterqualifizierung und schulpraktische Organisationsentwicklung hielten demgegenüber vor allem in den 90er Jahren Einzug in fast alle Landes- und Fortbildungsinstitute. Gegen traditionalistisch motivierte Widerstände gegenüber Bildungs- und Schulreform kam es zu verstärkter Plausibilität und Ausbreitung von Schulentwicklungsarbeit. Schulprogramme/Qualitätsprogramme wurden ab Mitte der 90er Jahre Zielpunkte und zugleich Arbeitskonzepte der Schulentwicklung. Ein exemplarisches Beispiel für die Konstruktion von Schulprogrammen führt M. Schratz (2003, S. 29) in sechs Bausteinen aus:

Schul- und Unterrichtsentwicklung

Baustein 1
Kommunikation

Wer wir sind:
- unser Schulprofil
- Schulform
- Schülerpopulation

Wo wir sind:
geografische Orientierung
das regionale Umfeld, Stadt, Land etc.

Wie man uns erreicht:
Adresse, Tel., Fax, E-Mail

Baustein 2
Leitbild

Was wir wertschätzen:
- Ethos
- Leitsätze
- Grundsätze
- Motto
  etc.

Wofür die Schule (ein-)steht

Baustein 3
Ist-Stand

Was wir schon erreicht haben (Bestandsaufnahme):
- Dokumente
- Methoden
- Prozesse

Evtl. Hinweis, was wo und wie erhältlich ist.

Baustein 4
Zielsetzungen

Was wir erreichen wollen:
- pädagogisch
- fachlich
- überfachlich
- im Umfeld, etc.

Mit konkreten Angaben, so dass Außenstehende danach fragen können.

Baustein 5
Maßnahmen & Aktionen

Wie wir es umsetzen:
- Arbeitsstruktur
- Schritte zur Zielerreichung
- Meilensteine
- Teambildung
- Koordinierung & Steuerung

Evtl. Hinweise, was wo und wie dokumentiert ist.

Baustein 6
Qualitätssicherung

Wie wir den Fortschritt überprüfen:
Maßnahmen zur schulinternen Evaluation
- Bereiche
- Methoden
- Zeitpunkt/Dauer
- geplanter Ablauf

Evtl. externe Unterstützung („kritische/r Freund/in")

Abb. 2: Bausteine zur Unterrichtsentwicklung

In Landes- und Fortbildungsinstituten trat die Orientierung an Schulentwicklung und Schulqualität, an den Fragen „Was ist eine gute Schule?" und „Wie macht man gute Schule?" immer stärker in den Vordergrund mit weitreichenden Konsequenzen: Fortbildung und Beratung ganzer Schulen und Kollegien wurden Arbeitsschwerpunkte. Die Entwicklung, Durchführung und interne Evaluation von Schulprogrammen/Qualitätsprogrammen war vielfach Thema dieser Fortbildungen und Beratungen in Verbindung mit Fortbildung für Schulleitungen und Schulaufsicht unter den Gesichtspunkten von Schulentwicklung und Schulprogrammen. Zugleich wurden in fast allen Bundesländern Moderatorinnen und Moderatoren bzw. Beraterinnen und Berater für Schulentwicklung qualifiziert und eingesetzt.

Die Lehrerausbildung der Hochschulen und der Studienseminare öffneten sich diesem Arbeitsbereich – wenn überhaupt – nur sehr zögerlich; er blieb in der Lehrerausbildung überwiegend relativ randständig.

2. Und dann kamen TIMSS und PISA!

Nachdem in Jahrzehnten mit Bildungsreformanstrengungen, mit großen Debatten über Schulstrukturen und Chancengleichheit nie systematisch und umfassend eine Vergewisserung darüber stattgefunden hatte, ob die guten Absichten und die großen Reformziele überhaupt erreicht wurden, und in Deutschland eine relativ ungebrochene Selbsteinschätzung über die Qualität des eigenen Bildungssystems vorherrschte, erschütterte die Teilnahme an internationalen Evaluationsstudien zur Bildungsqualität diese deutsche Selbsteinschätzung zutiefst. K.J. Tillmann brachte in einer Anhörung im nordrheinwestfälischen Landtag diese Erschütterung auf den Punkt: „Wir haben den Unterricht vergessen!". TIMSS, PISA u.a. Studien konzentrierten sich nicht vorrangig auf die Qualität der Rahmenbedingungen und Kontexte, auf die „Inputs" des Bildungswesens, sondern auf den „Output" („Outcome"), also vor allem auf die Frage: Was ist bei den Schülerinnen und Schülern angekommen? Was wissen und können Schülerinnen und Schüler?

Mit der „empirischen Wende" in Bildungspolitik, Bildungsforschung und Bildungssystemen traten drei miteinander verbundene Qualitätsebenen ins Zentrum des Interesses:

– die Qualität der Rahmenbedingungen und Kontexte schulischer Arbeit,
– die Qualität der Prozesse des Lehrens und Lernens,
– die Qualität der Wirkungen und Ergebnisse.

Bildungspolitik, Bildungsforschung und Bildungssystem in Deutschland sind mit der Teilnahme an internationalen Vergleichsstudien zur Bildungsqualität einerseits in Kenntnis ihrer Leistungen und Leistungsdefizite gelangt und damit zugleich auch in Orientierung über Entwicklungsperspektiven und

Schul- und Unterrichtsentwicklung 71

-notwendigkeiten. Mit PISA u.a. Studien ist aber auch ein Kontinuum - wenigstens erinnerungshalber – an Pichts Fanfare von der „deutschen Bildungskatastrophe" verbunden. Die Desillusionierung in Deutschland hinsichtlich der Qualität des eigenen Bildungswesens ist vor allem auch die Chance zu Erneuerung und Weiterentwicklung.

3. Leitbilder

Mit TIMSS und noch vor PISA liefen im Kontext der erregt und gereizt geführten großen Debatten in Deutschland über die Qualität unseres Bildungswesens Reforminitiativen an, die von wachsendem Problembewusstsein und Einsicht in Veränderungsnotwendigkeiten motiviert waren. Am 05.10.2000 veröffentlichten die Kultusministerkonferenz (KMK) und die Vorsitzenden der Bildungsgewerkschaften und Lehrerverbände ein „Leitbild für den Lehrerberuf: Aufgaben von Lehrerinnen und Lehrern heute – Fachleute für das Lernen". Mit diesem Leitbild gelang erstmals bundesweit ein Konsens über Kernaufgaben im Lehrberuf, der zwar für weitere Initiativen grundlegend werden sollte, aber in den Verbänden und Gewerkschaften von Lehrerinnen und Lehrern sowie in der Fachöffentlichkeit relativ unbeachtet blieb und bald wieder in Vergessenheit geriet.

Dieses Leitbild für den Lehrberuf führt fünf Kernaufgaben aus:

- Lehrerinnen und Lehrer sind Fachleute für das Lehren und Lernen.
- Lehrerinnen und Lehrer sind sich bewusst, dass die Erziehungsaufgabe in der Schule eng mit dem Unterricht und dem Schulleben verknüpft ist.
- Lehrerinnen und Lehrer üben ihre Beurteilungs- und Beratungsaufgabe im Unterricht und bei der Vergabe von Berechtigungen für Ausbildungs- und Berufswege kompetent, gerecht und verantwortungsbewusst aus.
- Lehrerinnen und Lehrer entwickeln ihre Kompetenzen ständig weiter und nutzen wie in anderen Berufen auch Fort- und Weiterbildungsangebote, um die neuen Entwicklungen und wissenschaftlichen Erkenntnisse in ihrer beruflichen Tätigkeit zu berücksichtigen.
- Lehrerinnen und Lehrer beteiligen sich an der Schulentwicklung, an der Gestaltung einer lernförderlichen Schulkultur und eines motivierenden Schulklimas.

Mit diesen Kernaufgaben des Lehrerleitbilds werden beispielsweise die Erfordernisse ständigen Weiterlernens im Lehrberuf, pädagogisch-psychologische und diagnostische Kompetenzen sowie die Schulentwicklung klar in den Horizont innovativer Aufgaben für Lehrerinnen und Lehrer gerückt.

Die Leistungsergebnisse von 15jährigen Schülerinnen und Schülern in Deutschland, die im Rahmen der PISA-Studien 2000 und 2003 im internationalen Verhältnis ermittelt worden sind, führten in den bundesweiten Fachdiskussionen über die Qualität des deutschen Bildungswesens – zu Recht! – u.a. auch zur Diskussion über die Qualität der Lehrerbildung in Deutschland, der Aus- und Fortbildung.

Zugleich wurde deutlich, dass Leitung und Führung von Schulen zutiefst mit der Qualität des Unterrichts und der Schule verbunden sind, dass Schulleitungen klare Aufgaben und Kompetenzen im Bereich des schulischen Qualitätsmanagements haben müssen.

R. Arnold entwirft ein Leitbild für die „Anforderungen an pädagogisches Leadership durch professionelle Leitungskräfte" im Hinblick auf folgende Aufgaben, Kompetenzen und Verantwortlichkeiten von Schulleitungen:

– Wandel und Erneuerung gestalten,
– Ziele klären,
– Teams entwickeln,
– Personal fördern,
– Qualität sichern,
– Schule verwalten,
– Gespräche moderieren,
– Kooperieren und Kommunizieren,
– eigene Führung reflektieren.

Diese und viele andere zwischenzeitlich entworfene Leitbilder für Lehrerinnen und Lehrer sowie Schulleitungen haben im Kontext der großen Qualitätsdebatten in Deutschland relativ weitgehenden Konsens. Die Diskrepanz zwischen Anspruch und Wirklichkeit ist damit aber offensichtlich nicht behoben, wie die Ergebnisse von PISA 2003 für Deutschland im Verhältnis zu PISA 2000 ausweisen.

In unserem Land sind zwischenzeitlich viele Reforminitiativen und -maßnahmen angelaufen. Hier geht es uns vorrangig um die Lehrerbildung.

4. Und die Lehrerbildung?

Zunächst einmal möchte ich feststellen, dass die bei internationalen Vergleichsuntersuchungen für deutsche Schülerinnen und Schüler ermittelten Leistungsstände implizit auch Ausdruck der realen Kompetenzen von Lehrkräften und der Leistungsfähigkeit der Lehrerbildung in Deutschland sind. In diesem Sinne ist zu fragen, ob die Lehrerausbildung in den Universitäten und Studienseminaren (erste und zweite Phase) und die Lehrerfort- und -weiterbildung vor allem in den Fortbildungsinstituten der Länder dieses Problembewusstsein im TIMSS- und PISA-Kontext entwickelt haben und sich massiv unter Innovations- und Reformansprüche stellen. Und noch dringlicher zu fragen ist, ob vor allem die Universitäten, an denen ja zunehmend empirische Forschung über die Leistungen von Schülerinnen und Schülern und über die Bedingungen und Kriterien erfolgreichen Unterrichts läuft, sich den Ergebnissen und Einsichten dieser Forschungsarbeiten auf der Ebene der Ausbildung von Studierenden bzw. künftigen Lehrkräften mit einer reformierten Lehrerausbildung stellen. Hier habe ich große Zweifel!

Die KMK hat im PISA-Kontext nach intensiver Vorbereitung im Dezember 2004 „Standards für die Lehrerbildung: Bildungswissenschaften" veröffentlicht. Zugleich stellt die KMK fest: Die Standards für die Lehrerbildung werden von den Ländern zu Beginn des Ausbildungsjahres 2005/2006 als Grundlagen für die spezifischen Anforderungen an Lehramtsstudiengänge einschließlich der praktischen Ausbildungsteile und des Vorbereitungsdienstes in den Ländern übernommen. Die Länder kommen überein, die hier vorgelegten Standards für die Lehrerbildung zu implementieren und anzuwenden. Dies betrifft insbesondere die Studienordnungen in den Lehramtsstudiengängen, den Vorbereitungsdienst und die Fort- und Weiterbildung der Lehrerinnen und Lehrer. Die Länder kommen überein, die Lehrerbildung regelmäßig auf der Grundlage der vereinbarten Standards zu evaluieren (vgl. Kultusministerkonferenz 2004, S. 1).

Die KMK hat im Rahmen der angelaufenen deutschlandweiten Bildungsreformen u. a. Konsequenzen für die Erneuerung und Weiterentwicklung der Lehrerbildung gezogen. Dabei bezieht sie sich explizit auf das o.a. gemeinsam mit den Bildungsgewerkschaften und Lehrerverbänden erarbeitete Leitbild für den Lehrberuf (2000) und entfaltet die dort ausgeführten Kernaufgaben für den Lehrberuf in elf Kompetenzen, die im Rahmen der Lehrerbildung (Aus- und Fortbildung) Vorrang haben sollen:

4.1 Kompetenzbereich Unterrichten – Lehrerinnen und Lehrer sind Fachleute für das Lernen

Kompetenz 1: Lehrerinnen und Lehrer planen Unterricht fach- und sachgerecht und führen ihn sachlich und fachlich korrekt durch.
Kompetenz 2: Lehrerinnen und Lehrer unterstützen durch die Gestaltung von Lernsituationen das Lernen von Schülerinnen und Schülern. Sie motivieren Schülerinnen und Schüler und befähigen sie, Zusammenhänge herzustellen und Gelerntes zu nutzen.
Kompetenz 3: Lehrerinnen und Lehrer fördern die Fähigkeit von Schülerinnen und Schülern zum selbstbestimmten Lernen und Arbeiten.

4.2 Kompetenzbereich Erziehen – Lehrerinnen und Lehrer üben ihre Erziehungsaufgabe aus

Kompetenz 4: Lehrerinnen und Lehrer kennen die sozialen und kulturellen Lebensbedingungen von Schülerinnen und Schülern und nehmen im Rahmen der Schule Einfluss auf deren individuelle Entwicklung.
Kompetenz 5: Lehrerinnen und Lehrer vermitteln Werte und Normen und unterstützen selbstbestimmtes Urteilen und Handeln von Schülerinnen und Schülern.
Kompetenz 6: Lehrerinnen und Lehrer finden Lösungsansätze für Schwierigkeiten in Schule und Unterricht.

4.3 Kompetenzbereich Beurteilen – Lehrerinnen und Lehrer üben ihre Beurteilungsaufgabe gerecht und verantwortungsbewusst aus

Kompetenz 7: Lehrerinnen und Lehrer diagnostizieren Lernvoraussetzungen und Lernprozesse von Schülerinnen und Schülern; sie fordern Schülerinnen und Schüler gezielt und beraten Lernende und deren Eltern.
Kompetenz 8: Lehrerinnen und Lehrer erfassen Leistungen von Schülerinnen und Schülern auf der Grundlage transparenter Beurteilungsmaßstäbe.

4.4 Komptenzbereich Innovieren – Lehrerinnen und Lehrer entwickeln ihre Kompetenzen ständig weiter

Kompetenz 9: Lehrerinnen und Lehrer sind sich der besonderen Anforderung des Lehrberufs bewusst. Sie verstehen ihren Beruf als ein öffentliches Amt mit besonderer Verantwortung und Verpflichtung.
Kompetenz 10: Lehrerinnen und Lehrer verstehen ihren Beruf als ständige Lernaufgabe.
Kompetenz 11: Lehrerinnen und Lehrer beteiligen sich an der Planung und Umsetzung schulischer Projekte und Vorhaben (Kultusministerkonferenz, 2004, S. 3).

Mit diesen Standards für die Lehrerbildung im Bereich der Bildungswissenschaften sind Innovationsimperative gesetzt, die die Lehrerbildung in Deutschland einerseits leistungsfähiger machen können, mit denen sich aber andererseits auch noch offene Fragen verbinden, die durch Erprobung, Evaluation und Weiterentwicklung abgearbeitet werden müssen:
Nach wie vor wird in der Struktur der Lehrerbildung in Deutschland eine vier- bis siebenjährige Phase der Erst- und Zweitausbildung festgelegt, an die sich für ca. 35 Berufsjahre eine fragil konstruierte Fort- und Weiterbildung anschließt unter dem Anspruch „Lebenslanges Lernen im Beruf". Dabei gibt

Schul- und Unterrichtsentwicklung 75

es zwar eine allgemeine Verpflichtung der Lehrkräfte zur Fortbildung, aber so gut wie keine Verpflichtung zur Teilnahme an bestimmten qualifizierenden Fort- und Weiterbildungen im Hinblick auf neue Anforderungen (beispielsweise kompetenz- und standardbasierte Unterrichtsentwicklung, diagnostische Kompetenz, Unterrichtsevaluation etc.). Betriebe, die sich im wirtschaftlichen Wettbewerb am Markt behaupten müssen und ihre Ingenieure und Betriebswirte nach diesem Muster qualifizieren (vieljährige Grundausbildung und anschließende freiwillige Fortbildung im Zeitumfang von ein paar Wochen in 35 Berufsjahren) hätten absehbar keine Chance, mit ihren Leistungen und Produkten im Wettbewerb des Marktes standzuhalten. Und im Grunde bekommen wir in Deutschland durch die Teilnahme an internationalen Vergleichsuntersuchungen zur Bildungsqualität – mindestens die indirekte – Rückmeldung, dass wir international nur unter sehr großen Mühen konkurrenzfähig sind und 2003 geschafft haben, wenigstens Durchschnitt im Vergleich mit den anderen PISA-Teilnehmerstaaten zu werden.

Gegenwärtig und für einen noch nicht überschaubaren Zeitraum wird die Fort- und Weiterbildung weitgehend die Ausbildungsdefizite von Lehrkräften kompensieren müssen, die sich im Kontext der Evaluation von Schüler- und Schulleistungen zeigen. Zugleich muss die Fort- und Weiterbildung die aktuellen und relevanten bildungspolitischen Reformanforderungen an Lehrkräfte und Schulen bewältigen, da die Reform der Lehrerausbildung gerade erst anläuft (die o.a. Standards gelten ab 2005/2006) und die ersten neu ausgebildeten Lehrerinnen und Lehrer in fünf, sechs oder sieben Jahren zu erwarten sind. Auch dann dürfen diese jungen Berufsanfängerinnen und -anfänger nicht unter den Anspruch gesetzt werden, dass sie nun die Mängel und Defizite im deutschen Bildungswesen vor allen anderen verantwortlich beheben sollen; sie werden einen Beitrag – neben anderen – leisten können und müssen.

Der konstruktive Blick auf die neuen Standards der Lehrerbildung sollte aber folgenden kritischen Sachverhalt nicht ausblenden: Das zugrunde gelegte Leitbild für den Lehrberuf und die darauf bezogenen Kompetenzen und Standards rücken dominant die einzelne Lehrkraft in den Mittelpunkt. So unabdingbar wichtig die Kompetenzentwicklung für Lehrkräfte im Bezug auf Unterrichten, auf Lehren und Lernen ist sowie auf Erziehen, Beurteilen und Innovieren, so sehr muss zugleich im Blick bleiben, dass gravierende Mangelursachen unserer Bildungsmisere auch in einem individualistischen Missverständnis des Lehrberufs bestanden und fortbestehen. Die Lehrerausbildung und die (eher frühere) Berufspraxis waren vielfach auch eine Sozialisation in die Rolle des isolierten Einzelgängers und darum auch vielfach des „Einzelkämpfers" wegen der mit dieser Individualisierung und Isolierung verbundenen massiven Überforderung im Lehrberuf. Im o.a. Leitbild für den Lehrberuf und den darauf bezogenen Kompetenzen und Standards findet sich dieses individualistische (Miss-)Verständnis noch weitgehend wieder.

Wird im Lehrerleitbild als fünfte Kernaufgabe noch die Beteiligung von Lehrerinnen und Lehrern an der Schulentwicklung sowie an der Gestaltung einer lernförderlichen Schulkultur, eines motivierenden Schulklimas und die Bereitschaft zur Mitwirkung an internen und externen Evaluationen ausgeführt, so findet sich unter den o.a. elf zentralen Kompetenzen dieser Leitaspekt nur noch als letzte Kompetenz im Hinblick auf die Beteiligung „an der Planung und Umsetzung schulischer Projekte und Vorhaben". Damit gehen die Kompetenzen noch hinter die Einsichten der Kernaufgaben des Lehrerleitbilds und der dort ausgewiesenen Bedeutung von Schulentwicklung zurück, sprechen auch nicht mehr von Schulentwicklung, sondern nur noch von schulischen Projekten und Vorhaben.

Unterrichts- und Schulforschung sind hier wesentlich weiter. Mit dieser Rücknahme der kollegialen und kooperativen Unterrichts- und Schulentwicklung (und der Konzentration auf eher individuellen Bemühungen von Lehrkräften) sind zugleich Gefahren für Fortschritte und Qualitätsverbesserungen im Bildungssystem verbunden.

Die Vorgabe normativer Bildungsstandards für die Primarstufe und die Sekundarstufe I führt zu der Notwendigkeit der Entwicklung schulinterner Curricula bzw. schulinterner Arbeitspläne, die mit kompetenz- und standardbasierter Unterrichtsentwicklung in Fächern und Fachkonferenzen auf die nachweisliche Erreichung der Standards durch die Schülerinnen und Schüler gerichtet sind. Das ist individuell von den Lehrkräften nicht zu bewältigen und so auch nicht gemeint. Unterrichtsentwicklung in diesem Sinne ist eine gemeinsame Entwicklungsaufgabe in Fächern und Lernbereichen.

Vergleichbares ist für die Schulentwicklung zu sagen: H. G. Rolff unterscheidet zwischen der „fragmentierten Einzelschule", der „Projektschule" und der „Schule als lernende Organisation". Die fragmentierte Einzelschule ist eine lose Addition der Bemühungen (und Unterlassungen) einzelner Lehrkräfte im Hinblick auf Unterricht, Erziehung und Schulklima. Diese fragmentierte Einzelschule ist sicher eine Ursache der deutschen Bildungsmisere. Dem gegenüber zeichnet sich die Projektschule dadurch aus, dass hier einmal oder mehrfach im Jahr Gruppen oder ganze Kollegien Kraft und Kompetenz haben, sich auf besondere Vorhaben, die in der Regel temporär ausgelegt und begrenzt sind, zu verständigen. Nach Durchführung solcher Vorhaben und Projekte stellt sich zumeist der „Normalzustand" wieder her, es sei denn, aus der Durchführung solcher Projekte ergeben sich so positive Ergebnisse und Wirkungen, dass die Schule sich dadurch verändert. Die Schule als lernende Organisation ist dem gegenüber darum bemüht, nicht nur auf Grund von individuellen Anstrengungen oder gruppenbezogenen, zeitlich befristeten Projekten zu einer Arbeitsweise ständiger Planung realistischer

Arbeitsziele und deren Umsetzung sowie Evaluation und Weiterarbeit zu gelangen, wobei alle Mitglieder der Schule jeweils in spezifischer Weise verantwortlich einbezogen sind.

In den KMK-Standards zur Lehrerbildung überwiegt also die Zielprojektion der Einzellehrkräfte, die auch gemeinsame Projekte und Vorhaben gestalten sollten. Dabei bleibt letzteres eher Appell, während die Kompetenzbereiche Unterrichten, Erziehen, Beurteilen und Innovieren differenzierter und professioneller definiert werden. Für den Bereich der Lehrerausbildung mag diese Orientierung eine gewisse Berechtigung haben, da während des Studiums die Schule als lernende Organisation nur unter Praktikums- und Hospitationsbedingungen kennengelernt wird. Hier besteht die Gefahr, dass die Ausbildung zugleich Sozialisation in die Rolle des isolierten Einzelgängers werden kann. Im Referendariat, das in Schule und Studienseminar stattfindet, bestehen sehr viel weitergehende Möglichkeiten, die Schule als lernende Organisation kennen zu lernen und an ihr mitzuwirken, um die notwendig kooperativen Erfordernisse bei Unterrichtsentwicklung, Erziehen, Beurteilen und Innovieren angemessen zu lernen und zu gestalten.

Schulentwicklung bzw. die Schule als lernende Organisation sind Themen- und Arbeitsbereiche, die im Rahmen der Lehrerbildung weitgehend mit Vorrang in der Lehrerfort- und -weiterbildung ausgewiesen sind. In dieser dritten Phase der Lehrerbildung gibt es eine massive Entwicklung weg von der Fortbildung einzelner Lehrkräfte, die zu zentralen Veranstaltungen zusammen kommen, hin zur schulinternen Lehrerfortbildung, die in der Schule stattfindet und die alle Betroffenen als verantwortlich Beteiligte einbezieht. Die Fort- und Weiterbildung von Lehrerinnen und Lehrern ist in diesem Sinne nicht nur die dritte Phase der Lehrerbildung, sondern zugleich ein unverzichtbares Unterstützungssystem der „Schulreform bei laufendem Betrieb" (und nicht erst nach Abschluss einer vieljährigen Ausbildung).

5. „Die Lösungen von gestern sind die Probleme von heute" (Senge 1996)

Die Maßnahmen, Konzepte und Regelungen, die im deutschen Bildungswesen in den vergangenen Jahrzehnten festgeschrieben, ja zementiert worden sind, gilt es vielfältig zu überwinden, wenn wir in Deutschland Anschluss an die PISA-Spitzenländer und deren Bildungsqualität gewinnen wollen. Dass Deutschland im internationalen Vergleich bei den Leistungen von 15jährigen Schülerinnen und Schülern 2003 nur im Mittelfeld rangiert und damit gegenüber der Leistungsmessung im Jahr 2000 eine geringfügige Verbesserung erreicht hat, kann weder für die Situation unseres Landes unter den ökonomischen, politischen und zivilisatorischen Bedrängnissen der Globalisierung akzeptiert werden, noch für die Lebens- und Arbeitsperspektiven der deutschen Schülerinnen und Schüler. Die ersten Beschlüsse der Kultusministerkonferenz – nicht nur zur Reform der Lehrerbildung, sondern auch im Hinblick auf eine Reihe weiterer zentraler Handlungsfelder – stehen für die Orientierung des Bildungssystems in Deutschland an den OECD- bzw. weltweiten Leitvorstellungen im Bildungsbereich:

– Ausweitung der Selbstständigkeit und der Eigenverantwortung der Schulen,
– normative und damit verbindliche Vorgaben (beispielsweise Bildungsstandards),
– Verpflichtung zur Rechenschaftslegung (interne Evaluation und Beteiligung an externer Evaluation) sowie
– leistungsfähige und wirksame Unterstützungssysteme.

Dabei wird es nicht um die erneute Zementierung von Regelungen gehen, die sich im Alltag von Schule, Bildungspolitik und Bildungsforschung bald wieder als hinderlich erweisen können. Vielmehr wird es darum gehen, im Rahmen dieser weltweiten Leitvorstellung ein flexibles Bildungswesen aus- und aufzubauen, das sich von Evaluation und Erfahrungen her selbst erneuern und weiterentwickeln kann. Im Sinne Peter Senges, dass die Lösungen von gestern die Probleme von heute sind, gilt es, unsere Lösungen von heute so flexibel zu halten, dass sie nicht die Probleme von morgen werden. Dazu sind vielfältige Maßnahmen im Rahmen der o.a. Leitvorstellungen auch in unserem Land eingeleitet worden. Die Evaluation einzelner Schulen (Mikroebene) sowie des gesamten Bildungssystems (Makroebene: Systemmonitoring) ist auf diese Flexibilisierung gerichtet. Damit ist eine Entwicklung eingeleitet, die nicht nur die einzelne Schule als lernende Organisation sieht, als „Lernende Schule", sondern das gesamte Bildungssystem und seine Teilbereiche als lernendes System wahrnimmt. Nicht nur die Schulen sind lernende Schulen mit lernenden Schülerinnen und Schülern, lernenden Lehrkräften und lernenden Eltern. Auch die Unterstützungssysteme, die Schulaufsicht, die Lehrerbildung, die Bildungsforschung und die Bildungspolitik werden sich in diesem Sinne mit Konsequenz als lernende (Teil-) Systeme verstehen und entwickeln müssen, wenn die jeweils gefundenen Lösungen und Arbeitsstände von heute nicht zu den Problemen von morgen (oder vielleicht schon heute nachmittag) versteinern sollen.

Unterrichtsentwicklung und Schulentwicklung als große Aufgabenbereiche der Aus- und Fortbildung von Lehrkräften haben Konsequenzen für die Lehrerbildung: Sie muss sich selbst als lernendes System verstehen, entwickeln und evaluieren. Die zentrale Leitfrage bleibt dabei: Erreichen wir letztlich mit allen unseren Bemühungen in Schule, Lehrerbildung, Unterstützungssystemen, Bildungsforschung und Bildungspolitik unsere Schülerinnen und Schüler, sind sie aufgeklärter, gebildeter und leistungsfähiger für ihr eigenes Leben und für die Zukunft dieser Gesellschaft?

Literatur

Buhren, C. & Rolff, H.G. (2002). Personalentwicklung in Schulen. Weinheim: Beltz.
Kultusministerkonferenz (2004). Standards für die Lehrerbildung: Bildungswissenschaften.
Schratz, M. (2003). Qualität sichern – Programme entwickeln, IFB-Reihe „Schulisches Qualitätsmanagement. Seelze.
Senge, P. (1996). Die fünfte Disziplin. Kunst und Praxis der lernenden Organisation. Stuttgart: Klett-Cotta.

Rose Boenicke

Schulentwicklung – die Perspektive der Lehrerausbildung (I. Phase)

Vorausschicken möchte ich, dass dies ein ganz kurzes Statement wird, da ich gegenwärtig Prozesse der Schulentwicklung lediglich aus der Beobachterperspektive und auch in dieser Perspektive noch aus großer Entfernung verfolge. Nachdem ich Ende der neunziger Jahre in die Entwicklungsprozesse von drei oder vier Schulen in Hessen als Begleitung eingebunden und auch recht stark engagiert war in der Diskussion um Möglichkeiten und vor allem Strategien von Schulentwicklung, kümmere ich mich jetzt um die erste Phase der Lehrerausbildung an der Heidelberger Universität. Dabei stelle ich fest, dass es alles andere als einfach ist, Studierenden zu vermitteln, dass Schule wohl kaum das starre, veränderungsresistente Gehäuse bleiben wird, als das sie es selbst erfahren haben. Dass größere Autonomiespielräume für Schulen notwendig werden, wenn sie ihren Aufgaben in einer veränderten Gesellschaft gerecht werden sollen, wird von ihnen zwar eingeräumt, aber die Studierenden glauben in der Mehrzahl nicht, dass darin eine Chance liegen könnte. So etwas wie eine vorauseilende Resignation glaube ich zu bemerken.

Aus dieser Erfahrung heraus kann ich meine gegenwärtige Perspektive auf Schulentwicklung am besten in einem Zitat aus einem Text zusammenfassen, der sich damit beschäftigt, wann und wie angehende Lehrpersonen das Wissen und die Einstellungen erwerben können, auf die sie über das Fachwissen hinaus im Beruf zurückgreifen können müssen. Das Zitat lautet:

„Die Neugestaltung der Schule kann ... nur gelingen, wenn diese neuen Lehrerinnen und Lehrer bereit und in der Lage sind, die Erneuerung der Schule zu tragen. Was jedoch versetzt sie in die Lage, die Schule zu erneuern, und wie erwerben sie eine entsprechende Innovationsbereitschaft? Vorträge über Veränderung befähigen offenbar noch nicht zu innovativem Handeln." (Carle 1997, S. 167)

Es ist sicher Konsens, dass Schulentwicklung nur möglich ist, wenn dabei die Lehrerinnen und Lehrern einer Schule die Hauptakteure sind. Dabei sind sie ganz wesentlich auf Schulleitung und Schulverwaltung als Unterstützer und Weichensteller angewiesen, ebenfalls auf die Mithilfe von Schülern und Eltern, aber letztlich steht und fällt Schulentwicklung damit, dass Lehrpersonen dies als ihre eigene Aufgabe betrachten. Darauf werden sie aber nicht vorbereitet, noch erhalten sie die dafür notwendigen Zeitressourcen.

Was alles dem entgegen steht, Lehrerinnen und Lehrer für Schulentwicklungsprozesse zu motivieren, wissen wir: die sowieso schon bestehende Aufgabenüberlastung, die neue Arbeitsverdichtung, die immer stärker auseinanderdriftenden Lernvoraussetzungen der Schüler. Es gibt keine Zeitressourcen für Entwicklungsaufgaben, auch deshalb kaum Kooperationsstrukturen, letzte Freiräume geraten bei der Verabredung gemeinsamer Entwicklungsstandards vielleicht auch noch ins Wanken. Die medial verstärkte öffentliche Geringschätzung des Lehrberufs ist ebenso motivationsabträglich wie die Sorge mancher Lehrer, möglicherweise in Schulentwicklungsprozessen für die Durchsetzung bildungsadministrativer Ziele funktionalisiert zu werden, die sich nur vordergründig in ein pädagogisches Gewand kleiden.

Es gibt mit anderen Worten unendlich viele gute objektive und subjektive Gründe zur Abwehr von Entwicklungsaufgaben. Was Schulentwicklungsprozessen aber vor allem entgegensteht, ist in meinen Augen, dass auch junge Lehrer kaum je zuvor in ihrer Ausbildung, vor allem aber nicht in ihrem Studium Erfahrungen mit Partizipation, Kooperation, eigenen Gestaltungsmöglichkeiten gemacht haben. Sie haben diese Erfahrung in der Mehrzahl nicht während ihrer Schulzeit gemacht, sondern statt dessen – zumal in einem Bundesland mit Zentralabitur – Schule als Ort wahrgenommen, wo es ausnahmslos um das Erfüllen bereits im Vorfeld definierter Aufgaben geht. Diese Erfahrung wird beim Übergang an die Universität, soweit ich unsere Lehramtstudiengänge überblicke, bestätigt, verdichtet und geradezu verhärtet. Damit meine ich die leider immer wieder zu beobachtende Bereitschaft, dass sich Studierende gerade mit den Strukturen zu identifizieren, die sie als bedrückend erlebt haben. Selbst angesichts des Nachweises, dass solche überlieferten Strukturen zunehmend gesellschaftlich dysfunktional werden, sind viele bereit sie zu verteidigen oder zumindest als unumgänglich darzustellen. *„Doch überhaupt nicht durchführbar"* – dies ist z. B. häufig das Fazit nach einem Semester Beschäftigung mit Realisierungsmöglichkeiten individualisierender Unterrichtsformen.

Studierende lernen vor dem Hintergrund der offenbar bereits als Schüler erworbenen „vorauseilenden Resignation" an der Universität ein weiteres Mal, fertig bereitliegende Wissensmengen sich einzuverleiben, wobei es hier überhaupt keinen Unterschied macht, ob dies Forschungs- oder Lehrbuchwissen ist, sie lernen aber so gut wie nichts über sich. Nun aber, im Gegensatz zu ihrer Zeit als Schüler, durchlaufen sie diese Nicht-Erfahrung mehr oder weniger einsam. Viele der Gymnasiallehrer-Studenten, die in meinen Seminaren ein Gutteil der Zeit zwar angeleitet, aber doch selbständig in von ihnen selbst geplanten, moderierten und ausgewerteten Stunden in Kleingruppen zusammenarbeiten, schreiben in ihren Berichten, dass dies das einzige Mal in ihrem Studium war, dass sie mit anderen Studierenden diskutiert haben. Kaum je stellt ihnen das Studium die Erfahrung bereit, dass sie etwas bewirken können, dass es auf sie ankommt, wenn etwas gelingen soll, dass man für etwas Verantwortung übernehmen kann und muss. Es geht mehr denn je, und gegenläufig zur allgegenwärtigen Innovationsrhetorik, um das Sich-Einfügen in bereitstehende und feststehende Strukturen. Das bedeutet zugleich, dass alle diese sich ergänzenden Erfahrungen die Tendenz bergen, sich zu so etwas wie einem berufsspezifischen Habitus zu verdichten.

Soweit das, was den Hintergrund an Einstellungen und Haltungen anbelangt, die eine große Zahl der Studierenden mitbringen, wenn sie mit der Schulpraxis in Gestalt des Praktikums oder der Referendarzeit konfrontiert werden. Ich glaube, dass zur Zeit dieser Wechsel eine große Chance bietet. So unausgegoren die gegenwärtige Gemengelage von Reformimpulsen sein mag – für angehende Lehrer hat dies eine ganz andere Bedeutung als für die schon länger im Beruf stehenden. Das, was in den Kollegien zur Zeit als belastend wahrgenommen wird, die Vielzahl der Veränderungsimpulse, bezüglich derer zum Teil noch gar nicht klar ist, wie sie umgesetzt werden sollen, ihre teilweise Widersprüchlichkeit, die dennoch bei sehr vielen Lehrern sich verstärkende Bereitschaft, an neuen Modellen zu arbeiten, etwa ein gemeinsames Curriculum sozialen Lernens zu entwickeln – alle dies konfrontiert die Studierenden mit der Erfahrung einer Offenheit, die es so für sie vorher nicht gegeben hat. Ich glaube nicht, dass dies auf eine neue Variante von Praxisschock hinausläuft – eher auf das, was die Psychologen „conceptual change" nennen würden: ein Neusortieren der mitgebrachten Voreinstellungen.

Erleichtert würde dieser Übergang, wenn klarer in den jeweiligen Schulen definiert wäre, was hier die Lehrerinnen und Lehrer von sich erwarten, wenn es ein gemeinsames Bild der Tätigkeiten, ein gemeinsam entwickeltes Berufsbild gäbe, das Kompetenzen und Haltungen beschreibt, die in diesem Kollegium konsensfähig sind. Damit entstünden Orientierungen, an denen der oder die einzelne junge, neu dazu kommende Lehrer/in sich messen kann, die jedoch so genau formuliert sein müssten, dass er oder sie auch eigene Defizite bemerken und an ihnen arbeiten kann. Sich selbst entwickeln – diese Bereitschaft bringen zweifellos die Studienabgänger angesichts der Verunsicherungen der neuen ungewohnten Anforderungen in der Mehrzahl mit – und das wäre doch auch ein wichtiges Element, wenn man nach der Basis von Schulentwicklungsprozessen fragt.

Literatur

Carle, U. (1997). Zur Notwendigkeit einer arbeitswissenschaftlichen Grundlegung der Lehrerbildung. In: Bayer/Carle/Wildt (Hrsg.). *Brennpunkt: Lehrerbildung*. Opladen.

Krainz-Dürr, M. (1999). *Wie kommt Lernen in die Schule? Zur Lernfähigkeit der Schule als Organisation*. Innsbruck, Wien.

Modelle der Schulentwicklung

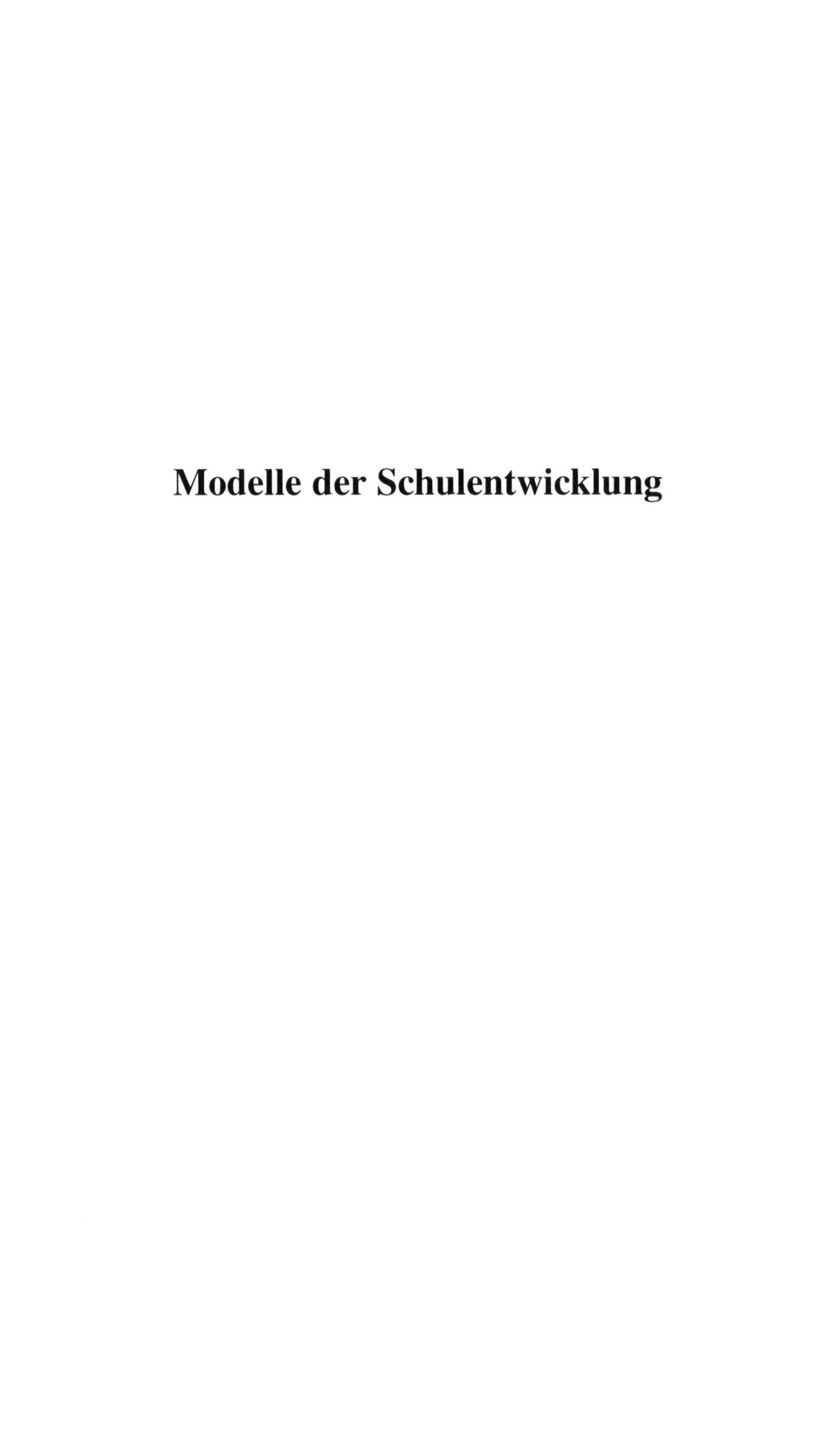

Gerhard Fatzer

Zur Einleitung:
Schulentwicklung als Organisationsentwicklung
Auf dem Weg zur guten Schule

Angesichts einer öffentlichen Schule, die sich immer mehr mit der Frage nach ihren Zielsetzungen und der Erfüllung ihres Auftrages konfrontiert sieht und im Rahmen von großen und eher reißerisch aufgemachten Artikelserien in Boulevardblättern ‚verrissen' wird, angesichts zunehmender Drogen-, Gewalt- und Disziplinprobleme auf seiten der Schüler, angesichts von Motivationsschwierigkeiten, hoher Fluktuation und Symptomhäufungen unter Lehrern werden diese Zusammenhänge auch im Rahmen größerer Untersuchungen beleuchtet (Trier 1989). Ging man früher davon aus, dass die Curriculumentwicklung den Hauptaspekt einer „guten Schule" ausmacht (ebd. 381), dass Unterricht durch Gestaltpädagogik oder TZI humanisiert werden sollte (Cohn 1985, Fatzer 1987, Osswald 1992), so ist heute immer klarer geworden, dass die Schule eigentlich nur als Gesamtorganisation entwickelt werden kann, indem auf den verschiedenen Ebenen wie Curriculum, Unterricht und Organisation (im Dreieck Strategie-Struktur-Kultur) gearbeitet wird. Schulentwicklung muss folglich als Organisationsentwicklung betrachtet werden.

Dieser Zusammenhang, der momentan in der deutschsprachigen Schulentwicklungsliteratur hervorgehoben wird, ist in der amerikanischen Schulentwicklung schon seit langer Zeit betont worden. Als wichtige Ansätze seien benannt (s.a. Fatzer 1987):

1. Die Oregon-Gruppe zur Organisationsentwicklung in Schulen um Richard Schmuck und Philip Runkel (1977), die viele Klassiker zu diesem Thema publizierte, darunter das „Handbook of OD in Schools".
2. Die große Bewegung zur Entwicklung von ‚Schulen als Netzwerken' oder Unterstützungssystemen, ausgehend von Forschungen zur ‚Qualität der guten Schule' mit den bekanntesten Vertretern John I. Goodlad (1965, 1974, 1990), Robert L. Sinclair (1987, 1989 a,b) und Seymour Sarason (1971, 1985). Sie alle haben große Netzwerke von Schulen quer über die Vereinigten Staaten aufgebaut mit Bezeichnungen wie ‚Partnership' (Goodlad) und ‚Coalition for better schools' (Sinclair).

Es ist erstaunlich, dass vor allem die Vertreter des Netzwerk-Ansatzes in der heutigen deutschen Literatur kaum bekannt sind, höchstens als Pflichtübung im Literaturverzeichnis aufgenommen werden, aber die Idee der Netzwerk-Schulen nur wenig praktiziert wird.

Diese bekannten Protagonisten der Schulentwicklung gehen allerdings davon aus, dass Organisationsentwicklung für die Entwicklung guter Schulen nicht ausreicht. Eine Einschätzung, die ich durch meine Erfahrungen und Beobachtungen in der Weiterbildung von Schulentwicklungsmoderatoren und durch Beratung von Schulen in Deutschland, in der Schweiz und Österreich bestätigen kann. Wir möchten zudem die neuen Ansätze zur lernenden Organisation einbringen, wie sie durch unseren langjährigen Kollegen Peter Senge (1996, 1999, Senge u.a. 1996) ausgearbeitet worden sind. Schule sollte als lernende Organisation begriffen und beschrieben werden.

Zur Charakterisierung der Schule als Organisation

Will man in der Organisationsentwicklung Empfehlungen geben, wie eine Organisation zu entwickeln oder zu verbessern ist, so ist zuerst eine Charakterisierung der Organisation notwendig. Organisationen sind – im Sinne des Konstruktivismus – Konstruktionen oder soziale Erfindungen, die irgendwann im Laufe ihrer Gründungsgeschichte so konstruiert oder ‚gebaut' wurden. Das heißt, man könnte sie sich auch ganz anders vorstellen. Im Laufe eines Organisationsentwicklungsprozesses starte ich immer mit dieser Grundannahme, d.h. die Situations- oder Ist-Analyse soll begreifbar und bewusst machen, wie die Organisation ‚gebaut' ist, und ob dies Sinn macht – oder noch immer Sinn macht. Jede Organisation besteht aus Menschen – etwas was man leicht vergisst –, die Positionen und Funktionen einnehmen und Aufgaben erfüllen. Die Struktur der Organisation kann hierarchisch oder auch flach sein – ein Modewort, das heute im Zusammenhang mit der ‚Schlanken Organisation' immer öfter fällt. Jede Organisation sollte eine primäre Aufgabe haben, z.B. Dienstleistung, Herstellung eines bestimmten Produkts u.ä. Jede Organisation verfügt über eine bestimmte Kultur in Form von Werten, Normen, Regeln und gemeinsam geteilten Grundannahmen. All dies sind Aspekte, die im Rahmen eines OE-Prozesses gemeinsam überprüft werden.

Schulen als Organisationen unterscheiden sich von Industrie-Organisationen in vielerlei Hinsicht. Von daher sind auch neue Versuche, z.B. im Rahmen der Kienbaum-Gutachten in Nordrhein-Westfalen, die Schulen den Eigenschaften von industriellen Unternehmen anzupassen, zum Misserfolg verurteilt. Solche Gutachten, die als typische Beispiele von Expertenberatung angesehen werden müssen, können höchstens für die Durchsetzung unpopulärer politischer Entscheide des Kultusministers herhalten (z.B. Vergrößerung der Schulklassen). Abbildung 1 charakterisiert Schulen in wichtigen Bereichen, nämlich in der Qualität und Art der Zielformulierungen, in der

> **SCHULE ALS ORGANISATION**
>
> **Eigenschaften und Probleme**
>
> **Zielformulierungen**
> - nicht explizit formuliert
> - Diversität (z.B. humanistisch vs. selektiv)
> - langfristig (Erfolgsindikatoren fehlen)
>
> **Rollen und Rollendifferenzierung**
> - Alibi-Rollen (keine Differenzierung)
> - Führung mit großer Führungsspanne
> - mittleres Management fehlt (Steuerung)
> - Fach-Spezialisten (kooperative Norm fehlt)
>
> **Offen gegenüber Umgebung**
> - nicht kompetitiv/monopolistisch
> - defensiv gegenüber Veränderungen
> - Management ritualistisch und quasi-professionell

Abb. 1: Schule als Organisation (im Unterschied zu industriellen Organisationen) © Fatzer 1998

Stärke und Art der Rollendifferenzierung und in der Orientierung gegenüber der Umwelt.

Zusammenfassend muss hervorgehoben werden, dass eine Problemstellung, die im Rahmen von Schulentwicklung aufgegriffen wird, die Zielunklarheit, die Rollenunklarheit der Mitglieder und das fehlende Mittelmanagement ist. Dies zeigt sich auch häufig dadurch, dass im Rahmen einer Situationsanalyse oder Erstdiagnose regelmäßig Management- oder Führungsprobleme zuoberst auf der Prioritätenliste stehen.

Organisationsentwicklung als Beitrag zur Schulentwicklung

Organisationsentwicklung ist Wissenschaft, Technologie und Philosophie (Schein 1990), bei der mit Hilfe sozialwissenschaftlichen Wissens und eines Repertoires von Interventionsmethoden die Entwicklung einer Organisation gezielt unterstützt wird.

Der erste Teil umschreibt die *wissenschaftlichen Grundlagen von Organisationsentwicklung*, nämlich Aktionsforschung, Feldforschung und Ethnomethodologie (Fatzer 1987, 1996; Lewin 1947; Schein 1987, 1988). Als Begründer des Feldes beschrieb Kurt Lewin in seinen berühmten Aktionsforschungsexperimenten die Grundprinzipien von Gruppen oder Organisationen, die sich selbst erforschen. Diese Grundlagen bildeten das Fundament für die ganze Erfindung der gruppendynamischen Laboratorien, die ursprünglich die Organisationsentwicklung ausmachten und welche die Grundlagen der ‚National Training Labs' bildeten, die 1947 begründet wurden (NTL-Konferenz, Massarik 1997).

Dieser Aktionsforschungsteil von OE machte auch die ursprüngliche Praxis aus, da die ersten Experimente in Form von Aktionsforschungsprojekten durch externe Forscher durchgeführt wurden. Zuerst in den ‚Hawthorne-Experimenten' in den Fabriken des Lewin-Biographen Alfred A. Marrow (1975). Die Gruppe um Douglas Mc Gregor am M.I.T., welche Lewin den Aufbau seines gruppendynamischen Forschungslaboratoriums ermöglichte, führte diese Arbeit weiter: Richard Beckhard, Edgar Schein, Warren Bennis.

Gleichzeitig wurde in Bethel (Maine) an einem möglichst abgelegenen Ort die ‚Summer School' der National Training Labs gegründet, die durch Leland Bradford geleitet wurde. Dort wurde Aktionsforschung als angewandte Gruppendynamik durchgeführt (Bradford u.a. 1965).

Dann wurde der zweite Teil entwickelt, nämlich OE als Technologie, als Sammlung von angewandten Methoden der Sozialtechnologie, die heute zum Teil völlig abgelöst dargestellt werden. Zusammen mit Bradford arbeiteten am NTL Ronald und Gordon Lippitt (1980) und entwickelten sämtliche Großgruppenmethoden wie ‚Zukunftkonferenz' (Weisbord 1992), ‚Open Space' (Owen 1997) oder ‚RTSC – Real Time Strategic Change' (Dannemiller 1995), zudem Benne und Chin. Die vollständigen historischen Grundlagen von OE können hier aus Platzgründen nicht dargestellt werden (ausführlich s. Fatzer 1998, Fatzer/Massarik 2001).

Eine Umschreibung, die alle Aspekte des Feldes umfasst, lautet folgendermaßen:

„Organisationsentwicklung ist eine systemumfassende Anwendung von Wissen und Konzepten aus den angewandten Sozialwissenschaften auf das Gebiet der geplanten Entwicklung und Veränderung von Organisationsstrategien, -strukturen und -prozessen zur Verbesserung der Organisations-Wirksamkeit oder -Effizienz" (Cummings u.a. 1993, 2).

Die Elemente dieser Charakterisierung können folgendermaßen konkretisiert werden:

1. OE wird auf ein ganzes System angewendet und hat die Gesamt-Organisation im Fokus. Das unterscheidet sie auch klar von Supervision (s. Rappe-Giesecke in: Fatzer/Rappe-Giesecke/Looss 1999) und von Coaching (s. Looss, ebd.; Looss 1993). Es kann allerdings die gleichzeitige Anwendung der drei Verfahren geben (s. Looss 1993; Rappe-Giesecke in: Fatzer/Rappe-Giesecke/Looss 1999).
2. OE basiert auf Konzepten und ‚Landkarten' der angewandten Sozialwissenschaften (s. Fatzer, ebd.). Dies umfasst Mikro-Konzepte wie Füh-

rung, Gruppendynamik und Konzepte von Arbeit; zudem Makro-Konzepte wie Organisationsstrategie, -struktur, -kultur und System-Umwelt-Beziehungen. Das unterscheidet OE von Ansätzen wie ‚Business Re-Engineering' (Vansina/Taillieu 1996), ‚Lean Management' (Womack 1996) oder den Experten-Ansätzen von McKinsey oder Roland Berger, die eine genaue Vorstellung davon haben, wie das Endprodukt aussieht, und die aus diesem Grund auch immer an der Umsetzung scheitern. Allerdings ist die neueste Modewelle, dass auch diese Firmen den Kunden vorgaukeln, sie würden OE praktizieren. Dies kann allerdings von Kunden und Klientenorganisationen leicht eruiert werden, indem sie die drei Grundmodelle von Beratung von Schein (s. Fatzer in: Fatzer/Rappe-Giesecke/Looss 1999) zu Hilfe nehmen.
3. OE ist zwar mit geplantem Wandel beschäftigt, hat aber deswegen keine fixierten Vorstellungen über Abläufe. OE ist eher zu sehen als adaptiver Prozess der Planung und Implementierung von Veränderung. Als Wegleitung sind Phasenmodelle hilfreich, wie wir sie verschiedentlich vorgestellt haben. Dies sind innere ‚Landkarten', die zeigen, wie Veränderung funktionieren kann.
4. OE umfasst die Planung, aber auch die Umsetzung von Maßnahmen des Wandels oder der Organisationsveränderung. Konkret heißt dies, dass sie sich ebenso mit der Stabilisierung und Institutionalisierung beschäftigt, ganz im Sinne von Lewins Diktum „Betroffene zu Beteiligten machen" (zu diesen Phasen von Veränderungsprozessen s. Fengler 1996; Weigand 1996).
5. OE geht weiter als die einfache Veränderung von Strategie, Struktur und Prozessen. Dies sieht man deutlich bei allen Implementierungsfragen von ‚Total Quality Management' und ‚Kontinuierlichen Verbesserungsprozessen' (Fatzer 1998). Hier endet auch meistens das ‚Latein' der meisten Expertenberatergruppen.
6. OE zielt auf die Verbesserung der Organisations-Effizienz ab oder – im Sinne von Entwicklungsphasen – auf die ‚arbeits- und lernfähige Organisation' (Senge 1996; Fatzer 1997). Diese ist imstande, ihre eigenen Probleme zu lösen und lernfähig zu sein. In diesen Punkten unterscheidet sie sich von anderen Beratungsansätzen wie reiner Expertenberatung.

Offiziell startete das Feld seine Existenz 1969 durch die von Beckhard und Schein herausgegebene Publikationsreihe, in der Autoren in sechs Büchern ihre Sichtweise des Feldes darlegten: Beckhard zu ‚Organisationstransformation', Warren Bennis zu ‚Führung und OE', Blake und Mouton zu ihrem ‚GRID'-Ansatz von OE, Lawrence und Lorsch zum ‚Kontingenz-Ansatz der OE', Schein zu ‚Prozessberatung' und Walton zu ‚Konfliktansätzen der OE': sechs sehr individuelle Perspektiven. Es ist klar, dass Philosophie und Zielsetzungen von OE sehr stark geprägt waren vom Zeitgeist und den politischen Umständen jener Zeit und dass sich OE in der heutigen Zeit und ökonomischen Umgebung anders präsentieren muss (s. Nevis 1993). Viele der Zielsetzungen basierten auf den Grundannahmen der humanistischen Psychologie und der partizipativen Vorgehensweise in der Politik. Gekoppelt mit Lewins demokratischen Zielsetzungen von Wissenschaft oder Aktionsforschung zeigt sich dieses Erbe heute als überholungsbedürftig und manchmal als wenig anschlussfähig oder sogar antiquiert; dies ist oft auch die Rückmeldung von Change Managern und Führungsverantwortlichen. So ist zu überdenken, ob in Zeiten von Rezession und zunehmender Turbulenz durch Globalisierung diese Grundphilosophie die Probleme von heutigen Organisationen noch abdecken kann.

Historisch gesehen sind es fünf Pfeiler, auf denen OE ruht.

1. Laboratoriumsmethode des Lernens, wie von NTL und vom Forschungszentrum für Gruppendynamik am M.I.T. entwickelt (1947 bis heute). Dies war zu Beginn die klassische Methode und Lernform von OE, mit der Grundannahme, dass sich Lernen in der Trainingsgruppe auf die Entwicklung der Organisation auswirke (s. Fatzer/Jansen 1980). Diese Form wird heute noch als Grundform empfohlen, ist aber natürlich ausführlich erweitert und angereichert worden.
2. ‚Survey Feedback Forschung', wie sie primär von Likert am ‚Institute for Social Research' in Michigan entwickelt wurde (1948 bis 80er Jahre). Ursprünglich das klassische Forschungsinstrument mit Umfragen quer durch alle Hierarchiestufen und mit ausgeklügeltem Feedback-System, wird es heute nur noch begrenzt – primär durch klassische Forschungsinstitute – im Rahmen von Mitarbeiterbefragungen eingesetzt. Abgewandelte Formen gibt es noch in heutigen Diagnosen; der Aufwand ist aber meistens extrem groß.
3. Aktionsforschung wie sie von Lewin und seinen Studenten in diversen berühmten Studien angewendet wurde: Marrows Studien in der ‚Harwood Manufacturing Plant', Coch und French zum Thema ‚Widerstand bei Veränderungen', White und Hamiltons berühmte Studie des ‚Tremont Hotels' in Chicago und Colliers berühmte Aktionsforschungsstudie zur Verbesserung der Beziehungen zwischen Indianern und Weißen von 1933 bis 1945 (s. Fatzer 1996). Diese Studien legten die Grundlagen zu ‚Partizipativem Management' als Grundlage von Veränderungsmanagement.
4. ‚Quality of Work Life'-Ansätze oder die soziotechnische Schule von Trist (1950 bis heute). Trist war einer der frühen Bewunderer von Lewin, als dieser Ende der 30er Jahre aus Berlin in die Vereinigten Staaten auswandern musste. Dies wurde auf der NTT-Konferenz sehr eindrück-

Zur Einleitung: Schulentwicklung als Organisationsentwicklung 91

lich durch seine Witwe Beulah Trist geschildert (Massarik 1997; Fatzer/Massarik 2001). Trist schuf zusammen mit Emery die theoretischen und praktischen Grundlagen einer Verbindung von sozialen und technischen Systemansätzen der Organisation, basierend auf ihren bahnbrechenden Untersuchungen von Arbeitsbedingungen in britischen Kohleminen. In den 50er Jahren legten sie mit ihrer Arbeit mit Hawkeley die Grundlagen für die bekannten ‚Zukunftskonferenzen' (Emery 1996). Die ganze Bewegung begründete auch den demokratieorientierten Ansatz von OE und ‚Humanisierung der Arbeitswelt' und strahlte stark in die skandinavischen Länder aus. Heute ist diese Bewegung auch in den Vereinigten Staaten im Rahmen von gewerkschaftlich und politisch fundierter OE populär. Frühe Praktiker dieser Ansätze entwickelten Programme in Großbritannien, Irland, Norwegen und Schweden. Diese Qualitätsprogramme umfassten Gewerkschaften und Management im gemeinsamen Entwerfen eines Designs von Arbeitsabläufen, die den Mitarbeitern ein hohes Ausmaß an Aufgabenvielfalt und Feedback gaben. Zum Teil resultierten daraus ‚Job Enrichment'-Programme oder autonome Arbeitsgruppen, wie sie insbesondere in der produzierenden Industrie umgesetzt wurden (Volvo u.a.). Weiterentwicklungen finden sich in den Ansätzen von Qualitätszirkeln oder im ‚Total Quality Management'.

5. Strategische Veränderung oder Entwicklung der Gesamtorganisation (70er Jahre bis heute). Diesem neuesten Einflussstrang liegt die Annahme zugrunde, dass Organisationen extrem komplex und in ihren jeweiligen Umgebungen nur schlecht plan- und steuerbar sind; darüber hinaus sind die Umgebungen nur schwer kalkulierbar, die Märkte sind nicht mehr vorhersehbar. Man muss im Veränderungsmanagement die Faktoren Struktur der Organisation, Kultur, Strategie und Systemumgebung im Auge behalten. Vorgehensweisen sind z.B. offene Systemplanung, wie sie durch Beckhard (1996) entwickelt wurden. Aus diesen Vorgehensweisen sind auch die Großgruppenansätze von Dannemiller (1995) entstanden.

Diese breite Charakterisierung von Organisationsentwicklung kann auf Schulentwicklung übertragen werden. Allerdings ist dabei zu berücksichtigen, dass Schulen eine andere Logik und andere kulturelle Faktoren haben als Wirtschafts- und Sozialorganisationen, in deren Kontext die OE primär entstanden ist. Die erste Übertragung von Organisationsentwicklung auf Schule wurde geleistet durch die Oregon-Gruppe um Richard Schmuck (Arends u.a. 1973; Fatzer 1987, 1996).

„Organisationsentwicklung ist ein konzeptioneller Rahmen und eine Strategie, um Schulen zu helfen, die Anforderungen einer sich schnell wandelnden pluralistischen Gesellschaft zu erfüllen. Dies umfasst eine

Theorie und ein Handwerkszeug von Methoden, um Schulen zu helfen, sich selbst erneuernde und sich selbst steuernde Systeme von Menschen zu werden. OE hilft Schulen in ihrem Versuch, das gegenseitige Verständnis, das Engagement und die Mitarbeit von Professionellen, Eltern, Schülern und Bürgern zu vergrößern" (Arends u.a. 1973, 10).

Häufig wird allerdings Schulentwicklung mit der OE von Schulen gleichgesetzt wird. dass dies zu kurz greift, kann man bei der Beschreibung des wichtigen Ansatzes von Goodlad sehen (s. Fatzer 1987). Goodlad geht über die OE in Schulen hinaus, indem er die Bedeutung von Netzwerken zwischen den beteiligten Schulen hervorhebt. Goodlad hat hier bereits in seiner ‚Liga kooperierender Schulen' (1966 bis 1972) und in seinem ‚Partnership'-Projekt zwischen der Universität Los Angeles und den beteiligten Schulen das vorweggenommen, was später unter ‚Schulentwicklung' und ‚Netzwerke lernender Organisationen' bei Senge ausgeführt wurde (s. Fatzer 1987). In eine ähnliche Richtung wie Goodlad geht der Schulentwicklungsansatz von Sinclair, einem Schüler von Goodlad, der umfassend über die gesamten Vereinigten Staaten die ‚Coalition for better schools' aufgebaut hat. Ausgangspunkt für eine gute Schule ist die Fähigkeit, mit marginalisierten Schülern aller Schattierungen umgehen zu können und ihnen eine Chance zum Lernen zu geben. Sinclair (1989a) hat seinen Ansatz ausführlich vorgestellt.

Veränderungsanlässe im System Schule:
Von der Einzelsupervision zur Schulentwicklung

Welches sind die möglichen Veränderungsanlässe in Schulen, die das Gebiet der OE so attraktiv machen?

Bestand die Supervision in Schulen früher primär aus Einzelsupervision oder allenfalls aus der Gruppensupervision einzelner Lehrer, die sich mit Unterrichtsproblemen, schwierigen Schülern, der Zusammenarbeit mit Eltern, der Humanisierung von Unterricht, der Einführung neuer didaktischer Methoden wie Projektunterricht u.a.m. befasste (in der Schweiz auch unter dem Namen ‚Praxisberatung'; s. Fatzer 1987; Fatzer/Jansen 1980), so ist heute klar, dass die einzelne Schule die Einheit der Veränderung darstellt und dass entsprechend schulhausbezogene Teamentwicklung oder Schulentwicklung angesagt ist (s. Fatzer 1998; Fullan 1999; Fatzer/Hinnen 1996; Beucke-Galm 1996; s.u. Dubs, Strittmatter, Schratz). Wie sehen nun die Veränderungsanliegen für Supervisoren und OE-Berater in Schulen aus?

Aufgrund des steigenden Veränderungsdrucks sind Schulen z.B. in der Schweiz angehalten, sich in Richtung ‚teilautonomer Schulen' zu entwickeln. Dabei müssen via Entwicklung eines Leitbildes Visionen einer guten Schule erarbeitet werden. Dies geschieht in Form der Organisationsentwicklung der gesamten Schule, die durch eine Schulleitung und eine Projektsteuerungsgruppe erreicht wird. Von der Form her wird hier die „Projektarchitektur" einer „parallelen Lernstruktur" (Rani 1991) installiert. Dubs (s.u.) gibt hierzu vier Bedingungen vor, nämlich dass:

„(1) die Schulleitung den Prozess in zielstrebiger und die Lehrkräfte nicht überfordernder Weise in Gang hält (Leadership der Schulleitung),
(2) im Lehrerkollegium eine Kultur der Offenheit, des Problembewusstseins und der guten Kooperation und Kommunikation besteht,
(3) die einzelnen Lehrkräfte bereit sind, sich permanent weiterzubilden sowie
(4) eine dauernde Bereitschaft zur Selbstevaluation gegeben ist".

Interessant ist auch die Sichtweise von „Widerstand als Chance" von Albertin-Bünter (s.u.), nämlich dass die Grundannahmen, Werte und Normen sowie die mentalen Modelle zwischen Lehrern und Beratern grundverschieden sind und so eine interessante Perspektive im Umgang mit Widerstand ermöglichen.

Für die BeraterInnen von Schulen oder für Schulentwickler bedeutet dies, dass zunehmend neben der Einzel- und Gruppensupervision die Begleitung ganzer Schulen als Veränderungseinheiten angesagt ist. Neben Prozessberatungs- und OE-Grundfähigkeiten verlangt dies auch Expertenwissen in Leitbildentwicklung, Führungskonzepten von Schulleitung, Qualitätssicherungsprozessen zur guten Schule (Fullan 1999) und Moderationsfähigkeiten von Großgruppenprozessen wie ‚Open Space', ‚Zukunftkonferenz' und ‚Real Time Strategic Change' (Bunker/Alban 1997; Owen 1997; Weisbord 1992; Dannemiller 1995).

Schule als lernende Organisation

Das Konzept der ‚lernenden Organisation' in Form der ‚Fünf Disziplinen' wurde 1990 durch Senge und ein großes Team von Kollegen am Massachusetts Institute of Technology in Boston entwickelt. Diese Ansätze zur lernenden Organisation sollen zuerst ausführlicher dargestellt und erst in einem zweiten Schritt auf Schulen übertragen werden. In dieser Hinsicht verweisen wir auch auf andere Beiträge im vorliegenden Band (s.u. Beucke-Galm, Es gibt (k)einen Königsweg), die diese Übersetzung explizit leisten.

Die ‚Fünfte Disziplin' als Grundlage der lernenden Organisation

1990 veröffentlichte Senge sein Buch, in dem er die grundlegenden Disziplinen zur ‚lernenden Organisation' beschrieb. Das Buch wurde – auch zum Erstaunen von Senge selbst – zu einem Weltbestseller. Die Kernaussage des Buches hebt hervor, dass Lernen die Grundlage jeder erfolgreichen Organisa-

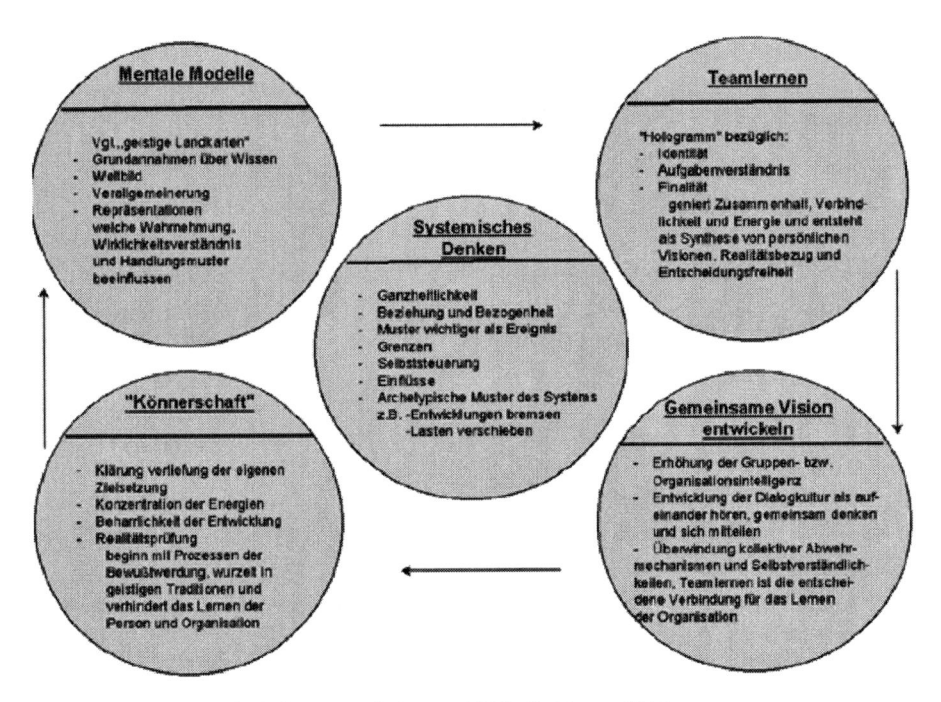

Abb. 2: Die Fünf Disziplinen (nach Senge 1990) © Fatzer 1999

tion ist. In den fünf Disziplinen (s. Abb. 2) beschrieb Senge das methodische Repertoire auf dem Weg zur lernenden Organisation.

Senge hatte diese Disziplinen in Zusammenarbeit mit einer Gruppe von Kollegen am M.I.T. entwickelt und zusammen mit einigen Firmen praktisch ausprobiert. Seine Kollegen waren: Fred Kofman für den philosophisch-linguistischen Teil (Kofman/Senge 1996), Daniel Kim für den Bereich der ‚System Dynamics' (Kim 1993; Zeitschrift ‚Systems Thinker') zusammen mit der ganzen ‚System Dynamics'-Gruppe von Jay Forrester, William I. Isaacs für den Bereich ‚Dialog' (Isaacs 1996) und Edgar Schein als ‚geistigem Vater' (Schein 1996) zusammen mit Ed Nevis (Nevis/di Bella 1997).

Im Rahmen eines ‚Konsortiums lernender Unternehmen' wurden die ‚lernenden Organisationen' implementiert (Senge 1996). Die Bücher von Senge erschienen erst sechs Jahre später in deutscher Übersetzung und wurden sehr gemischt aufgenommen. Wir erlebten selbst als praktische Organisationsentwickler bei verschiedenen Firmen und im Schulbereich, dass dieser Ansatz auf Skepsis, Unverständnis oder Ablehnung stieß. Wir wurden mit der Frage konfrontiert, ob nicht doch jedes Unternehmen ein lernendes Unternehmen oder jede Schule eine lernende Schule sei. Auf der anderen Seite wurde klar, dass bei Senges ‚Fünf Disziplinen' ein eigentliches Modell der lernenden Organisation fehlt.

Es wurde auch die Frage gestellt, ob das Ganze nicht einfach eine neue Welle im allgemeinen Trendsurfen darstelle (Shapiro 1996) und ob es nicht gar „einfach naiv" sei. Akademiker verstiegen sich sogar zur Einschätzung, dass die Fünfte Disziplin eine „Strandlektüre" und der Ausfluss amerikanisch-pragmatischer Naivität darstelle.

Hinter solchen Aussagen steckt natürlich häufig der Neid gescheiter, praxisferner und erfolgloser Akademiker oder auch die Überheblichkeit von Managern oder Firmen, die alles über Veränderungsprozesse schon längst und viel besser wissen als alle Berater. Dennoch ist einiges an der Skepsis gerechtfertigt. Dies verhinderte allerdings nicht, dass die ‚Lernende Organisation' zum neuesten Trend wurde und, dass auch alle bekannten Expertenberatungsfirmen aus den Vereinigten Staaten behaupteten, sie würden jetzt überall die ‚lernende Organisation' implementieren. Große Firmen erklärten im Rahmen ihrer Benchmarking-Programme das letzte Jahr zum ‚Jahr der lernenden Organisation' und eine Firma erklärte als eines ihrer strategischen Ziele, die „schnellstlernende Organisation" zu werden. Arthur D. Little kaufte ‚Innovation Associates', die Beratungsfirma, die Senge mitbegründet hatte, und wollte das Produkt ‚Lernende Organisation' weltweit vermarkten. Die meisten Firmen entdeckten dann, dass der Weg zur ‚lernenden Organisation' etwas mühseliger ist, als dies in den Hochglanzprospekten der Beratungsfirmen angeboten wurde, und heute gehört es bereits zum guten Ton, durch zynische Bemerkungen und spitze Anekdoten die Beschränktheit des Konzeptes aufzuzeigen und bereits auf die nächste Trendwelle, ‚Wissensmanagement', aufzuspringen. Shapiro (1996) hat in ihrem scharfsinnigen Buch aufgezeigt, dass Trendsurfen die Beschäftigung vieler Manager, Veränderungsmanager (‚Change Manager'), interner und externer Berater darstellt, und letztlich auch die Orientierungskrise in der heutigen Managementwissenschaft widerspiegelt. Eine Vielzahl empirischer Studien hat aufgezeigt, dass Trends wie Reengineering (Hammer/ Champy 1994; Vansina/Taillieu 1996) katastrophale Erfolgsquoten aufweisen und dass Veränderungen viel mehr Zeit brauchen und komplexer sind, als dies von den neuesten Trendsellern versprochen wird.

Hier können die beiden Gebiete der ‚lernenden Organisation' und der ‚Organisationsentwicklung' das nötige Know-how dazu beitragen, wie Veränderungsprozesse ablaufen. An diesem Punkt ist das Knowhow der Organisationsentwickler nötig, die durch ihre Expertisen in Prozessberatung (Schein 1987, 1988, 1990) solche Prozesse kennen. Das gleiche gilt für viele TQM-Programme (Total Quality Management), die vielfach an ihrer Nicht-Implementierung scheitern. Unsere Erfahrungen in diversen Projekten, bei denen wir als Organisationsentwickler nach Ablauf von TQM-Programmen in Firmen hineingeholt wurden, bestätigen dies.

Übertragen auf Schulen wurde das Konzept weniger ambivalent aufgenommen, da Schulen und Schulentwicklungsmoderatoren doch nicht so sehr im Trendsurfen verankert sind. Wie die Ideen aus den TQM-Ansätzen auf Schulen übertragen wurden, zeigen in diesem Band vor allem die Beiträge der österreichischen Kollegen. Für die Schweiz äußert sich dazu Strittmatter und im deutschen Teil Peter Höher.

Der Ansatz von Senge zur lernenden Organisation repräsentiert in diesem Sinne die altbekannte, auf Lewin (1947) zurückgehende Botschaft, dass gute Organisationsentwicklung und die lernende Organisation nur dadurch möglich wird, dass „Betroffene zu Beteiligten gemacht werden". Jede Innovation und vor allem die Implementierung der lernenden Organisation kann nur durch die Beteiligten getragen werden. Dies bedingt auch, dass zuerst eine gründliche Diagnose des Ist- und Soll-Zustandes des Systems durchgeführt wird (Beckhard 1987, 1996), und zwar in Zusammenarbeit zwischen Berater und Auftraggebern. Hier kann auch die irreführende Feststellung vieler systemischer Organisationsberater nicht helfen, die erklären, dass Diagnose im systemischen Verständnis von OE gar keinen Sinn mache. Es ist natürlich jedem professionellen Organisationsberater klar, dass jede Diagnose eine massive Intervention darstellt (s. Schein 1987; Nevis 1988).

Für die lernende Organisation ist dringend zu empfehlen, die Lernfähigkeit oder das Problembewusstsein der Auftraggeberorganisation genau zu eruieren. Wir haben sehr oft die Erfahrung gemacht, dass der Hinweis, man sollte keine Zeit für eine Diagnose verlieren, eine Form der ‚defensiven Routine' (Argyris 1993a, 1996) darstellt und dass eine solche Beratung mit einem Blindflug ohne Bordinstrumente verglichen werden kann. Regelmäßig haben solche Auftraggeber nachher auch das Nicht-Eintreffen von Erfolgen oder Resultaten dem Berater vorgeworfen. Mit einer sorgfältigen Diagnose hätte dies verhindert werden können.

Hier sei das Beispiel einer Bankengruppe erwähnt, die uns einlud, den internen Trainern die ‚Fünf Disziplinen' vorzustellen und durch das ‚Bier-Spiel' eine Erfahrung von Systemdynamik zu vermitteln (s. Senge 1996). Die Reaktion auf diese Simulation war eine solche Widerspiegelung der internen Situation, dass wir diesem Kunden dringend davon abrieten, sich auf den Weg einer lernenden Organisation zu begeben.

Kritisch anzumerken ist bei Senges Ansatz, dass wenig empirische Beispiele vorhanden sind (Roth 1996; Senge u.a. 1996) und dass das Organizational Learning Center sich als selbständige Organisation aus dem M.I.T. ausgelagert hat durch die Gründung von S.O.L., der ‚Society of Organizational Learning', der diverse Universitäten und Firmen angegliedert sind.

Fallbeispiele im deutschsprachigen Raum werden im Rahmen unseres Lern-Netzwerks zusammengetragen und publiziert (Fatzer/Marsick 2000; ‚Zeitschrift für Lernen, Veränderung und Dialog'). Vielversprechend ist der

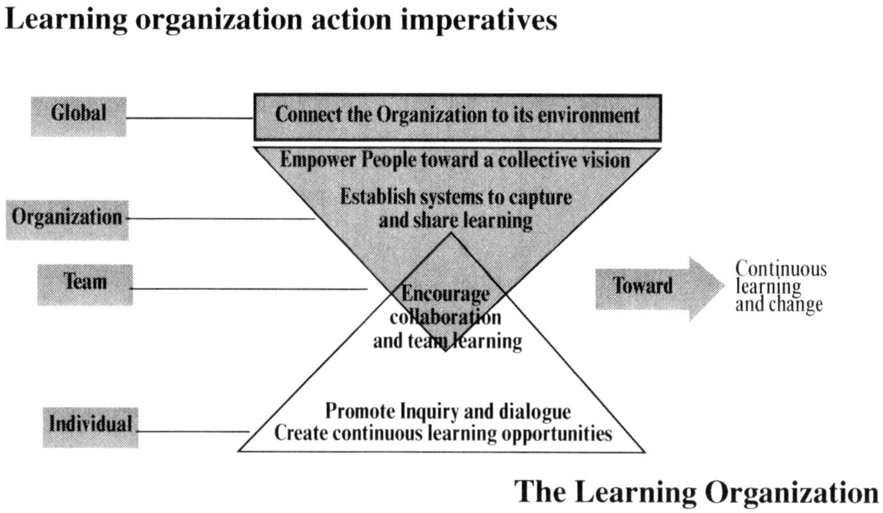

Learning organization action imperatives

The Learning Organization

Abb. 3: Das Modell der lernenden Organisation (nach Marsick/Watkins 1990) © Fatzer 1999

Ansatz der ‚Lerngeschichten' von Roth (1999), der als erstes die Lerngeschichte des Ford-Projektes dokumentiert hat.

Peter Senge und seine Gruppe sind im Moment in ersten Versuchen, im amerikanischen Schulbereich erste Netzwerke lernender Schulen zusammenzustellen und aufzubauen.

Die lernende Organisation nach dem Ansatz von Victoria Marsick

Fast gleichzeitig mit Senges ‚Fünfter Disziplin' erschien ‚Sculpting the learning organization' (Marsick/Watkins 1990), das auf einer ähnlichen Grundlage, nämlich ‚Action Science' von Argyris (Argyris u.a. 1985; Argyris 1997), die Dimensionen der lernenden Organisation beschreibt, allerdings im Gegensatz zu Senge mit einem konkreten Modell (s. Abb. 3).

Die Schritte auf dem Weg zur lernenden Organisation werden angegeben und durch diagnostische Tests und Befragungen eruiert (Marsick/ Watkins 1990, 1995).

Im Gegensatz zu Senge haben die beiden Autorinnen keinen Megatrend ausgelöst. Allerdings ist es der Verdienst von Marsick (1994), eine Sammlung von Fallbeispielen zusammengetragen zu haben, in der auch ein Vergleich verschiedener Ansätze zur lernenden Organisation erfolgt und ihre Wirksamkeit in Fallbeispielen dargelegt wird.

Bestechend an diesem Ansatz ist die Sorgfältigkeit der Fallbeispiele und die Gründlichkeit des Vorgehens. Dies hat auch zur Folge, dass das Ganze akademischer und weniger verkaufsorientiert ist.

Kritisch anzumerken ist die Allgemeinheit und Abstraktheit des Modells, was es für Schulentwickler, Schulleiter oder Lehrer entweder als abstrakt oder als banal erscheinen lassen mag.

Lernende Organisation nach Chris Argyris

Überlegt man sich, wo das Konzept der lernenden Organisation das erste Mal auftaucht, stößt man sowohl bei Senge als auch bei Marsick auf Chris Argyris, einen der Pioniere der Organisationsentwicklung und der Organisationspsychologie, der aus der gleichen Generation stammt wie Ed Schein und auch im Rahmen der Senge-Gruppe eine zentrale Rolle spielt.

Die Grundlage des Konzeptes der ‚lernenden Organisation' oder des ‚Organisationslernens' ist 1978 durch ihn geschaffen worden. Sowohl Senge als auch Marsick stützen sich in großen Teilen auf seine Pionierarbeit. Er hat einen Großteil seines umfangreichen Werks der Frage gewidmet, wie Organisationen lernen und wie gute Organisationsberatung aussieht. Dabei hat er als einer der wenigen auch genauestens, sozusagen auf der Mikroprozessebene, beschrieben, wie Veränderungsprozesse in Organisationen aussehen und wo es sich um Abwehrroutinen handelt (Argyris 1982, 1993a). Er unterscheidet in Anlehnung an Gregory Bateson zwei Formen des Lernens: Das sogenannte Single-Loop-Lernen und das Double-Loop-Lernen. Um dies bildlich auszudrücken: Einschlaufiges Lernen (Single-Loop) entspräche dem Thermostaten, der sich ein- oder abschaltet; doppelschlaufiges Lernen (Double-Loop) wäre ein Thermostat, der die optimale Temperatur einstellen kann, indem nicht nur Fehler korrigiert werden, sondern indem das System lernt. Die gesamte Organisation lernt, indem z.B. Normen und Grundannahmen der Organisation, die Lernen verhindern, verändert werden. Ein schönes Beispiel ist die Organisation, welche ein Produkt X lanciert hat, das sich als Misserfolg herausstellt. Die unterste Stufe der Organisation meldet dies in Form von Memos. Das mittlere Management findet diese Memos zu pessimistisch und beginnt, eigene Nachforschungen zu machen. Es gibt die Informationen nur verkürzt und dosiert weiter nach oben, um nicht in einem schlechten Licht dazustehen. Das Top-Management ergreift erst Maßnahmen, nachdem riesige Verluste eingetreten sind. Als Beispiel könnte in der Schweiz die Uhrenindustrie im Bereich der Luxusuhren genannt werden. Statt des beschriebenen Ablaufs wäre es angebracht, diese Organisations-Zwickmühle dadurch zu entschärfen, dass widersprüchliche Normen thematisiert werden (hier: Fehler verstecken versus Fehler enthüllen). Solche ‚Organisations-Versteckspiele', wie sie Argyris nennt, sollten aufgedeckt und verändert werden. Wann geschieht nun das Organisationslernen oder ‚Lernen zweiter Ordnung'?

Bei vitalen Bedrohungen einer Organisation, wie z.B. bei Umweltkatastrophen oder Wettbewerbsbedrohung (z.B. durch die Dominanz von Microsoft), bei einer Revolution innerhalb des Organisationssystems (neues Management übernimmt die Leitung) oder von außerhalb (politisch) oder bei einer Krise, die durch das eigene Management produziert wird, um die Organisation aufzurütteln. Dies kann ein Rationalisierungsunterfangen sein oder eine Umwälzung des Makrosystems. Wenn wir hier lediglich Krisen als Möglichkeiten für Organisationslernen anführen, heißt das nicht, dass nur Krisen Lernen ermöglichen. Allerdings ist die Idee neu, Lernen in einer Organisation auch in guten Zeiten zu institutionalisieren. Bis jetzt zwangen im allgemeinen erst Organisationskrisen die Organisation zum Lernen oder Umlernen.

Zusammenfassend kann gesagt werden:

1. Organisationslernen muss eher als Organisationsprozess statt als individueller Prozess betrachtet werden. Auch wenn die einzelnen Mitglieder die Agenten des Lernens sind, über die Lernen stattfindet, ist der eigentliche Lernprozess durch ein viel breiteres Set von sozialen, politischen und strukturellen Faktoren beeinflusst.
2. Organisationslernen ist eng verknüpft mit der Erfahrung, welche die Organisation besitzt. Durch frühere Erfahrung in einem Bereich des Entscheidungsprozesses oder in einer Aktivität lernt die Organisation, ihre Ziele anzupassen, selektiv ihre Aufmerksamkeit auf ihre Umgebung zu richten und die Suche nach Lösungen für Organisationsprobleme anzupassen.
3. Das Resultat von Organisationslernen wird organisationsübergreifend mitgeteilt, gemeinsam bewertet und in die zukünftigen Entscheidungsprozesse eingebaut.
4. Lernen umfasst grundlegende Veränderungen in den Handlungstheorien (bei uns: ‚Sicht der Welt'; ‚Mentale Modelle' bei Senge).
5. Lernen geschieht auf verschiedenen Ebenen der Organisation, z.B. individuell, abteilungsbezogen, Organisation, Industrie oder Gesellschaft. Wichtig für Entscheidungen sind vor allem die Ebene der Organisation und der Umgebung. Erstere informiert über interne Ressourcen, Ziele, Möglichkeiten und Begrenzungen, die letztere ermöglicht eine stimmige Wahrnehmung der Umgebung für Entscheidungen.
6. Organisationslernen ist institutionalisiert in Form von Lernsystemen, die sowohl formelle als auch informelle Ausprägungen von Informationsaustausch, Planung und Kontrolle umfassen.

Betrachten wir den Prozess, wie Menschen und Organisationen lernen, hat sich die Veränderungskurve speziell bewährt. Sie wurde von Jupp (1992) entwickelt und durch uns Sonja Sackmann zugänglich gemacht (Jupp 1992; Sackmann 1993; Fatzer 1993). Sie beschreibt die typischen Phasen, die bei Veränderungs- und Lernprozessen durchlaufen werden.

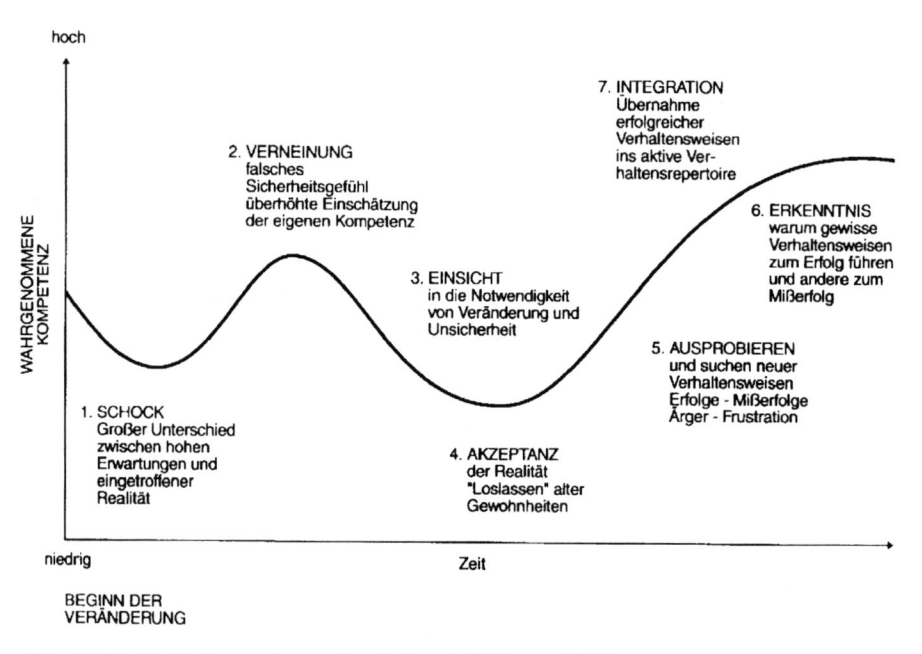

Abb. 4: Die Veränderungskurve (nach Jupp) © Fatzer 1993

Wichtig an diesem Modell ist die Blockierungsphase, die mit den defensiven Routinen von Argyris vergleichbar ist.

Übertragen wir jetzt diese Ausführungen auf die Schule als lernende Organisation, so ist in einem ersten Schritt mit der jeweiligen Schule eine Ist-Soll-Analyse durchzuführen (s. Beucke-Galm 1996); danach ist eine Vision der ‚guten' oder ‚lernenden Schule' gemeinsam zu entwerfen. Hilfreich war für uns immer die Charakterisierung der ‚Schule als lernende Organisation', die wir von Pedler (1997) übernommen haben.

Häufig wird die Entwicklung zu einer lernenden Organisation extern begleitet.

Das Konzept der Kultur von Organisationen

Ein weiteres zentrales Konzept der Schulentwicklung oder OE in Schulen ist das Konzept der Schulkultur oder Organisationskultur.

Sackmann (1990) stellt die verschiedenen Bedeutungen von Kultur in Organisationen und die Anlässe dar, warum das Konzept überhaupt an Wichtigkeit gewinnen konnte. Das eine war die Unzufriedenheit mit den allzu rationalen Modellen von Organisation, die vorherrschten; das zweite war die Beobachtung, dass amerikanische Unternehmen weniger erfolgreich waren als japanische – und dies wurde auf die Stärke der Kultur zurückgeführt

> **SCHULE ALS LERNENDE ORGANISATION**
>
> **Eigenschaften und Kernbereiche**
>
> **Strategie**
> 1. Strategiebildung als Lernprozess
> 2. partizipative interne Schulpolitik
>
> **Rollen und Rollendifferenzierung**
> 3. freier Informationsfluss
> 4. flexibles (formatives) Rechnungs- und Kontrollwesen
> 5. interner Austausch
> 6. flexible Entlohnung und Vergütung
>
> **Offen gegenüber Umgebung**
> 7. qualifizierende Strukturen
>
> **Blick nach außen**
> 8. Umfeldkontakte „zur strategischen Frühaufklärung" („Benchmarking")
> 9. schulenübergreifendes Lernen („Netzwerk")
>
> **Lernmöglichkeiten**
> 10. Lernklima
> 11. Selbstentwicklungsmöglichkeiten für alle

Abb. 5: Schule als lernende Organistion (nach Pedler) © Fatzer 1997

(Ouchi 1983; Deal/Kennedy 1982). Man begann sich zu fragen, ob man die Kultur einer Organisation entwickeln oder ‚managen' konnte. Das dritte war eine Bewegung von anthropologisch orientierten Organisationspsychologen, die Kultur als neue Metapher oder neues mentales Modell von Organisationen vorstellte. Wir möchten hier nicht die endlose Zahl von Definitionen von Organisationskultur vorstellen, da hier nicht der Fokus dieses Artikels liegt (s. Sackmann 1990).

Grundlegend für unser Verständnis von Organisationskultur ist das bahnbrechende Werk von Edgar H. Schein, der 1985 seinen Klassiker ‚Organizational Culture and Leadership' (dt.: ‚Unternehmenskultur' 1992) veröffentlichte. Als ausgebildeter Anthropologe, der wichtige Grundlagen zur qualitativen Erforschung von Organisationen entwickelt hatte, beschäftigte sich Schein mit der Frage, welche Rolle der Gründer einer Organisation im Rahmen der Kultur der Organisation spielt und wie sich die Kultur entwickeln kann. Organisationskultur wird folgendermaßen beschrieben:

„Die Kultur einer Gruppe läßt sich nunmehr definieren als: Ein Muster gemeinsamer Grundprämissen, das die Gruppe bei der Bewältigung ihrer Probleme externer Anpassung und interner Integration erlernt hat, das sich bewährt hat und somit als bindend gilt; und das daher an neue

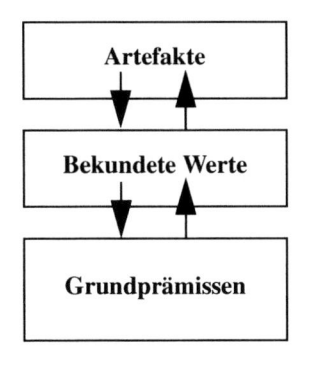

```
                    Unternehmenskultur
                    Ebenen der Kultur

┌──────────────┐    Sichtbare Strukturen und Prozesse im Unternehmen
│  Artefakte   │    leicht zu beachten, aber schwer zu entschlüsseln
└──────────────┘
       ↕
┌──────────────┐    Strategien, Ziele, Philosophie
│Bekundete Werte│   (bekundete Rechtfertigungen
└──────────────┘
       ↕
┌──────────────┐    unbewußte, selbstverständliche Anschauungen,
│Grundprämissen│    Wahrnehmungen, Gedanken und Gefühle
└──────────────┘    (Ausgangspunkt für Werte und Handlungen)
```

Abb. 6: Ebenen der Kultur (nach Schein 1992, 30) © Fatzer 1999, zuerst in: Supervision 35 (1999), 70

Mitglieder als rational und emotional korrekter Ansatz für den Umgang mit diesen Problemen weitergegeben wird" (ebd., 25).

Ausgehend von der Beschreibung der Kultur einer Gruppe kann dies auf die Beschreibung einer Kultur der Organisation ausgeweitet werden. Schein ist in seiner Vorgehensweise primär ein Forscher, der aber als Aktionsforscher ein ganz praktisches Anliegen verfolgt, wenn er Gruppen oder Organisationen hilft, ihre Kultur zu analysieren. Aufgrund dieser Beschreibung wird klar, dass Kultur und Lernen einen wichtigen Zusammenhang darstellen und, dass diese Lerngeschichte kollektiv ist und sich nachher ins Unbewusste einer Gruppe oder einer Organisation absenkt.

Entsprechend ist der zweite Teil der Beschreibung von Kultur, dass man sie auf verschiedenen Ebenen beschreiben und analysieren kann. Schein unterscheidet drei Ebenen, die nach Sichtbarkeit und Grad an Bewusstheit unterschieden werden können.

Eine zweite Definition von Kultur stammt von einem Organisationspsychologen, der durch seine lebenslange Forschungsarbeit zu Organisationskultur und interkultureller OE bekannt wurde, Geert Hofstede:

„Kultur ist erlernt und nicht ererbt. Sie leitet sich aus unserem sozialen Umfeld ab, nicht aus unseren Genen. Man sollte die Kultur unterscheiden von der menschlichen Natur einerseits und der Persönlichkeit des Individuums andererseits, doch wo genau die Grenzen zwischen Natur und Kultur bzw. zwischen Kultur und Persönlichkeit liegen, ist unter Sozialwissenschaftern umstritten" (Hofstede 1993, 19).

Kultur wird auch als mentale Software bezeichnet, die ihrerseits eine Vielzahl mentaler Modelle bestimmt.

"Mentale Modelle sind die Bilder, Annahmen und Geschichten, die wir von uns selbst, von unseren Mitmenschen, von Institutionen und von jedem anderen Aspekt der Welt in unseren Köpfen tragen. Wie eine Glasplatte, die unsere Vision einrahmt und auf subtile Weise verzerrt, bestimmen mentale Modelle darüber, was wir wahrnehmen" (Senge 1996, 271).

Nimmt man ein von Argyris entwickeltes und von Senge popularisiertes Modell, wie sich kulturelle Grundannahmen in der Kommunikation und in der Lerngeschichte eines Teams oder von Führungsverantwortlichen oder Mitarbeitern zeigen, so können die Auswirkungen auf das Kommunikationsverhalten gezeigt werden. Dies illustriert die ‚Abstraktionsleiter' („Ladder of inference"; Senge 1996, 280; Argyris 1982, 87).

Das Kulturkonzept in der Schule

Albertin-Bünter zeigt die Nützlichkeit des Kulturkonzepts zur Erklärung von Widerstand von Lehrern gegenüber Beratung, Coaching und Supervision auf (s.u.). Es hilft, auf der Ebene der mentalen Modelle und kulturellen Grundannahmen von Beratern/Supervisoren oder Lehrern aufzuzeigen, dass sehr unterschiedliche Vorstellungen über Lernen, Veränderung und Entwicklung bestehen. Geht man davon aus, dass kulturelle Grundannahmen das Verhalten steuern, wird begreifbar, warum Widerstand als ein „Begleitphänomen von Lernen und Veränderung" auftritt oder auch auftreten muss (s.u. Albertin-Bünter).

Aufgrund der unterschiedlichen mentalen Modelle bei Lehrern und Beratern entstehen auch verschiedene Erwartungen an die Beratungsanlässe für Supervision, Coaching oder Schulentwicklung. In überzeichneter Weise sieht dies folgendermaßen aus:

„a) die Erwartungen der Lehrerschaft
Die Lehrer erwarten produkt- und ergebnisbezogene Hilfestellung für den Umgang mit Schülerninnen und Schülern, Eltern, Behörden und der Kollegenschaft. Sie möchten auf das Expertenwissen des Beraters zurückgreifen, wobei sie davon ausgehen, dass dieses Wissen im Sinne des ‚Mehr-Wissens' beim Beratenden vorhanden sei. Wissen steht über Lernen ... Die Beratung findet in der unterrichtsfreien Zeit statt, ist deshalb grundsätzlich privat organisierbar ... Lerntransfer

b) die Erwartungen des Beratenden
Der Berater möchte eine prozess- und einstellungsbezogene Hilfestellung für den Umgang mit den Schülern, den Eltern, Behörden und der Kollegenschaft erbringen. Dazu möchte er auf seine Erfahrung im Anbahnen und Unterstützen von Reflexionsprozessen zurückgreifen, wobei er da-

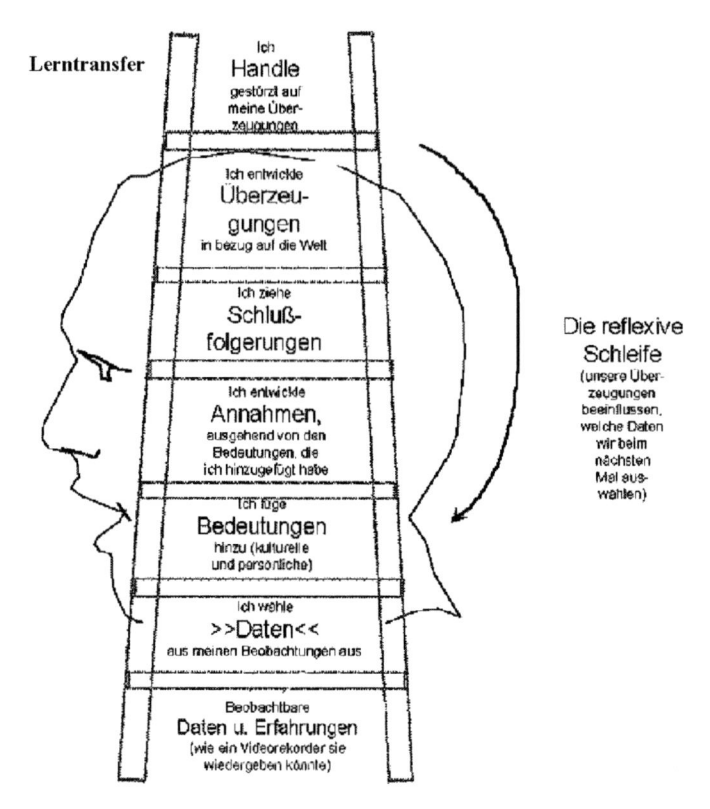

Abb. 7: Abstraktionsleiter: Wie sich kulturelle Grundannahmen bilden (nach Argyris) ©
Fatzer 1999, zuerst in: Supervision 35 (1999), 71

von ausgeht, dass diese Kompetenz bei den Lehrkräften wenig entwickelt ist." (ebd.)

Überträgt man jetzt diese Grundannahmen auf die emotionale Ebene von Schulentwicklungs- und Veränderungsvorhaben, so ergeben sich diverse gefühlsmäßige Reaktionen, die als Widerstand gesehen werden können (s.u. Abb. 4 in: Albertin-Bünter). Konkrete Illustrationen haben wir in zwei Projektbeispielen geschildert (Beucke Galm 1996; Fatzer 1998).

Auftretende Widerstände können aufgrund dieser unterschiedlichen mentalen Modelle verstanden und beleuchtet werden. Diese Betrachtungsweisen geben Organisationsberatern ganz neue Sichtweisen zum Verständnis solcher Phänomene an die Hand. Dass das Kulturkonzept in der Schule gut greift, hat auch Sarason in seinem Klassiker über Schulentwicklung gezeigt (Sarason 1971).

Begreifen wir Schulentwicklung als Organisationsentwicklung von innen, so haben wir einige Elemente einer Theorie der Schulentwicklung oder

Zur Einleitung: Schulentwicklung als Organisationsentwicklung 105

**LANDKARTE VON VERÄNDERUNG
MIT BERATUNG (SUPERVISION – OE – COACHING)**

KLIENTEN-SYSTEM / KUNDE ← KUNDEN
← DIREKTE
← SPONSOREN

CHANGE TEAM

MODELLE („LAND-KARTEN")

THEORIE DES „DINGS" → ZIEL
→ BEGRENZUNG
→ „LINK" ZUM KERNGESCHÄFT

THEORIE DES WANDELS

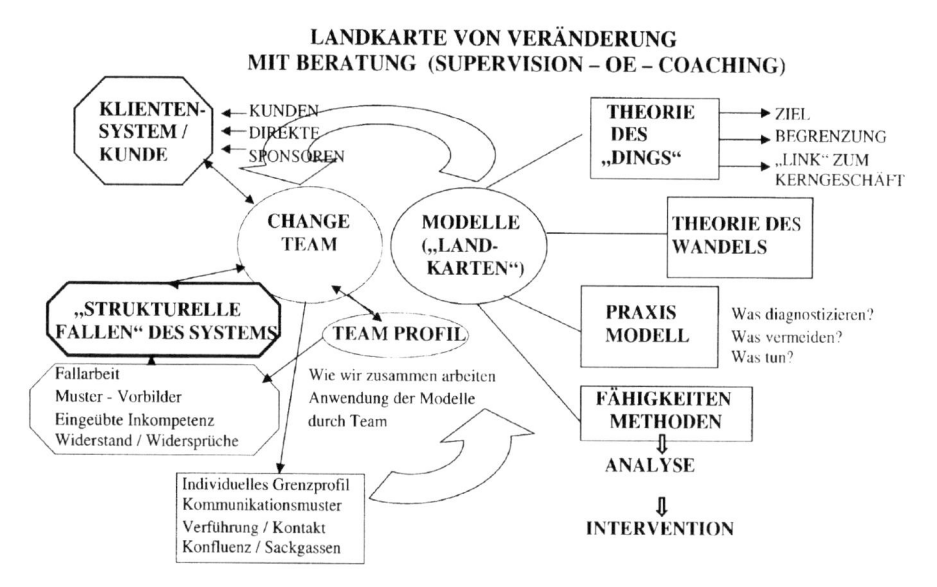

PRAXIS MODELL — Was diagnostizieren? Was vermeiden? Was tun?

„STRUKTURELLE FALLEN" DES SYSTEMS
Fallarbeit
Muster - Vorbilder
Eingeübte Inkompetenz
Widerstand / Widersprüche

TEAM PROFIL
Wie wir zusammen arbeiten
Anwendung der Modelle
durch Team

Individuelles Grenzprofil
Kommunikationsmuster
Verführung / Kontakt
Konfluenz / Sackgassen

FÄHIGKEITEN METHODEN
⇩
ANALYSE
⇩
INTERVENTION

Abb. 8: Elemente einer Rahmentheorie von Beratung (nach Kantor) © Fatzer 1999

der OE in Schulen aufgezeigt. Kantor hat die wichtigsten Elemente einer Rahmentheorie von Beratung und der entsprechenden mentalen Modelle in der Abbildung 8 dargestellt.

Rollenprobleme von internen Schulentwicklungsmoderatoren

Wird Schulentwicklung primär von innen, nämlich durch staatlich verordnete Moderatoren (wie z.B. bei den ISP-Ansätzen von Rolff u.a. in Nordrhein-Westfalen), so entstehen spezifische Rollenprobleme. In diversen Weiterbildungen für Supervisoren/OE-Berater und Schulentwicklungsmoderatoren ist mir immer wieder klar geworden, wie schwierig die Rolle des internen Schulentwicklers oder des Schulpsychologen ist. Es entstehen die unterschiedlichsten Rollenprobleme, die vor allem ihre Auswirkungen haben, wenn Widerstände im Prozess der Schulentwicklung auftauchen.

Wenn einmal die verschiedenen Projektgruppen installiert sind, die sich zu den einzelnen Problemthemen gebildet haben (z.B. zum Pädagogischen Konzept, zur Schulleitung, zum Schulleben, zur Bilanzierung), die in der Projekt-Steuergruppe koordiniert und gesteuert werden, kommt es zu einem Punkt, an dem ein hohes Maß an Irritation entsteht, weil die Projektgruppen eine große Anzahl von Empfehlungen und Aktionen erarbeiten, die dann in Form von Beschlüssen umgesetzt werden müssen.

Wir haben diese Phase in einem deutschen Gesamtschulprojekt, das ich zusammen mit einer Kollegin der Lehrerfortbildung begleitete, eindrücklich als Schnittstellen- und Rollenproblematik erlebt. Der Widerstand zeigte sich in der Fragestellung, ob die Steuerungsgruppe die Erlaubnis hat, den pädagogischen Tag für die Plenumsarbeit auf einen schulfreien Samstag zu setzen. Hier lautete die klare Antwort des externen Prozessberaters, dass die Entwicklung der eigenen Schule in den Händen des Kollegiums liege, das von daher auch selbst zu entscheiden hätte. Die Steuerungsgruppe hatte den Status eines ‚Super'-Schulleitungsteams mit übergeordneter Leitungsfunktion übernommen, so dass die Kollegen massiv verunsichert waren, zumal sich der vorher kritisierte Schulleiter stark zurückhielt. Als interne Moderatoren hätten wir nicht die Möglichkeit gehabt, eine derart neutrale Position einzunehmen. Durch die Zusammenarbeit von halbinterner Moderatorin und einem gänzlich externen Moderator war es möglich, dem Kollegium ‚einen Spiegel vorzuhalten'. Bei internen Moderatoren, wie es öfters durch Schulpsychologen oder Schulpsychologinnen versucht wird, arbeitet der Moderator sehr häufig ohne expliziten Auftrag. Wenn in einem Schulentwicklungsprozess Widerstand entsteht, kann aus der externen Position darauf hingewiesen werden, dass die Schule als Gesamtorganisation beschlossen hat, in einen Entwicklungsprozess einzutreten.

Bei internen Moderatoren entsteht auch häufig das Problem der Akzeptanz, und da Lehrer häufig Beratung in einer Art professionellem Reflex als ‚Belehrung' empfinden, ist es günstig, wenn externe Berater z.T. als Vertreter anderer Berufsfelder mit Schulmoderatoren zusammenarbeiten.

Dies ist eine externe Strategie, die z.B. Kollegen am ULEF in Basel mit gutem Erfolg (Osswald 1992) einsetzen, da solche Moderatoren auch die Arbeitswelt einbringen können. Ich möchte hier aus Platzgründen nicht weiter auf dieses Schulentwicklungsprojekt eingehen (s.u. Beucke-Galm, Es gibt (k)einen Königsweg).

Misslungene Schulentwicklung

Ein Beispiel misslungener Schulentwicklung wurde mir im Rahmen einer Supervision durch eine betroffene Kollegin geschildert. Es handelt sich um eine Schule der Erwachsenenbildung in Zürich. Der ganze Prozess startete mit der Projektidee ‚Erwachsenenbildung für das Jahr 2000' im Rahmen einer Tagung. Diese wurde durch einen externen Moderator angeleitet, der allerdings erst drei Wochen vor dem Termin als Ersatzmann für den eigentlich vorgesehenen OE-Berater einsprang. Die Lehrerinnen und Lehrer wurden aufgefordert, sich, im Sinne von Visionen, ihre Schule der Zukunft auszumalen. Diese Übung war als Startidee gut, führte aber dazu, dass die Beschäftigung mit der gegenwärtigen Situation der Schule weggeschoben und verdrängt wurde.

Der Schulleiter, „ein postmoderner Spät-Achtundsechziger", der seine Führungsunfähigkeit sogar zur Organisationsphilosophie erhob („Aus der Not eine Tugend machen") und sich ein Leitungsteam gewünscht hätte, lancierte das Projekt als ‚sein Kind' und holte zu diesem Zwecke Didaktiker und eine Projektleiterin, die das Ganze als interne Weiterbildungsmaßnahme für die Lehrer propagierte.

Aus der Außensicht der Supervision wurde nach kurzer Zeit klar, dass hier unter dem Deckmantel eines Schulentwicklungsprojektes eine neue Leitungsstruktur installiert wurde, die darin kulminierte, dass die Projektleiterin zur Frauenbeauftragten erhoben wurde. Sehen wir solche neugeschaffenen Rollen als den Versuch der Organisation, ein Problem (in dem Fall das ‚Frauenproblem') zu lösen, so etablierte sich die Steuerungsgruppe als neues ‚geheimes' Leitungsteam.

Die betroffene Kollegin realisierte im Rahmen des Supervisionsprozesses immer mehr, wie die Frauenanliegen damit von der offiziellen Ebene wegdelegiert wurden, so dass z.B. Entscheidungen nicht mehr im Gesamtkollegium getroffen wurden, sondern nur noch bilateral zwischen dem Schulleiter, der Frauenbeauftragten und den jeweiligen Lehrern. Da 75% der Lehrer nicht fest angestellt waren, sondern als Lehrbeauftragte von Semester zu Semester erneut beauftragt wurden, wurde die Verunsicherung der Lehrerschaft massiv. Der OE-Berater spielte das Spiel insofern mit, als er am Schluss ebenfalls Mitarbeiter der Organisation wurde und damit als Berater unnütz und überflüssig für das System wurde. Nevis hebt in seinem Klassiker „Organisationsberatung" (1988) zu Recht hervor, dass ein Berater nur dann sinnvoll Berater sein kann, wenn er „einen Unterschied macht". Wenn er gleich wird mit dem Klientensystem, dann sprechen wir in der Terminologie der Gestalttherapie von ‚Konfluenz', nämlich dem Zusammenfließen von Klienten- und Beratungssystem. Wichtig ist zu sehen, dass dadurch die Entwicklung der Schule gestoppt wird, indem eine Schattenorganisation aufgebaut wird. Die Schule kann in solchen Fällen nur einen weiteren Entwicklungsschritt unternehmen, indem sie den Berater entlässt.

Grenzen von Organisationsentwicklung in der Schule

Schulentwicklung, schulinterne Fortbildung oder OE in Schulen läuft heute Gefahr, als Allheilmittel für die Schwierigkeiten von Schule angeboten zu werden. Wenn Erwartungen so hoch geschraubt werden, dann kann die Enttäuschung nur um so größer sein – oder manchmal auch der Widerstand im Klientensystem. OE ist eine sehr kostenintensive Maßnahme, und in den USA ist diese Form der Schulentwicklung u.a. aus finanziellen Gründen an Grenzen gestoßen. Ein Bildungssystem kann es sich kaum leisten, jede Schule durch eine OE-Begleitmaßnahme zu entwickeln. Dies spricht dafür, den amerikanischen Ansatz der Schulnetzwerke voranzutreiben, der letztlich der Selbsthilfeidee entspringt. Die notwendigen Rahmenbedingungen habe ich genannt (Fatzer 1987). Organisationsentwicklung kann nicht bildungspolitische Fehlentscheidungen korrigieren.

OE-Maßnahmen stoßen an diesem Punkt an Grenzen. Bildungspolitische Probleme müssen dort gelöst werden, wo sie kreiert wurden. Bei einem OE-Beispiel handelte es sich um eine Gesamtschule, bei der von den OE-Beratern ernsthaft die Frage gestellt werden musste, ob das Schulkonzept noch angemessen sei oder ob es nicht den Anforderungen der Umwelt angepasst werden müsste. OE kann keine bildungspolitischen Entscheide abnehmen.

Wir befinden uns nicht nur politisch oder gesellschaftlich, sondern auch bildungsmäßig in einem „Zeitalter der Unübersichtlichkeit". Von daher ist der Rückfall in pädagogischen Fundamentalismus, wie er z.B. durch einige fundamentalistisch-faschistoide Psycho-Sekten in der Schweiz und in Deutschland propagiert wird, nichts Überraschendes. Gerade wegen der komplexen Probleme ist es verführerisch, OE als simples Hilfsmittel anzunehmen. So geschehen z.B. in einem deutschen Bundesland, wo eine renommierte Unternehmensberatungsfirma ein Gutachten zur Lage der Schule verfasste, das im bekannten Strickmuster solcher Firmen in einem Katalog von Maßnahmen gipfelte, durch die die Schule mit Hilfe von Managementprinzipien und Rationalisierungsvorschlägen schlanker hätte werden sollen. Maßnahmen und Prinzipien, die wohl einem Unternehmen gut anstehen, die aber für Schulen völlig weltfremd sind. Allerdings benutzt jetzt das Kultusministerium diese Empfehlungen und setzt sie um. Die Berater stehen als Umsetzungshilfen nicht zur Verfügung. Es ist allerdings immer wieder erstaunlich, wie viele Unternehmen und Verwaltungen trotzdem solche Maßnahmen, die ein negatives Beispiel von Expertenberatung darstellen, einsetzen.

Schulentwicklung, professionell ausgeführt, kann allerdings zur langfristigen Zielsetzung der ‚lernfähigen Schule' viel beitragen und stellt einen notwendigen Entwicklungsschritt (nach der Humanisierung von Unterricht durch TZI, Gestaltpädagogik und andere Verfahren) auf dem Weg zur guten Schule dar.

Anmerkung

[1] Ich danke für die gute Zusammenarbeit und die intensiven Anregungen meinen Freunden oder Kollegen Robert L. Sinclair von der UMass Amherst, John I. Goodlad von der University of Washington in Seattle, Peter Senge vom Massachusetts Institute of Technology in Boston, Chris Argyris und Christina Harris von der Harvard Business School in Cambridge, Hans Gehrig und Roger Vaissiére vom Pestalozzianum Zürich und Mechthild Beucke-Galm von iod, Frankfurt und HILF, Wiesbaden.

Literatur

Arends, R. u.a. OD: Building human systems. Eugene 1973
Argyris, C. Reasoning, learning and action: individual and organizational. San Francisco 1982
Argyris, C. Defensive Routinen. In: Fatzer, G. (Hg.), Organisationsentwicklung für die Zukunft, Köln 1993, 179–226 (zit. 1993a)
Argyris, C. Eingeübte Inkompetenz – ein Führungsdilemma. In: Fatzer, G. (Hg.), Organisationsentwicklung für die Zukunft. Köln 1993, 129–144 (zit. 1993b)
Argyris, C. Wenn gute Kommunikation das Lernen verhindert. In: Fatzer, G. (Hg.), Organisationsentwicklung und Supervision: Erfolgsfaktoren bei Veränderungsprozessen. Köln 1996 (Trias-Kompaß, 1), 109–126
Argyris, C. Wissen in Aktion. Stuttgart 1997
Argyris, C.; Putnam, R.; Smith, D.M. Action Science. San Francisco 1985
Bätz R.; Wissinger J. Die Schule läßt sich nicht von oben regieren. In: Beiträge zur Lehrerbildung (1992), 1
Beckhard, R. Organizational transitions. Reading 1987
Beckhard, R. Changing the essence. San Francisco 1996 Berg H. Ch.; Steffens, U. (Hg.) Schulqualität und Schulvielfalt. Wiesbaden 1991
Beucke-Galm, M. Kultureller Wandel in Organisationen – Schulentwicklung durch Organisationsberatung. In: Fatzer, G. (Hg.), Organisationsentwicklung und Supervision: Erfolgsfaktoren bei Veränderungsprozessen. Köln 1996 (Trias-Kompaß, 1), 295–324
Block P. Erfolgreiche Beratung. Frankfurt 1997 Bradford, L. u.a. Sensitivity Gruppen. Stuttgart 1965
Bunker, B.; Alban, B. Large groups. San Franciso 1997
Burke W.W. Gestalt, OE und Systemtheorie. In: Gruppendynamik (1983), 4
Burke W.W. Organization development. Reading 1987
Burke W.W. Die neue Agenda für Organisationsentwicklung. In: OE (1998), 3
Burow O.A. Grundlagen der Gestaltpädagogik. Modernes Lernen. Dortmund 1990
Bushe G.R.; Shani, A.B. Parallel learning structures. Reading 1991
Cohn, R. Von der Psychoanalyse zur Themenzentrierten Interaktion. Stuttgart 1985
Cummings, Th.G. u.a. Organization development and change. Minneapolis 1993
Dalin, P. Organisationsentwicklung als Beitrag zur Schulentwicklung. Paderborn 1986
Dalin, P.; Rolff H.-G. Institutionelles Schulentwicklungsprogramm. Soest 1990
Dannemiller K. Real time strategic change. Handbook for consultants. Ann Arbor 1995
Deal; Kennedy Corporate cultures. San Francisco 1982
Diem-Wille, G. Zusammenarbeit im Lehrkörper. Wien 1986
Emery, M. Search Conference. San Francisco 1996
Fatzer, G.; Jansen, H.H. Gruppe als Methode. Weinheim 1980
Fatzer, G. Ganzheitliches Lernen. Paderborn 1987. – 5. neubearb. Aufl. 1998
Fatzer G. (Hg.) Supervision und Beratung. Köln 1990. – 8. Aufl. 1998
Fatzer G. (Hg.) Organisationsentwicklung für die Zukunft. Köln 1993. – 2. Aufl. 1999
Fatzer G. (Hg.) Organisationsentwicklung und Supervision: Erfolgsfaktoren bei Veränderungsprozessen Köln 1996 (Trias-Kompaß, 1)
Fatzer, G.; Hinnen, P. Supervision, Teamentwicklung und OE als Mittel der Lehrerfortbildung. In: Fatzer, G. (Hg.), Organisationsentwicklung und Supervision: Erfolgsfaktoren bei Veränderungsprozessen. Köln 1996 (Trias-Kompaß, 1), 325–338
Fatzer G. Lernende Organisation. Mythos oder Realität. In: Hernsteiner (1997), 4
Fatzer G. Ansätze zur lernenden Organisation. In: Howaldt, J.; Kopp, R. (Hg.), KVP als Motor lernender Organisation. Köln 1998

Fatzer G. Gestaltansatz der Organisationsberatung: Kurt Lewin und Fritz Perls. In: Fuhr, R. u.a. (Hg.), Handbuch der Gestalttherapie. Göttingen 1999
Fatzer, G.; Rappe-Giesecke, K.; Looss, W. Qualität und Leistung von Beratung. Köln 1999
Fatzer, G.; Massarik, F. Von der Gruppe zur Organisation: Das Vermächtnis von Kurt Lewin. Köln 2001 (i.V.)
Fatzer, G.; Marsick, V. (Hg.) Lernende Organisation zwischen Mythos und Realität. Köln 2000 (Trias-Kompaß, 3) (i.V.)
Fengler, J. Wie Supervisionsprozesse zuende gehen. In: Fatzer, G. (Hg.), Organisationsentwicklung und Supervision: Erfolgsfaktoren bei Veränderungsprozessen. Köln 1996 (Trias-Kompaß, 1), 253–266
Forrester J. System dynamics, Cambridge 1961
Fullan M. Die Schule als lernendes Unternehmen. Stuttgart 1999
Ghory, W. Connecting, the newsletter of the coalition for better schools. Amherst 1992
Giesecke, M.; Rappe-Giesecke, K. Supervision als Medium der Sozialforschung. Frankfurt 1997
Goodlad, J.I. Looking behind the classroom door. Washington 1965
Goodlad, J.I. The dynamics of educational change. New York 1974.
Goodlad, J.I. A place called school. San Francisco 1984
Goodlad, J.I. Teachers for our nation's schools. San Francisco 1990
Hammer M.; Champy J. Reengineering. Frankfurt 1994
Greber, U. u.a. (Hg.) Auf dem Weg zur guten Schule. Weinheim 1991
Hofstede, G. Organisationsentwicklung in verschiedenen Kulturen. In: Fatzer, G. (Hg.), Organisationsentwicklung für die Zukunft, Köln 1993, 327–348
Horster, L. Wie Schulen lernen können. In: Schulmanagement (1991), 2
Isaacs, W.I. Dialog, kollektives Denken und Organisationslernen. In: Fatzer, G. (Hg.), Organisationsentwicklung und Supervision: Erfolgsfaktoren bei Veränderungsprozessen. Köln 1996 (Trias-Kompaß, 1), 181–207
Isenegger, U. Schulen und Schulsysteme. München 1977
Jupp Working paper, Cranfield School of Management 1992
Kim Archetypes and systemic thinking. Boston 1993
Kofman, F.; Senge, P. Gemeinschaften voller Engagement: das Herz der lernenden Organisation. In: Fatzer, G. (Hg.), Organisationsentwicklung und Supervision: Erfolgsfaktoren bei Veränderungsprozessen. Köln 1996 (Trias-Kompaß, 1), 149–179
Kündig, H. Kommunikation und Kooperation in der Schule. Zürich 1979
Lewin, K. Lösung sozialer Konflikte. Bern u.a. 1947
Lippitt, G. und L. Beratung als Prozess. Goch 1980
Looss W. Coaching für Manager. Landsberg 1993
Marsick, V.; Watkins K. Sculpting the learning organization. San Francisco 1990
Marsick, V.; Creating the learning organizations. New York 1994
Marsick, V.; Watkins K. Team learning. New York 1995.
Massarik, F. The legacy of Kurt Lewin. NTL Proceedings 1997. – Dt. Köln 2001 (i.V.)
Morgan, G. Bilder der Organisation. Stuttgart 1997
Morgan G. Imaginization. Stuttgart 1997
Nevis, E. Organisationsberatung – ein gestalttherapeutischer Ansatz. Köln 1988. – 3. Aufl. 1998
Nevis, E. Organisationsentwicklung im Wandel der Zeit: 1930–1990. In: Fatzer, G. (Hg.), Organisationsentwicklung für die Zukunft, Köln 1993, 381–403
Nevis, E.; Bella, T. di How organizations learn. San Francisco 1997

Ouchi Theory Z. New York 1983
Osswald, E. Gestalten statt verwalten. Die lebendige Schule und ihre Schulleitung. 1992
Owen, H. Open space. San Francisco 1997
Pallasch W. Supervision. München 1992
Pedler Das lernende Unternehmen. Frankfurt 1997
Pestalozzianum (Hg.) Jahrbuch 1991: Schulentwicklung, Organisationsentwicklung. Zürich 1992
Philipp, E. Gute Schulen verwirklichen. Weinheim 1992
Philipp, E.; Rolff, H.-G. Schulgestaltung durch OE. Braunschweig 1990
Rani; Bushe Parallel learning systems. Reading 1991
Rappe-Giesecke, K. Supervision. Berlin 1990. – 2. Aufl. 1994
Rappe-Giesecke, K. Der Abschied von den eindimensionalen Methoden – über das Verhältnis von Supervision und Organisationsentwicklung. In: Fatzer, G. (Hg.), Organisationsentwicklung und Supervision: Erfolgsfaktoren bei Veränderungsprozessen. Köln 1996 (Trias-Kompaß, 1), 45–62
Renner-Institut (Hg.) Schulautonomie. Eine Tagung. Wien 1992
Rolff, H.-G. Schule als soziale Organisation. In: Schulmanagement (1991), 2
Roth G. u.a. The auto company. Working paper M.I.T 1996
Roth, G. Car launch. Oxford 1999
Runkel, P. Organizational renewal in a school district. Eugene 1980
Sackmann, S. Organisationskultur als unsichtbare Einflußgröße. In: Gruppendynamik (1983), 4
Sackmann, S. Managing organizational culture. In: Communication Yearbook 1990
Sackmann, S. Cultural knowledge in organizations. London 1991
Sackmann, S. Die lernfähige Organisation: theoretische Überlegungen, gelebte und reflektierte Praxis. In: Fatzer, G. (Hg.), Organisationsentwicklung für die Zukunft, Köln 1993, 227–254
Sackmann, S. Cultur complexity in organizations. London 1997
Sarason, S. The culture of the school and the problem of change. Boston 1971. – 2. ed. 1985
Schein, E. Process consultation. Vol. 1. Reading 1987
Schein, E. Process consultation. Vol. 2. Reading 1988
Schein, E. Organisationsberatung: Wissenschaft, Technologie oder Philosophie? In: Fatzer, G. (Hg.), Supervision und Beratung. Köln 1990, 409–419
Schein, E. Karriereanker. Frankfurt 1992
Schein, E. Unternehmenskultur. Frankfurt 1992. – Originalausg. 1985
Schein, E. Informationstechnologie und Management – passen sie zusammen. In: Fatzer, G. (Hg.), Organisationsentwicklung für die Zukunft, Köln 1993, 41–58
Schein, E. Überleben im Wandel. Frankfurt 1994
Schein, E. Über Dialog, Kultur und Organisationslernen. In: Fatzer, G. (Hg.), Organisationsentwicklung und Supervision: Erfolgsfaktoren bei Veränderungsprozessen. Köln 1996 (Trias-Kompaß, 1), 209–228
Schein, E. Organisationsentwicklung und die Organisation der Zukunft. In: OE (1998), 3
Schein, E. Process consultation revisited. Reading 1999. – Dt.: Prozeßberatung für die Organisation der Zukunft. Köln 2000 (i.V.)
Schmuck, R. The second handbook of OD in schools. Eugene 1977
Senge, P. Die Fünfte Disziplin – die lernfähige Organisation. In: Fatzer, G. (Hg.), Organisationsentwicklung für die Zukunft, Köln 1993, 145–178

Senge, P. Die Fünfte Disziplin. Stuttgart 1996
Senge, P. u.a. Fieldbook zur fünften Disziplin. Stuttgart 1996
Senge, P. u.a. The dance of change: The challenges of sustaining momentum in learning organizations. New York 1999
Shapiro, V. Trendsurfen in den Chefetagen. Frankfurt 1996
Sinclair, R.L. Reaching marginal students. A primary concern for school renewal. New York 1987
Sinclair, R.L. Ziele für die Verbesserung der Lehrerausbildung und Schulentwicklung in den USA. In: Beiträge zur Lehrerbildung (1989), 3 (zit. 1989a)
Sinclair, R.L. Das Letzte zuerst. In: Beiträge zur Lehrerbildung (1989), 3 (zit. 1989b)
Strittmatter, A. Der seminaristische Weg der Primarlehrerausbildung, Lehrerbildung in der Schweiz. In: Beiträge zur Lehrerbildung (1989), 3
Strittmatter, A. Die Schule von morgen ist eine teilautonome, geleitete Schule. In: Beiträge zur Lehrerbildung (1992), 1
Trier, U. Schulforschung und -entwicklung in der Schweiz: Folgerungen für die Lehrerbildung. In: Beiträge zur Lehrerbildung (1989), 3
Tyler, R.W. Improving school effectiveness. Amherst 1992
Vansina, L.S.; Taillieu, T. Business process reengineering oder: Soziotechnisches Systemdesign in neuen Kleidern?. In: Fatzer, G. (Hg.), Organisationsentwicklung und Supervision: Erfolgsfaktoren bei Veränderungsprozessen. Köln 1996 (Trias-Kompaß, 1), 19–44
Weigand, W. Perspektivenwechsel bei der Betrachtung von Trennung und Abschied als Thema der Supervision. In: Fatzer, G. (Hg.), Organisationsentwicklung und Supervision: Erfolgsfaktoren bei Veränderungsprozessen. Köln 1996 (Trias-Kompaß, 1), 267–279
Weisbord, M. Future conference. San Francisco 1992
Wheeler, G. Kontakt und Widerstand. Ein neuer Zugang zur Gestalttherapie. Köln 1994
Womack Revolution in der Automobilindustrie. Frankfurt 1996

Klaus-Dieter Block

Kooperatives Lernen – ein Abend mit Kathy & Norm Green

Im Kontext der PISA-Studie wird nach Möglichkeiten der Verbesserung von Unterricht gesucht. In diesem Zusammenhang ist es hilfreich, Erfahrungen aus anderen Ländern in Betracht zu ziehen und in Bezug auf die Möglichkeiten in deutschen Schulen zu bewerten. In Kanada konnte *Norm Green* mit seinem Konzept des „Kooperativen Lernens" erhebliche Erfolge erzielen. Er entwickelte auf der Basis der Erkenntnisse der amerikanischen Wissenschaftler David und Roger Johnson ein Konzept für den Unterricht, das zu erheblichen Verbesserungen der Schülerleistungen führte und Lehrerinnen und Lehrern effektive und befriedigende Lehrmethoden an die Hand gab.

Gemeinsam mit seiner Frau *Kathy Green* führt *Green* zahlreiche Trainings und Workshops in Deutschland durch.

1. Versuch einer Definition

Kooperatives Lernen bedeutet, dass sich Schülerinnen und Schüler gegenseitig bei der Arbeit unterstützen und gemeinsam zu Ergebnissen gelangen. Dies geschieht in Partner- oder Gruppenarbeit. In gut strukturierten Lerngruppen wird unter Zuhilfenahme von zahlreichen Methoden ein hohes Aktivierungsniveau der Lernenden erreicht mit nachhaltigen Erfolgen im kognitiven Bereich. Problemlöse- und Sozialkompetenz werden gleichermaßen aufgebaut und führen häufig zu einem positiveren Selbstbild der Lernenden. Grundvoraussetzung für die erfolgreiche Arbeit in Gruppen ist das Schaffen eines förderlichen sozialen Klimas mit positiven Abhängigkeiten unter den Gruppenmitgliedern.

2. Begründung für kooperatives Lernen

Bildungsinstitutionen auf der ganzen Welt befinden sich momentan in einem Anpassungsprozess, damit ihre Bildungssysteme den Anforderungen des 21. Jahrhunderts gerecht werden. Das traditionelle Rollenverständnis der Lehrer betrachtet die Schüler lediglich als Wissenskonsumenten, während die Lehrer das Wissen vermitteln. Dieses Verständnis wird inzwischen von der Sichtweise abgelöst, dass die Schule förderliche soziale Lerngelegenheiten schaffen muss, in denen Schüler kooperieren und zusammenarbeiten können, um Wissen aufzubauen und Probleme zu lösen. Der Erfolg solcher Ansätze hängt also davon ab, inwieweit ein kooperatives Unterrichtsumfeld entsteht.

Darin sind die Schüler dazu angehalten, eine aktivere Rolle im Lernprozess einzunehmen, und den Lehrern kommt die Aufgabe zu, ein Lernumfeld zu schaffen, das diesen Prozess unterstützt.

Die Betonung eines kooperativen Lernansatzes wird in einer immer stärker diversifizierten Welt noch bedeutender. In unserer pluralistischen Gesellschaft ist die Fähigkeit zur Zusammenarbeit und die Fähigkeit, Unterschiede anzuerkennen und zu akzeptieren, unabdingbar, und die Lernenden sollten in ihrem Lernprozess einen Sinn für Zugehörigkeit, Toleranz und Respekt füreinander entwickeln. Der Lernprozess wird dadurch genauso wichtig wie das Ergebnis, und der Lehrer und die Schüler arbeiten gemeinsam daran, ein Lernumfeld zu schaffen, in dem unabhängige Einzelpersonen gemeinsam kooperative Aufgaben bearbeiten. Ein solcher Lernprozess ermöglicht es dem Lehrer, in einer Zeit abnehmender Ressourcen genau jene äußerst wertvollen Ressourcen zu nutzen, die vorhanden sind – die Schüler. Um die gewünschten Ergebnisse des Lernens zu erreichen, strukturiert der Lehrer die Lernumgebung so, dass positive Abhängigkeiten betont werden und der Gebrauch verschiedener Sozialkompetenzen gefördert wird.

Kooperatives Lernen beteiligt die Schüler an einem aktiven, schülerorientierten Lernprozess, in dem Problemlösungsstrategien und langfristige Lernstrategien entwickelt werden. Diese werden benötigt, um den Herausforderungen des (Berufs-)Lebens in unserer komplexen Welt zu begegnen.

David und Roger Johnson von der University of Minnesota haben 780 Untersuchungen durchgeführt, die das Konzept des kooperativen Lernens stützen. Hier vier zentrale Ergebnisse: zunehmende Leistung, zunehmendes Selbstwertgefühl, größere Akzeptanz von Unterschieden und eine Zunahme der positiven Einstellungen. Bruce Joyce von der University of California hat 1985 eine Analyse von 80 Lehrmethoden durchgeführt. In seinem Buch „Models of Teaching" stellt er fest, dass sich dabei das kooperative Lernen als die beste Methode zur Verbesserung von Schülerleistungen herausgestellt hat.

3. Was ist kooperatives Lernen konkret?

Kooperatives Lernen ist eine persönliche Philosophie, nicht nur eine Unterrichtsmethode. In allen Situationen, in denen Menschen in Gruppen zusammenkommen, stellt es einen Weg dar, in dem Menschen mit Respekt behandelt werden, und hebt die individuellen Leistungen und Beiträge der Gruppenmitglieder hervor. Die Voraussetzung des Kooperativen Lernens basiert auf Konsensbildung durch Kooperation der Gruppenmitglieder im Gegensatz zu Wettbewerb, bei dem Individuen die anderen Gruppenmitglieder übertreffen. Diejenigen, die *Kooperatives Lernen* benutzen, setzen diese Philosophie in ihrem Unterricht, bei Konferenzen, bei Gemeindetreffen und in anderen Lebensbereichen ein, in denen sie mit Menschen zu tun haben (Panitz 1997).

Als Pädagogik beinhaltet *Kooperatives Lernen* ein ganzes Spektrum an Lernübungen, in denen Schülergruppen innerhalb und außerhalb der Klasse zusammenarbeiten. Es kann so einfach und informell erfolgen wie Partnerarbeit beim *Think-Pair-Share-Verfahren*, bei dem Schülerinnen und Schüler eine Frage individuell überdenken, ihre Ideen mit einem anderen besprechen, um eine gemeinsame Antwort zu formulieren, die sie dann mit der ganzen Klasse teilen, bis hin zu dem eher formell strukturierten Prozess, der von Johnson und Johnson (Johnson, Johnson & Holubec 1990) als Kooperatives Lernen definiert wurde.

Fogarty and Bellanca (1992) heben die Reaktion von Lehrerinnen und Lehrern hervor, nachdem sie kooperative Lernstrategien in ihren Unterricht implementiert haben, wenn sie sagen, „Erstaunlicherweise und nahezu automatisch wird, sobald die philosophische Wende erfolgt und Lehrerinnen und Lehrer anfangen, kooperatives Lernen in ihren Unterricht zu integrieren, der Beweis für erhöhte Schülermotivation so überwältigend sichtbar, dass Lehrerinnen und Lehrer ermutigt werden, mehr zu tun. Dieser Aspekt gilt für Lehrerinnen und Lehrer und Schülerinnen und Schüler gleichermaßen und innerhalb kürzester Zeit wird die ‚neue Unterrichtsform' zur Norm im Unterricht. Zu dem Zeitpunkt ist dann die Neuigkeit des Modells keine Herausforderung mehr. Die Herausforderung besteht nunmehr darin, die angemessenste interaktive Planung für ein bestimmtes Unterrichtsziel zu finden; sie besteht darin, einen Plan zu erstellen, bei dem der endgültige Fokus beim Lernenden liegt und nicht beim Unterweisenden" (ebd. S.84).

Die Autoren zeigen weiterhin Folgendes auf: „Der begabte Lehrer benutzt zunehmend motivierende interaktive Übungen. Wenn die Schülerinnen und Schüler mehr und mehr sozial kompetent werden, werden die Übungen nach Angemessenheit ausgesucht. Anfangs jedoch werden die Übungen vorsichtig in den Unterricht eingeschleust, um die Schülerinnen und Schüler mit den unterschiedlichen Interaktionsformen vertraut zu machen und sie an die Beteiligung an der Lernsituation heranzuführen" (ebd. S.86).

4. Merkmale Kooperativen Lernens

Im *Unterschied zu traditioneller Gruppenarbeit* basieren Kooperative Lerngruppen auf positiver Abhängigkeit zwischen den Gruppenmitgliedern. Die Ziele werden strukturiert, so dass die Schülerinnen und Schüler sich um die Leistung aller Gruppenmitglieder so kümmern müssen wie um ihre eigenen.

Es gibt eine klare individuelle Verantwortlichkeit, wobei die Bewältigung des zugewiesenen Materials durch jeden Schüler erwartet wird; jedem Schüler/jeder Schülerin wird Rückmeldung über seinen/ihren Fortschritt gegeben; und der Gruppe wird Rückmeldung gegeben, welche Fortschritte jedes einzelne Mitglied macht. Die Mitgliedschaft ist für gewöhnlich heterogen in Bezug auf Fähigkeiten und persönliche Merkmale. Alle Mitglieder teilen Verantwortung bei der Übernahme von Leitungsfunktionen und es gibt keinen formalen Leiter. Die Verantwortung für die Leistungen der jeweiligen Mitglieder wird geteilt. Von Gruppenmitgliedern wird erwartet, dass sie sich gegenseitig Hilfe zur Verfügung stellen und ermutigen, um sicherzustellen, dass alle Mitglieder die zugeteilte Arbeit machen.

Die Ziele der Schülerinnen und Schüler konzentrieren sich sowohl darauf, die Lernerfolge jeden Mitglieds zu maximieren als auch darauf, gute Arbeitsbeziehungen zwischen den Mitgliedern aufrecht zu halten. Die sozialen Fertigkeiten (z. B. Leiten, Kommunizieren, Vertrauensbildung und Konfliktmanagement), die die Schülerinnen und Schüler brauchen, um zusammen zu arbeiten, werden direkt gelehrt.

Der Lehrer/die Lehrerin beobachtet die Gruppen, analysiert die Probleme, die sie bei der Zusammenarbeit haben, und gibt jeder Gruppe Rückmeldung darüber, wie gut sie zusammenarbeiten.

Kooperative Lerngruppen	Traditionelle Lerngruppen
positive Abhängigkeit	keine positive Abhängigkeit
individuelle Verantwortlichkeit	keine individuelle Verantwortlichkeit
heterogene Zusammensetzung der Gruppe erwünscht bzw. verstärkt	homogene Zusammensetzung
geteilte Führung	ein ausgewählter Leiter
Betonung von Aufgaben & Beziehungen	Betonung von Aufgaben
direkte Vermittlung von Sozialkompetenzen	Sozialkompetenz wird vorausgesetzt oder ignoriert
Lehrer beobachtet die Gruppen und interveniert	Lehrer ignoriert die Gruppe
Evaluation / Prozess-Reflexion durch die Gruppe	keine Evaluation / Prozess-Reflexion durch die Gruppe

Tabelle 1: Lerngruppenvergleich[1]

5. Fünf grundlegende Elemente des kooperativen Lernens

Effektives Lernen in kleinen Gruppen zu ermöglichen bedeutet, den Mitgliedern der Gruppe begreifen zu helfen, wie wichtig Zusammenarbeit und unterstützende Interaktion ist. Dies kann erreicht werden, wenn *fünf grundlegende Elemente* in die Struktur des Lernens in Kleingruppen eingebracht werden:

Kooperatives Lernen – ein Abend mit Kathy & Norm Green

1. Positive Abhängigkeit („Gemeinschaftsgefühl")
… tritt auf, wenn alle Mitglieder einer Gruppe sich miteinander darin verbunden fühlen, ein gemeinsames Ziel erreichen wollen. Damit die Gruppe Erfolg haben kann, muss jeder Einzelne erfolgreich sein.
2. Individuelle Verantwortungsübernahme
… tritt auf, wenn jedes Mitglied einer Gruppe dafür verantwortlich ist, die Lernleistungen der Gruppe unter Beweis zu stellen.
3. Evaluation / Prozess-Reflexion durch die Gruppe
… tritt auf, wenn Gruppenmitglieder ihre gemeinsam Anstrengungen beurteilen und Verbesserungen anstreben.
4. Soziale Fähigkeiten
… werden gelernt, wenn jeder der Reihe nach spricht, andere ermutigt usw. (z. B. jeder spricht der Reihe nach, ermutigt andere, hört zu, hilft, klärt Probleme, fragt Verständnis ab und forscht). Fähigkeiten im Bereich des menschlichen Umgangs miteinander ermöglichen es Gruppen, effektiv zu funktionieren. Solche Fähigkeiten fördern Kommunikation, Vertrauen, Führungsqualitäten, Entscheidungsfreudigkeit und Konfliktmanagement.
5. Direkte Interaktion („von Angesicht zu Angesicht")
… tritt auf, wenn sich Gruppenmitglieder in solch unmittelbarer Nähe zueinander befinden und so miteinander reden, dass dauerhafter Fortschritt gefördert wird.

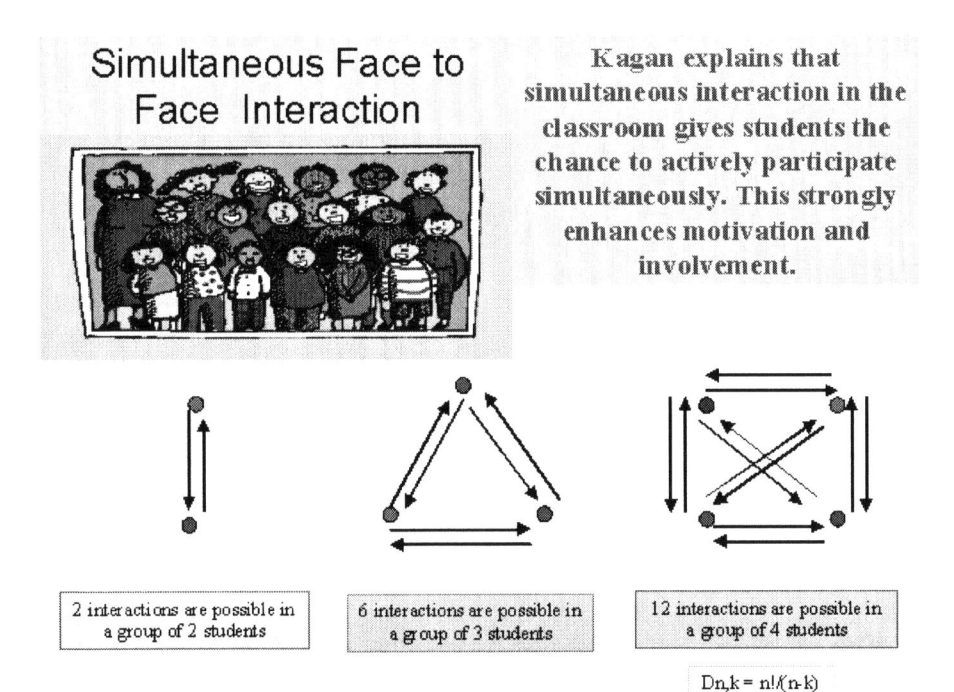

Simultaneous Face to Face Interaction

Kagan explains that simultaneous interaction in the classroom gives students the chance to actively participate simultaneously. This strongly enhances motivation and involvement.

2 interactions are possible in a group of 2 students

6 interactions are possible in a group of 3 students

12 interactions are possible in a group of 4 students

$D_{n,k} = n!/(n-k)$

Abb. 1: direkte Interaktion

6. Kooperatives Lernen und erzieherische und unterrichtliche Notwendigkeiten nach PISA

Dem Verhaltensrepertoire von Lehrern Kooperatives Lernen hinzuzufügen, hilft, den erzieherischen und unterrichtlichen Prioritäten zu entsprechen, die im Rahmen der PISA-Studie für erfolgreiches Lernen im 21. Jahrhundert benannt wurden.

Notwendigkeiten nach PISA	Kooperatives Lernen
Zielerreichung und Erwerb von Leistungen Standards für den unterrichtlichen Erwerb fundamentaler Fertigkeiten wie Lese- und Rechenfertigkeiten für alle erarbeiten und bessere Ergebnisse bei nationalen Leistungsmessungen, inklusive Examensergebnissen, erreichen;	In allen Hauptfächern, in allen Jahrgangsstufen und in allen Schultypen in vielen Ländern hat es Studien zu den Lerneffekten des Kooperativen Lernens mit positivem Ergebnis gegeben. Die Frage ist – weshalb? Wenn Schülerinnen und Schüler in Gruppen arbeiten und sich mündlich ausdrücken, zeigen sich drei Vorteile: 1. Die fortgeschritteneren Schülerinnen und Schüler zeigen angemessene Wege, wie sie ein Problem angehen, wie sie inhaltlichen Stoff verarbeiten, Argumente formulieren und Rechtfertigungen für ihr Vorgehen geben. Dadurch, dass sie von Gleichaltrigen befragt werden, wird den Schülerinnen und Schüler die Art des Denkens, das sie benutzen, bewusst. 2. Nicht ein Einzelner denkt isoliert mit nur geringem Zuwachs über ein Problem nach, sondern eine Gruppe betrachtet es aus einer breiteren Perspektive heraus und findet mehr Möglichkeiten für Lösungen als eine einzelne Person es könnte. 3. Indem unterschiedliche Aspekte einer Problemlösung diskutiert und die besseren Schülerinnen und Schüler befragt werden können, können die schwächeren Schülerinnen und Schüler am Problemlösen teilhaben und schließlich lernen, auch ohne die Hilfe der Peers ihre Probleme zu lösen. Nelson LeGall zeigt Folgendes auf: „Die einzelnen Schülerinnen und Schüler gelangen durch Ermutigung durch eine Gruppe dahin, neue und aktivere Wege auszuprobieren und sich durch soziale Unterstützung und soziale Belohnung, selbst für nur teilweise erfolgreiche Leistungen, als fähig zur Mitarbeit zu betrachten". (LeGall 1992, S. 63)

Rahmenbedingungen für Lernen Die Fähigkeiten der Lehrerinnen und Lehrer und die Selbstdisziplin von Schülerinnen und Schüler unterstützen und entwickeln, die schulische Umgebung so anreichern, dass sie dem Lehren und Lernen zuträglich ist;	Kooperative Lernparadigmen stellen eine Lebensphilosophie wie auch eine Lernstrategie dar. Kooperatives Lernen besagt, dass, wann immer Menschen in Gruppen zusammen kommen, ihren Bedürfnissen am besten gedient wird, wenn sie kooperativ zusammenarbeiten, um ihre Ziele zu erreichen, anstatt Konkurrenz unter den Gruppenmitgliedern zu nutzen, um Probleme zu lösen. Kooperative Lernenparadigmen beinhalten die Philosophie einer Lerngemeinschaft. (Hertz-Lazarowitz 1992)
Gleichheit und Einbeziehen Gleichheit fördern und jedem Schüler helfen, vom Unterricht zu profitieren, bei besonderer Beachtung der Schülerinnen und Schüler, die die Schule abzubrechen drohen, die behindert sind oder besondere erzieherische Aufmerksamkeit benötigen;	Kooperatives Lernen ist mittlerweile eine akzeptierte Unterrichtsmethode, die Lernen und Leistungen in allen Fächern fördert (Cohen, 1994). Es ist erfolgreich benutzt worden, um Lernleistungen und kooperatives Schreiben (Dale 1995; Zammuner 1995), Problemlösen im Mathematikunterricht (Webb & Farivar, 1994), Leseverständnis (Stevens & Slavin 1995a) und begriffliches Verständnis in Naturwissenschaften (Lazarowitz & Karsenty 1990) zu fördern. Im emotionalen Bereich fördert es die Eingliederung in die Gemeinschaft und positive Schülerinteraktionen (Jordan & Le Matais 1997; Shachar & Sharan, 1994) und verbessert die Einstellung zum Lernen (Fox 1989; Sharan & Shaulov 1990). Desweiteren beeinflusst Kooperatives Lernen die Akzeptanz von behinderten Kindern durch nichtbehinderte Kinder (Madden & Slavin 1983; Slavin, Madden & Leavey 1984), und es fördert Kleingruppen-Interaktionen und Unterricht von Schülerinnen und Schüler mit Autismus und Entwicklungsstörungen (Kamps, Dugan, Leonard & Daoust 1994)
Werte und Bürgerrecht Mit Eltern arbeiten, um Schülerinnen und Schülern Respekt vor sich selbst und anderen und ihre Abhängigkeit von Mitgliedern aus der Nachbarschaft und der Gesellschaft zu lehren und ihnen die Pflichten und Verantwortung der Staatsbürger in einer demokratischen Gesellschaft beizubringen.	Kooperatives Lernen hilft Bevölkerungsmehrheiten und -minderheiten (unterschiedliche ethnische Gruppen, Männer, Frauen, traditionsgebundene und nicht-traditionsgebundene Schüler), in einer Klasse miteinander arbeiten zu lernen (Felder 1997, Johnson & Johnson 1972). Untersuchungen zur Effektivität des Gebrauchs des Kooperativen Lernens bei Schülerinnen und Schülern unterschiedlicher ethnischer Hintergründe.

	haben ergeben, dass viele Vorteile von dieser Methode ausgehen (Slavin 1980). Weil Schülerinnen und Schüler regelmäßig und unter Anleitung aktiv beim Erforschen von Themen und miteinander Interagieren einbezogen werden, sind sie in der Lage, ihre Unterschiede zu verstehen und zu lernen, wie aufkommende soziale Probleme gelöst werden können. (Johnson & Johnson 1985b).
Lernen fürs Leben Schülerinnen und Schüler mit grundlegenden Fertigkeiten, Einstellungen und Erwartungen ausstatten, die notwendig sind, eine Gesellschaft zu verändern und Kreativität und Ehrgeiz unterstützen.	Der ganze Schwerpunkt des Kooperativen Lernens liegt darauf, Schülerinnen und Schüler aktiv in den Lernprozess einzubeziehen. Wann immer zwei oder mehr Schülerinnen und Schüler versuchen, ein Problem zu lösen oder eine Antwort auf eine Frage zu finden, werden sie in einen Prozess erklärenden Lernens einbezogen. Sie interagieren miteinander, tauschen Ideen und Informationen aus, suchen zusätzliche Informationen aus, treffen Entscheidungen über die Arbeitsergebnisse und präsentieren der ganzen Klasse ihre Ergebnisse (Slavin 1990). Kooperatives Lernen betrachtet Lernen aus einer schülerzentrierten Philosophie heraus, um die Schülerinnen und Schüler zu ermutigen, Verantwortung für ihr Lernen zu übernehmen, indem die Schülerinnen und Schüler in den Unterricht einbezogen und ermutigt werden, auch außerhalb des Unterrichts zu kooperieren. Der Lehrer dient eher als Ressource und Helfer denn als Experte. Es ist keine passive Rolle für den Lehrer. Kooperatives Lernen erfordert ein großes Maß an Planung und Vorbereitung auf Seiten des Lehrers, um Übungen zu finden, die helfen, die Schülerinnen und Schüler durch den Unterrichtsstoff zu führen. Das Ziel besteht darin, die Schülerinnen und Schüler auf das Niveau des Lehrers zu heben und in ihnen die hohe Erwartungshaltung zu schaffen, dass sie die Fähigkeit haben, Wissen eigenständig zu erwerben. (Felder 1997)

Tabelle 2: PISA - Kooperatives Lernen[2]

7. Die auf Kooperatives Lernen ausgerichtete Schule

7.1 Sechs Ebenen Kooperativen Lernens

7.1.1 Schüler–Lernen

Die Schülerinnen und Schüler sind der Mittelpunkt unserer Arbeit. Wir müssen jede Art von Anstrengung machen, um ihre Erwartungen und Lernbedürfnisse zu ermitteln. Die Schülerinnen und Schüler haben ein Recht darauf, in einer sicheren, konstruktiven Lernumgebung zu lernen und haben die Verantwortung, wenn sie in die Planung und Bewertung ihrer Arbeit einbezogen werden. Schülerinnen und Schüler sollten in der Lage sein, auf vielfältige Art und Weise zu demonstrieren, was sie gelernt haben. Die Vorführung vor der Klasse, wie Ideen in neuen Zusammenhängen realisiert werden könnten, geben den Lehrerinnen und Lehrern einen Einblick darin, was die Schülerinnen und Schüler gelernt haben und zeigen auf, warum die Lehrerinnen und Lehrer diesen Lernstoff vermittelt haben.

Diese Information kann dazu dienen, die nächsten Schritte im Lernprozess zu planen. Lernergebnisse können auch in weiteren Arten von Ergebnissen abgelesen werden; zum Beispiel:

- Abschneiden bei Lernstands-Erhebungen
- Rückmeldungen über Zufriedenheit von Schülerinnen und Schülern und Eltern
- Sichtweisen des Kollegiums
- Selbstevaluation auf Schulebene

Mit welcher Methode auch immer wir das Ergebnis von Erziehungsprozessen messen, bleibt doch die Einsicht wichtig, dass wir diese Ergebnisse auch analysieren müssen, so dass die entscheidenden nächsten Schritte zur Verbesserung der Leistungen ermittelt werden können.

7.1.2 Lehrer–Lernen

In einer lernzentrierten Schule ist das Kollegium die wertvollste Ressource. Darin zu investieren ist entscheidend, um die Effektivität des Unterrichts zu erhöhen. Diese Männer und Frauen helfen dabei, die Bürger von morgen, die aktiv am Geschehen der zukünftigen Gesellschaft teilhaben können, mit Wissen, Fähigkeiten, Haltungen und Werten auszustatten. Die Schule, die sich auf ihre Lehrerinnen und Lehrer konzentriert, und damit auch auf ihre Schülerinnen und Schüler, hält ein Klima aufrecht, das Vertrauen bildet. Vertrauen ist wesentlich für engagierte Mitarbeit des Kollegiums und für persönliches und professionelles Wachstum und gute Leistungen. Ohne Vertrauen leiden die Beziehungen im Unterricht. Lehrer-Schüler-Beziehungen beruhen dann ebenfalls nicht auf Vertrauen und die Schülerinnen und Schüler haben Probleme, an bedeutungsvollem Lernen teil zu haben.

Lehrerinnen und Lehrer müssen die Notwendigkeit der ständigen Erweiterung ihres Repertoires zu schätzen wissen. Befähigte und fortgebildete Menschen schaffen eine leistungsfähige Organisation. Lehrerfortbildung muss mit der Erwartung des Systems, den Erwartungen und Bedürfnissen der Schule und den Bedürfnissen der Schülerinnen und Schüler verbunden sein und sie muss den Anforderungen des Lernens von Erwachsenen gerecht werden.

Fortdauernde Entwicklung von Fähigkeiten muss die Unterstützung von Gruppenleitern erfahren, die den Einsatz dieser Methoden im Unterricht verstärken und fördern. Nach einem Basistraining müssen Schulen Lernen so organisieren, dass die Mitglieder selbst Verantwortung für ihr Weiterlernen übernehmen und weitere Fortbildung nur als Chance zu erweitertem Lernen nutzen.

Letztlich muss das Kollegium in die Entscheidungen bezüglich seiner Arbeit einbezogen werden. Durch diese Beteiligung werden Engagement und Identifikation und die Bereitschaft, sich den Herausforderungen an Schule zu stellen, geweckt. Dies setzt natürlich voraus, dass Kollegium und Schülerschaft die richtigen Fertigkeiten besitzen, um mit den Aufgaben konstruktiv umzugehen. Wenn dies nicht der Fall ist, können große Schwierigkeiten auftreten.

7.1.3 Kooperative Planung von Schule

Vorgesetzte im erzieherischen Kontext, die Bestleistungen auf allen Ebenen ihrer Organisation fördern möchten, kennen sich mit der Bedeutung von Planung auf der Mikro- und Makroebene aus. Auf der Makroebene müssen Erziehungspersonen zusammenarbeiten, um einen strategischen Organisationsplan zu entwickeln. Dieser Plan identifiziert jene Aufgaben, die die Organisation einvernehmlich bearbeiten will. Es ist wichtig, dass jeder in der Organisation Teil dieses Entwicklungsprozesses wird und nach Vollendung auch an der Realisierung der Ziele dieses Plans mitarbeitet. Auf der Mikroebene entwickeln Schulen ihre Pläne. Diese enthalten drei Schlüsselelemente:

- Als erstes erfasst er die Bedürfnisse und Erwartungen der Schülerinnen und Schüler und der Schulgemeinschaft.
- Als zweites setzt er auf konkreter und spezifischer Ebene die Er wartungen des Systemplans um und
- Er berücksichtigt die Bedürfnisse von Lehrerinnen und Lehrern und anderen Erziehungspersonen.

Lehrerinnen und Lehrer planen zu gegebener Zeit ihr Lehren und Lernen um diese ermittelten Ziele herum. Organisationen, die nicht vorankommen, haben ihre Ziele und Wertvorstellungen nicht an den Schulplan angepasst.

Anpassung bedeutet in diesem Zusammenhang nicht, dass alle gleich denken müssen. Es bedeutet vielmehr, dass das Bedürfnis nach einer klaren Vereinbarung über die Prioritäten und die Handlungen, die zu deren Erreichung führen, anerkannt wird.

Jede Schule und jeder Schulbezirk muss Prozesse entwickeln, die sicherstellen, dass Schülerinnen und Schüler erfolgreich arbeiten und dass ihre Anstrengungen zu ständiger Verbesserung führen. Transparenz ist entscheidend. Es ist wichtig, dass in einer Organisation jeder die Prozesse von Veränderung und Wachstum versteht, die dazu führen, dass Schülerinnen und Schüler bessere Leistungen erbringen.

7.1.4 Leitung

Leitung ist in allen Erziehungssystemen bedeutsam für die Entwicklung von lern-zentrierten Schulen. In einer Organisation, die sich zu entwickeln wünscht, müssen Lehrerinnen und Lehrer über Wissen und Fertigkeiten verfügen, um kontinuierlich die Anstrengungen aller zu verbessern. Im Zentrum dieser Anstrengungen steht das Bedürfnis, Beziehungen zwischen unterschiedlichen Gruppen, die mit der Erziehung der Schülerinnen und Schüler zu tun haben, und denen, die Erziehung unterstützen, aufzubauen. Eine klare Vision mit dem Blick auf kontinuierliche Verbesserung bereitet das Feld für das Bilden solcher Beziehungen. Zusätzlich müssen Schulleiter ständig die moralischen Ziele, die Erzieher inspirieren und motivieren, bestärken. Das Verständnis dieser starken moralischen Verpflichtungen geht ohne die Fähigkeit mit Veränderung umzugehen, Zusammenhalt herzustellen und Wissen zu fördern, ins Leere. Leiter in einer lernzentrierten Schule beziehen sowohl Lehrerinnen und Lehrer ein als auch jene, die anderweitig für Erziehung zuständig sind. Sie sind oder werden eine Lerngemeinschaft.

7.1.5 Eine Lerngemeinschaft, die Engagement erzeugt

Eine lernzentrierte Schule bezieht auch die Eltern ein. Wenn sie abseits von der Schule stehen und keinen direkten Kontakt zueinander haben, kann die Schule die sozialen Ressourcen nicht nutzen, um die Bedingungen für Wachstum und ein sie umgebendes Werteklima zu schaffen. In einer Zeit, in der die erweiterte Familie eine geringere Rolle im Leben der Jugendlichen spielt, und die Medien den Platz der arbeitenden Eltern eingenommen haben, wird aktivere Mobilisierung der Eltern nötig, um den sozialen und normativen Lebensraum der Schülerinnen und Schüler im persönlichen und schulischen Bereich zu stärken.

Um gut zu funktionieren, ist es für Schulen nicht nur wichtig, dass die Lernenden sich untereinander kennen, die Eltern müssen einander und die Kinder der anderen ebenfalls kennen. Dies ist wichtig, wenn sie in der Lage sein sollen, gemeinsame Standards für die Aktivitäten und das Verhalten ihrer Kinder zu entwickeln. Die Schule muss – mit dem Rückhalt und der Mitarbeit der Eltern – die Erziehung der Kinder vervollständigen und sie muss die Eltern in die Entwicklung eines Schulklimas und die Anbindung an die Gemeinde einbeziehen.

Die Gemeinde mit all ihrer natürlichen Umgebung und Industrie ist selbst ein wesentlicher Teil der schulischen Lernumgebung. Die Jugendlichen erhalten Impulse und Erfahrungen aus ihrer eigenen Gemeinde, die die Schule in die Umsetzung der Richtlinien einbeziehen muss. Für technische Fertigkeiten sind Praktika wichtig; die Vorbereitung auf das Arbeitsleben sollte im Arbeitsleben erfolgen. Nichts desto trotz muss die Schule in der Regel den Kontakt mit der Außenwelt suchen. Die Schule soll als aktive Energie- und Kulturquelle für die örtliche Gemeinde dienen und nicht nur den Kontakt zwischen Erwachsenen und Kindern herstellen, sondern auch zu örtlichen Diensten und der Industrie.

7.1.6 Ständige Befragungen und Datenanalyse

Es ist wichtig, dass eine Erziehungsorganisation Daten und Informationen sammelt, bearbeitet und analysiert, um die Gesamtleistungen zu verbessern. Anders formuliert: in den besten Schulen und Klassen wird Information benutzt, um Handlungen in Gang zu setzen. Dadurch, dass sie Daten und Informationen als strategische Mittel benutzen, nutzen effektive Leiter wirksam den Vergleich. Zuerst vergleichen sie die aktuellen Leistungen innerhalb der Organisation mit Zielen und Plänen. Außerdem vergleichen sie ihre Schulen mit anderen in Bezug auf die Qualität ihrer Leistungen und Probleme im Leistungsbereich.

Die Analyse von Datensätzen von allen an Schule Beteiligten ist bedeutend geworden. Individuen fürchten, was sie nicht kennen. Ängstliche Individuen können ein effektiv betriebenes Datenmanagement unterminieren. Um dies zu handhaben, müssen Leiter glauben und durch ihr Verhalten vermitteln, dass der Zweck der Datenerhebung darin liegt, bessere Entscheidungen zu treffen und nicht darin zu bestrafen. Effektive Organisationen willigen ein, Informationen und Einsichten von anderen anzunehmen, insbesondere von denen aus der Welt-Spitzenklasse. Von anderen Schulen zu lernen kann zu Quantensprüngen an Verbesserung führen.

8. Veränderung des Kontextes – Möglichkeiten der Schulleitung, Veränderungen herbeizuführen

Die Aufgabe von Schulleitung ist es, Veränderungen in Schulen zu initiieren und die Kolleginnen und Kollegen bei diesen Veränderungsprozessen zu unterstützen.

Jeder Kontext ist veränderbar. Die Aufgabe der Schulleitung ist es demnach, zu helfen den Kontext zu ändern – neue Elemente in eine Situation einzubringen, die dazu bestimmt sind, Verhalten positiv zu beeinflussen. Kontext ist genauso wichtig wie der biographische Hintergrund oder die Persönlichkeit, die Menschen in eine Situation einbringen – wenn nicht sogar wichtiger. Häufig zählen bei Kontextveränderungen schon die kleinen Dinge. Der Ansatzpunkt, um den Kontext zu ändern, liegt also nicht darin, die externen Rahmenbedingungen zu verändern; es ist die unmittelbare Situation, die verändert werden muss.

Verändere die Situation und du hast eine Chance, das Verhalten der Leute in kurzer Zeit und darüber hinaus zu ändern. Wenn man das Verhalten und die Einstellungen der Menschen verändern will, so ist es notwendig, um die Menschen herum eine Gemeinschaft zu bilden, in der neue Einstellungen praktiziert, verdeutlicht und genährt werden.

Die Stärke des Kontextes wird für gewöhnlich als mächtige Einschränkung angesehen – als eine gegebene Tatsache, gegen die man nicht viel ausrichten kann. Der Schlüssel zur Veränderung sind neue Erfahrungen. Demzufolge besteht die Rolle des Leiters darin, einen Prozess in Gang zu setzen, der Folgendes leistet:

– Den Leuten hilft Möglichkeiten und Situationen zu erkennen.
– Etwas Neues zu vermitteln, das die Gefühle anspricht.
– Emotional aufgeladene Ideen nutzt, um Verhalten zu ändern oder verändertes Verhalten zu verstärken.[3]

Anmerkungen

[1] Quelle: Barrie Bennett, Carol Rolheiser, and Laurie Stevahn (1991). Where Heart Meets Mind. Educational Connections, Toronto, Ontario)

[2] Quelle: Salvin, R. E. (1995). Research on Cooperative Learning and Achievement: What We Know, What We Need to Know. Center for Research on the Education of Students Placed at Risk. Johns Hopkins University.

[3] Die oben aufgeführten Gedanken entstammen der Powerpoint-Präsentation des Vortrags zum 7. Heidelberger Dienstagsseminar von Kathy & Norm Green am 1.2.2005. Weitere Ergänzungen sind im Internet zu finden unter: http://www.learn-line.nrw.de/angebote/greenline (12.4.2005) und http://www.learn-line.nrw.de/angebote/greenline/lernen/entwi/sl_schritte.html (11.4.2005).

Barbara Koch-Priewe

Schulprogramme zur Mädchen- und Jungenförderung – aktuelle Folgerungen für eine geschlechterbewusste Schule

Das oben genannte Thema des vorliegenden Beitrags geht auf eine gleichnamige Buchveröffentlichung aus dem Jahr 2002 zurück. In diesem von mir herausgegebenen Werk haben Lehrerinnen und Lehrer aus unterschiedlichen Bundesländern und Schulstufen darüber berichtet, wie die eigene Schule zu einer „geschlechterbewussten Schule" geworden ist und welche konkreten Fördermaßnahmen für Mädchen und Jungen im beschlossenen Schulprogramm der jeweiligen Schule festgelegt worden sind (Koch-Priewe 2002). Vorgeschichte dieses Buches war ein früheres Werk mit dem provokanten Titel „Schulentwicklung geht von Frauen aus", in dem wir u.a. durch Rückgriff auf historische Analysen nachweisen konnten, dass gerade im 19. Jahrhundert bei dem Kampf der Mädchen um Zulassung zu den Gymnasien oder Universitäten durch vorwegnehmende Selbstorganisation im privaten Kreis quasi „Fakten" geschaffen wurden, die dann später durch Politik und Administration offiziell akzeptiert und dann auch rechtlich legitimiert worden sind (Fischer u.a. 1996). Dies war eine Begründung von mehreren für das Motto des Buches. Von vielen LehrerInnen wurden wir in anschließenden Diskussionen gebeten, doch aktuelle Beispiele für erfolgreiche Arbeit mit Jungen und Mädchen in der Schule vorzulegen und den Einzelschulen Hilfen für eine entsprechende Arbeit zu geben. Das dann entstandene Buch mit dem in der Überschrift genannten Titel versucht diesem Wunsch nachzukommen und stellt Erfahrungsberichte von solchen LehrerInnen in den Mittelpunkt, die in der Praxis an der Schulprogrammentwicklung im Bereich Mädchen- und Jungenförderung aktiv beteiligt waren.

Im *ersten* Abschnitt dieses Beitrags gehe ich auf die Rahmenbedingungen für Schulentwicklungsprozesse von Einzelschulen ein, die sich mit dem Thema Gender beschäftigen. Im *zweiten* Abschnitt illustriere ich die Ergebnisse unserer Recherchen zur Existenz genderbezogener Programme an Schulen der BRD durch Beispiele. Im *dritten* Abschnitt reflektiere ich, worin vermutlich förderliche oder hemmende Bedingungen für eine genderorientierte Schulprogrammarbeit liegen. Im Ausblick (*vierter* Abschnitt) ziehe ich aus der nach PISA aktuell gewordenen Diskussion um mögliche „schulische Nöte" der Jungen Konsequenzen für notwendige aktuelle Ergänzungen der Schulprogrammarbeit.

1. Rahmenbedingungen:
Schulentwicklung und genderorientierte Pädagogik

Mit Schulentwicklung bezeichnete man in den letzten Jahren vor allem die Prozesse der Einzelschulen, die sich zur Aufgabe gemacht hatten, ihre Pädagogik und die schulischen Angebote zu reformieren, zu innovieren und zu optimieren; einmal im Sinne von mehr Effektivität und zum Zweiten im Hinblick auf die Verwirklichung von zentralen Zielen wie Demokratisierung und Humanisierung von Schulen. Dass zur Schulentwicklungsdiskussion auch die Frage der Qualitätsentwicklung gehört, ist inzwischen selbstverständlich geworden. Allerdings kann sich die Bestimmung von *Qualität von Schulen* nicht nur auf die Durchführung von z. B. „Vergleichsarbeiten" der SchülerInnen beschränken. Qualität von Schule hat noch weitere Dimensionen. Besonders durch die Diskussion um das auf der Weltfrauenkonferenz 1995 in Peking beschlossene weltweite Prinzip des *„gender mainstreaming"* wurde noch einmal deutlich, dass eine Ebene der Qualitätsverbesserung von Schulen auch die Frage der Chancengleichheit für beide Geschlechter betrifft: Wenn alle öffentlichen und politischen Prozesse unter dem Gesichtspunkt der Geschlechtergleichheit bewertet, reorganisiert, verbessert und entwickelt werden sollen, kann Schule davon nicht ausgenommen werden (Rose 2003).

Der vorliegende Beitrag zeigt eine Möglichkeit auf, wie eine Umsetzung dieser Anforderung aussehen könnte. Dabei greife ich später die für Gleichheit der Geschlechter relevanten Faktoren auf wie geschlechtstypische Fächerwahlen, das Berufswahlspektrum der SchülerInnen, die Verteilung der Geschlechter auf Aufstiegsberufe, die Frage des Selbstvertrauens bzw. des Überlegenheitsimperativs, die Antizipation der Vereinbarkeit von Berufs- und Lebensplanung usw.

Bevor ich mich der Genderfrage in der Schulprogrammarbeit zuwende, möchte ich vorab meine forschungsleitenden Prämissen offen legen. Es gibt eine Reihe von *Geschlechtertheorien*; z. B. Defizittheorien, Differenztheorien, Androgynitätstheorien und (de-)konstruktivistische Theorien, die im sozialwissenschaftlichen Kontext diskutiert werden. Meine eigene Position orientiert sich in gewisser Weise an einer differenztheoretischen Position, die jedoch die Differenzkriterien zwischen den Geschlechtern bewusst offen läßt, d.h. nicht definiert. Diese Auffassung wurde zuerst von Annedore Prengel (1993) als *„nicht-affirmative Differenztheorie"* skizziert, zu der ein demokratischer Differenzbegriff gehört. Dieser Ansatz ist eher ein strukturtheoretischer, der von einer hierarchischen Gesellschaftsstruktur ausgeht, die durch „patriarchale Elemente" gekennzeichnet ist. Er unterscheidet sich vom (de-)konstruktivistischen dadurch, dass er die Geschlechterfrage nicht nur als Ergebnis einer sozialen Konstruktion auffasst. Konstruktivistische Theorien legen es nahe, in der praktischen pädagogischen Arbeit vor allem die vorhandenen Geschlechterstereotype zu dekonstruieren – dies ist auch eines meiner Ziele – und dadurch die individuellen Entwicklung von Kindern und Jugendlichen jenseits der binären Geschlechterpolaritäten zu stützen. Zugleich ist mir jedoch auch wichtig, durch schulische Arbeit einen Beitrag zum Abbau von vorhandenen Geschlechterhierarchien zu leisten.

Schulentwicklung im Bereich Gender ist in den 1980er und 1990er Jahren unter dem Begriff der *„Reflexiven Koedukation"* erforscht worden: z. B. ist man der Frage nachgegangen, ob eine phasenweise Geschlechtertrennung, also Monoedukation, einen Beitrag dazu leisten kann, eine geschlechtstypische Fächerwahl abzubauen und vor allem mehr Mädchen für naturwissenschaftliche Themen zu begeistern (z. B. Nyssen 1996, Häussler/Hoffmann 1998; Kessels 2004). Diese Programme, die häufig auch curriculare Weiterentwicklungen sowie eine reflektierende Begleitung durch die LehrerInnen beinhalteten, waren in der Regel erfolgreich und schadeten offenbar den beteiligten Jungen nicht; im Gegenteil: oft nützten diese Umstellungen auch den Jungen.

In der bundesrepublikanischen Diskussion der Experten für die *Schulentwicklungsforschung* wurde das Thema Geschlecht gelegentlich aufgegriffen (Koch-Priewe 1997, 1998a und b, Fischer/Schratz/Seidel 1998, Schley/Schley 1998, Schratz-Hadwich 1998). Wenn jedoch Beispiele für Schulentwicklungsprozesse einzelner Schulen vorgestellt wurden, wurde das Thema – auch wenn es sich z. B. um Programme zum Abbau von „Aggression bzw. Gewalt in der Schule" handelte, eher geschlechtsneutral beschrieben. D.h., auch wenn es in den Schulen offensichtlich um ein Geschlechterthema ging (es sind vor allem Jungen, die als aggressiv bezeichnet werden), wurde dies nicht als solches behandelt. Die Schulentwicklungsforschung hat sich der Aufgabe der Untersuchung von Geschlechterungleichheiten bzw. der Implementierung einer geschlechterbewussten Pädagogik bisher nur selten angenommen.

An den Schulen sah das anders aus. An der Schulbasis waren viele – meist Lehrerinnen – engagiert, vor allem die von ihnen als benachteiligt empfundenen Mädchen zu fördern, sie auf anspruchsvollere Berufe vorzubereiten und ihnen auch das nötige Durchsetzungsvermögen zu vermitteln. Der anfangs deutlich parteiliche Blick auf die Mädchen hatte jedoch auch in vielen Fällen bereits dazu geführt, dass sich LehrerInnen mit dem häufig doch auch stereotypen Verhalten von Jungen beschäftigten und ein ergänzendes Programm für diese Gruppe erarbeiteten, das sich vor allem auf Fragen der Sexualität, des Umgangs mit dem eigenen Körper und sozialer Sensibilität bezog. Einige Schulen hatten die (in vielen Bundesländern beschlossene) staatlich vorgegebene Verpflichtung zur Entwicklung eines eigenen Schulprogramms, mit dem ein bewusst gestaltetes Schulprofil der Einzelschule erarbeitet werden sollte, so interpretiert, dass sie ihre schon existierenden Aktivitäten zur Förderung von Geschlechterchancengleichheit dort dokumentierten. Allerdings gab es – so mussten wir bei unseren Recherchen feststellen – viele Schulen, in denen einzelne engagierte LehrerInnen Mädchen- und Jungenförderung praktizierten, ohne dass dies jedoch als verbindlich für alle KollegInnen in einem eigenen Programm der Schule festgelegt worden war. In dem o.g. Werk beschränkten wir unsere Auswahl auf diejenigen Schulen, die auf Grund eines offiziell vom jeweiligen Kollegium beschlossenen und schriftlich vorliegenden Arbeitsprogramms pädagogisch innovativ handelten.

2. Beispiele für die Inhalte von genderbezogenen Schulprogrammen

Wenn wir die Einzelmaßnahmen der Schulen zusammenstellen, deren Schulprogramme wir als vorbildlich einschätzen, entsteht ein beachtlicher Katalog an erprobten und durch schulische Beschlüsse verankerten Konzepten für die Mädchen- und Jungenarbeit. Es ergibt sich für beide Geschlechter eine lange und hier nicht vollständige Liste von Aktivitäten, die in der Regel durch curriculare Veränderungen der Inhalte der Fächer ergänzt wurden (siehe ausführliches Beispiel im Anhang).

Mädchenförderung	Jungenförderung
- Selbstverteidigung/Selbstbehauptung	- Abenteuer-/Körper- und Gefühlserfahrungen
- Sexualität/sexuelle Belästigung/Missbrauch	- Sexualität/Körpersprache/Männlichkeit
- Körperarbeit	- Männerbilder/Väterbilder/Freundschaften
- Mädchenkonferenzen	
- Mädchenraum	- Jungenkonferenzen
- Berufswahlorientierung	- Jungennachmittage mit Vätern
- Lebensplanung/Partnerschaft	- Berufswahlorientierung
- Mädchen und Naturwissenschaften	- Lebensplanung/Partnerschaft/Lebenshaltungskosten
- Praktikum in technischen Berufen	- Kita-/Sozialpraktikum
- Töchtertag oder Girlsday	- Haushaltspass
	- Jungentage

Tabelle 1: Schulprogramm/Inhalte zur Mädchen- und Jungenförderung

An einigen der von uns vorgestellten Schulen hat sich ein Profil bildender Prozess abgespielt, der quasi nach dem Motto *„Vom Selbstverteidigungskurs zur geschlechterbewussten Schule"* verlief: Diesen folgenden idealtypischen Schulentwicklungsprozess hat es in der Form nicht gegeben, wohl aber in der Summe vieler Einzelschulen: Am Anfang wurden von einigen Lehrerinnen außerschulische Expertinnen für Selbstverteidigungsangebote für Mädchen eingeladen. Dann qualifizierten sich diese Lehrerinnen selbst als Trainerinnen für Selbstbehauptungs- und Selbstverteidigungskurse. Diese Maßnahmen wurden teilweise dadurch ergänzt, dass das Schulleben und die Schulkultur einbezogen wurden, z. B. durch die Organisierung eines Mädchentreffs und anderer Freizeitaktivitäten. In einigen Fällen wurden die Trainings zur Selbstverteidigung auch im Sportunterricht thematisiert. Dann erweiterte sich der Blick zum einen auf ein sequentielles Konzept der Selbstsicherheitserziehung für Mädchen, das mehrere Jahrgänge oder eine ganze Schulstufe umfasste, und zum anderen wurde es ergänzt um Themen wie Berufsorientierung, Praktikum, Bewerbungstraining, Sexualkunde, Naturwissenschaften und neue Technologien, Religions- und Politikunterricht u.a. Manche Schulen experimentierten dann im regulären Unterricht mit monoedukativen Phasen. Nach oder auch gleichzeitig mit der Entstehung von Förderprogrammen für Mädchen wurde zur Unterstützung des Erwerbs und der Wertschätzung sozialer Kompetenzen an manchen Schulen für Jungen (und Mädchen) ein verpflichtendes Sozialpraktikum (z. B. an einer Kita) eingeführt. Manchmal weitete sich das Konzept aus: ein schuleigenes Curriculum zur Erhöhung der sozialen Kompetenzen von Jungen *und* Mädchen wurde entwickelt. Zusätzlich wurden beide Geschlechter mit Fragen der Lebensplanung, Vereinbarkeit von Beruf und Familie sowie der geschlechtsspezifischen Arbeitsteilung bei sorgenden und pflegenden Aufgaben konfrontiert. Dann wurden diese Aktivitäten auch in das Schulprogramm aufgenommen und ein Leitbild einer geschlechtergerechten Schule formuliert.

An dieser Auflistung zeigt sich, dass aus der anfänglichen Parteinahme für die Mädchen sukzessive ein Konzept „reflexiver Koedukation" oder eine „geschlechterbewusste Pädagogik" entstehen kann, das über den geschlechtskompensatorischen Ansatz hinausgeht und in ein neues Verständnis von Erziehung und Allgemeinbildung für beide Geschlechter mündet (vgl. auch Boldt 2000 und 2004). Für die an weiteren Details derartiger Schulprogramme interessierten LeserInnen dokumentiere ich im Anhang exemplarisch und ausführlich Passagen aus dem Schulprogramm der Gesamtschule Stieghorst in Bielefeld, in denen sich die wesentlichen Ziele für die Mädchen- und Jungenarbeit finden (Gembus 2002, S. 135ff).

3. Förderliche Bedingungen bzw. Schwierigkeiten einer genderorientierten Pädagogik

Sichtet man die Darstellungen von LehrerInnen, die über den Schulentwicklungsprozess an ihrer Schule referieren, so lassen sich *drei* Momente festhalten, die offenbar förderlich für eine konsequente genderorientierte Pädagogik sind und drei weitere, die eher zu Schwierigkeiten führen.

An den Berichten der Schulen über die Genese ihres Schulprogramms haben wir *erstens* abgelesen, dass manche der neuen staatlichen Steuerungsmodelle z.T. hilfreich sind: In Nordrhein-Westfalen konnten Schulen z. B. Ende der 1990er Jahre staatliche Zusatzmittel für die Mädchenförderung erhalten (z. B. für Selbstverteidigungskurse im Umfang von einigen tausend DM), wenn sie nachweisen konnten, dass dies keine Einzelmaßnahme sein würde, sondern diese Kurse in den Kontext eines vorhandenen Schulprogramms eingebettet waren. Bei unseren Recherchen fanden wir heraus, dass viele Schulleitungen ein spezielles Antrags-know-how entwickelt hatten und Wege fanden, glaubhaft zu versichern, diese Voraussetzungen seien an der jeweiligen Schule voll erfüllt. Obwohl dies oft nicht der Fall war, gelang es einigen Schulen dann, diese staatlich gewollte Verknüpfung nicht nur auf dem Papier, sondern auch in der pädagogischen Praxis herzustellen. Von daher sind derartige Anreize für eine Innovation durch Gewähren von Subventionen oder Bereitstellung materieller Mittel durchaus als günstige Bedingung für den Erfolg einer politischen Zielsetzung zu begreifen.

Zweitens konnten wir an den Berichten der Schulen ablesen, dass es offenbar sehr förderlich für die genderbezogene Arbeit im Kollegium ist, wenn die engagierten LehrerInnen sich über einen längeren Zeitraum in Supervisionsgruppen zusammenfinden und dort sowohl die eigene Geschlechtsrolle – auch die außerhalb des pädagogischen Prozesses – als auch das Auftreten der Gruppierung im Gesamtkollegium reflektieren (Malz-Teske/Liebsch 2002, S. 87).

Im Hinblick auf das Gelingen der Schulprogrammarbeit hat sich *drittens* herausgestellt, dass die ebenfalls staatlicherseits geforderte Evaluation der eigenen Arbeit offenbar hilfreich ist: Ein Beispiel dafür findet sich in Michel (2002, S. 116): Dort hat die Schule aufgelistet, wie sich während der genderorientierten Interventionen (phasenweise Geschlechtertrennung) der Anteil von Mädchen in den Wahlpflichtfächern Naturwissenschaften, Arbeitslehre/Technik und Informatik von 1989 bis 1999 entwickelt hat: Es ist eine – allerdings nicht überwältigend hohe – Steigerung der Quote der Mädchen in diesen Fächern festzustellen. Auf diese Weise wird den Schulen klarer, wo auch in Zukunft Schwerpunkte zu setzen sind und wo man schon – in kleinen Schritten – erfolgreich war.

Auf die Schwierigkeiten einer geschlechterbewussten Schulprogrammarbeit weist Klein-Uerlings (2002) hin; sie hat als Frauenbeauftragte ihrer Schule und als vom nordrheinwestfälischen Landesinstitut für Schule und Weiterbildung (Soest) ausgebildete Moderatorin für „Reflexive Koedukation" eine Reihe von Episoden zusammengetragen, die beeindruckende Beispiele für die Hürden in der täglichen Arbeit geben. Das Widerstandsthema ist *einer* von drei Gründen für die Schwierigkeiten bei der Umsetzung der

Geschlechtergerechtigkeit. Sie zitiert z. B. einen Schulleiter einer Hauptschule, der zum Stichwort „Reflexive Koedukation" mit folgenden süffisanten Worten um Auskunft bat: „Reflexive Koedukation? O la la, was sind denn das für interessante Schweinereien?" (a.a.O., S. 172).

In vielen Fällen wird *zweitens* die Geschlechterfrage mit der Frauenfrage identifiziert, so dass manche Beteiligte (Männer und Frauen) sich angegriffen fühlen und die Einschränkung von Rechten der Männer oder eine öffentliche Anschuldigung wegen des Genusses von Vorrechten des männlichen Geschlechts befürchten; diese ablehnende Haltung trägt dazu bei, dass gerade die Jungen noch so selten in den Blick geraten und der Anteil der männlichen Kollegen an dem Bemühen um eine geschlechterbewusste Schule auch noch recht gering ist.

Da sich jede und jeder einem Geschlecht zugehörig fühlt, halten *drittens* viele PädagogInnen das Hinzuziehen von ExpertInnen für nicht notwendig; sie halten sich selbst für ExpertInnen. So unterbleiben Diskussionen von Ergebnissen der neueren geschlechtspezifischen Sozialisations- und Schulforschung sowie von schulisch relevanten geschlechtertheoretischen Entwicklungen.

4. Konsequenzen für die Schulprogrammarbeit nach den durch die PISA-Ergebnisse aktuell gewordenen Diskussionen um Jungenförderung

Zu Beginn ein *erster Exkurs*: Nach den PISA-Ergebnissen aus dem Jahre 2001 dauerte es einige Zeit, bis die schlechteren Leistungen der Jungen dann etwa ab dem Jahr 2003 und im Frühjahr 2004 ein Medienthema wurden. Weltweit hatte sich gezeigt, dass die durchschnittlichen Leistungen der 15jährigen Mädchen im Lesen in allen OECD-Staaten deutlich (und überall statistisch signifikant) höher waren als die Leseleistungen der gleichaltrigen Jungen. Die Ergebnisse dokumentierten auch, dass man im Durchschnitt nicht mehr von deutlichen Vorsprüngen der Jungen in den Naturwissenschaften sprechen konnte. Allein in den Mathematikleistungen lagen die Jungen vorn; allerdings war dieser Vorsprung vor den Mädchen sehr viel kleiner als der Vorsprung der Mädchen beim Lesen vor den Jungen (Baumert u.a. 2001, S. 252). Es war danach schwerer zu behaupten, der Vorsprung der Mädchen im Lesen werde eben – wie in vielen früheren Untersuchungen gewissermaßen erleichtert zur Kenntnis genommen – durch den Vorsprung der Jungen in der Mathematik kompensiert und deswegen brauche sich niemand ernste Gedanken zu machen. Hinzu kam ein weiteres, für die Jungen wenig schmeichelhaftes Ergebnis der PISA-Studie, nämlich die Entdeckung, dass Lesen (besser: „literacy") eine Basiskompetenz für viele andere Kompetenz-Bereiche darstellt, so dass nun die Frage der *generellen*

Überlegenheit der Mädchen im Raum stand – wobei man noch einmal klar stellen muss, dass die PISA-Ergebnisse nicht schulische Leistungen oder Intelligenztestdaten referierten, sondern Resultate eines eigens entwickelten Instruments sind, mit denen man Stufen einer kognitiven Alltagskompetenz des Lesens messen kann.

Boulevard-Journalisten griffen jedoch das einige Eltern von Jungen durchaus beunruhigende Thema sensationslüstern unter der Frage auf: „Sind Jungen wirklich das weniger intelligente Geschlecht?" Niemand – außer manchen Journalisten, die nicht richtig aufgepasst hatten – hat behauptet, Jungen seien dümmer, und niemand könnte das seriös vertreten, weil eine solche Aussage keine wissenschaftliche Basis hat (zu Statistiken über biologische und soziale Merkmale von Jungen siehe v.a. Schnack/Neutzling 2001 und Bischof-Köhler 2002). Trotzdem gerieten nach PISA die Leistungen der Jungen ganz generell in das Blickfeld der Pädagogik; ihr tatsächlich durchschnittlich schlechteres Abschneiden in der Schule (Abschlüsse, Noten) wurde nun genauer betrachtet. Bis dahin besaßen die Jungen die Aufmerksamkeit einer eher kleinen Gemeinde von engagierten Lehrerinnen und quasi seelenverwandten männlichen Kollegen (s.o.), die sich vor allem wegen des sozial-emotionalen Verhaltens der Jungen Sorgen gemacht hatten und die anfänglich mit ihrer Jungenpädagogik auch den Mädchen den schulischen Alltag erleichtern wollten.

Weil diese Forschungen viel Aufmerksamkeit erhielten, referiere ich hier in einem *zweiten Exkurs* eine große empirische Studie, die sich zum Ziel gesetzt hatte, die schlechteren schulischen Leistungen der Jungen in Schulen nicht mit geringerer Anstrengung der Jungen oder einer ungenügenden jungenorientierten Motivierungsstrategie oder einer ungenügenden Didaktik der LehrerInnen zu erklären, sondern eine neue strukturelle Ungerechtigkeit und Chancenungleichheit – diesmal zu Lasten der Jungen – zu belegen. Die Studie enthält implizit die These, es gäbe in bestimmten Schulen eine Art heimlicher „Jungenfeindlichkeit" durch Lehrerinnen (Diefenbach/Klein 2002).

Als Erklärung für den relativen schulischen Misserfolg von Jungen wurde das Ergebnis einer Korrelationsstatistik angeboten: in den Regionen der Bundesrepublik, in denen es besonders viele weibliche Grundschullehrerinnen gibt, ist die Quote der männlichen Hauptschüler, die die Schule ohne Hauptschulabschluss verlassen, besonders hoch (vor allem in einigen der neuen Bundesländer). Damit stand die These im Raum, dass die schlechten Leistungen der Jungen das Resultat einer – nicht bewussten – Benachteiligung dieser Schülergruppe durch weibliche Lehrkräfte sind. Die Studie weist bedauerlicherweise einige gravierende methodologische Schwächen auf: z. B. dadurch, dass für ganze Bundesländer der Anteil männlicher Lehrer geschätzt wurde und diese Schätzungen nicht nachvollziehbar gemacht werden. Eine weitere Schwäche besteht in der zeitlichen Differenz: Es wird das Geschlechterverhältnis von Lehrern und Lehrerinnen in der Grundschule (die die SchülerInnen in der Regel als 10-jährige verlassen) mit den Abschlüssen der 15- bis 16-jährigen Jungen am Ende der Sekundarstufe I in Beziehung gesetzt (und sogar mit der Abiturquote von Jungen der jeweiligen Region verglichen).

Die AutorInnen selbst gestehen ein, dass die von ihnen berichtete Korrelation von einer zweiten Beziehung unterlegt ist, nämlich der zwischen dem Anteil der Arbeitslosigkeit und dem Anteil der männlichen Grundschullehrer in der Region: Ist die Arbeitslosigkeit in einer Region hoch, sinkt der Anteil der männlichen Pädagogen. Sie wandern offenbar vermehrt ab in andere Teile der Republik, in denen sie selbst, ihre Frauen und ihre Kinder bessere berufliche Chancen haben (vgl. Ebenrett u.a. 2003). Möglicherweise sind auch Eltern von leistungsstarken Hauptschülern eher weggezogen als die von schwachen. Man kann bestenfalls daraus schließen, dass hohe Arbeitslosigkeit in einer Region Männer anders beeinflusst als Frauen und dass sie möglicherweise besonders Jungen in Hauptschulen demotiviert – vermutlich auch deswegen, weil es in deren Umgebung nur noch wenig erfolgreiche männliche Modelle gibt.

Hierin liegen viel plausiblere Erklärungen für das relativ häufigere Scheitern von Jungen am Ende der Hauptschule in bestimmten Regionen. Der PISA-Studie kann man auch entnehmen, dass vor allem die 15jährigen HauptschülerInnen im Lesen schlecht abschneiden; sie erreichen im Durchschnitt nur Kompetenzstufe I (von fünf Niveaus; vgl. Baumert u.a. 2001, S. 121). Die männlichen Hauptschüler sind im Durchschnitt noch etwas schlechter als die Mädchen (allerdings ist diese Differenz nicht signifikant: Baumert u.a. 2001, S. 260). Auch diese Daten legen plausible Gründe für eine höhere Quote männlicher Hauptschüler ohne Schulabschluss nahe.

Dass die deutschen weiblichen Grundschullehrerinnen sogar besonders gut zum Abbau geschlechtstypischer Leistungsdifferenzen in der Lage sind, zeigt sich dagegen in der neueren internationalen Grundschulstudie (IGLU; vgl. Bos u.a. 2003): Die Leistungen von Jungen und Mädchen im Lesen unterscheiden sich am Ende der Grundschulzeit – in Relation zu anderen Ländern – relativ wenig. Insgesamt schneidet Deutschland in den im Grundschulbereich gemessenen Leistungen generell besser ab als bei PISA (den 15-jährigen). Und: In nur sechs von 34 Ländern der OECD-Staaten kann man zwischen Jungen und Mädchen im Hinblick auf ihre durchschnittliche Leseleistung geringere Differenzen beobachten als in Deutschland. Wenn man also nicht davon ausgeht, dass Lesekompetenz nur ein Effekt des Elternhauses ist, sondern auch in der Grundschule erworben wird, in der zu mehr als 80% Lehrerinnen unterrichten, besagt dies, dass es offenbar den deutschen Grundschulen sehr gut gelingt, Jungen ähnlich hohe Lesekompetenzen zu vermitteln wie den Mädchen. Die These der strukturellen Benachteiligung der Jungen durch die Grundschullehrerinnen verliert dadurch an Glaubwürdigkeit. Die Behauptung, dass die Benachteiligung der Jungen in der Grundschule einsetzt und sich aber erst nach weiteren sechs Jahren manifestiert, in denen die Hauptschüler gar keinen Kontakt mehr zur Grundschullehrerin hatten, wirkt eher wie ein von latentem Antifeminismus geprägter Erklärungsversuch.

Dass für die geringen Differenzen von Jungen und Mädchen im Lesen eine moderne Grundschuldidaktik verantwortlich sein könnte, wird durch die Studien von Richter und anderen deutlich, die seit 1993 kontinuierlich Forschungsergebnisse publizieren, aus denen Folgerungen für unterschiedliche Leseerwerbsstrategien für Jungen und Mädchen sowie individualisierende Differenzierungen im Unterricht abgeleitet worden sind (Richter 1996).

Wenn man die soziologischen Fragestellungen (z. B. Wirkung hoher Arbeitslosigkeit einer Region auf geschlechtsspezifisch unterschiedliche Migrationsprozesse) durch pädagogische ergänzen will, muss man generell konstatieren, dass z. B. hinsichtlich der Lesekompetenzen offenbar Geschlechterdifferenzen während der Sekundarstufe I stark zunehmen – und das nicht nur in Regionen hoher Arbeitslosigkeit. Die Frage lautet daher: Was an der unterrichtlichen Gestaltung und der schulischen sowie außerschulischen Sozialisation der Jungen während der Sekundarstufe I führt dazu, dass ein relativ gesehen größerer Anteil von Jungen im Lesen und in den schulischen Abschlüssen nicht so erfolgreich abschneidet, wie das bei den Mädchen der Fall ist?

Dies führt mich zu der Schlussfolgerung, dass die Schulprogrammarbeit der Einzelschulen durch eine konzeptionelle Weiterentwicklung der Jungenarbeit ergänzt werden muss. Z. B. muss das Bild vom der „männlichen Arbeitsmonade", dem „Berufsmann", der ein Leben lang der Hauptemährer der Familie sowie Familienoberhaupt ist und der allein schon durch Körperkraft beruflich erfolgreich ist, durch ein modernes Bild vom männlichen Erwachsensein abgelöst werden. Zu fragen ist:

– Welches explizite Konzept für die Erziehung und Bildung junger Männer haben Schulen der Sekundarstufe I?
– Welches Konzept haben Schulen der Sekundarstufe I für die männliche Berufswahlorientierung in einer Zeit der Umbrüche der Erwerbsarbeit (Stichworte: „Übergangsgesellschaften" und „soft skills")?
– Welches Konzept für Jungen haben u.a. die Fachdidaktiken im Bereich Sprache (Deutsch und Fremdsprachen)?
– Wie werden *moderne* erfolgreiche männliche Vorbilder in der Sekundarstufe I curricular integriert (neue kognitive Herausforderungen im Beruf und neue Balance von Beruf und Privatem)?
– Mit welchem Konzept für Jungen reagiert Schule auf die Modernisierung weiblicher Lebensentwürfe (partnerschaftliche Konzepte bei der Familienarbeit und im Haushalt)?

Die oben bereits erwähnten Einzelmaßnahmen in den Schulprogrammen zur Jungenförderung sollten ergänzt werden um solche Bereiche wie

– Lesen jungenspezifischer Texte
– Leseförderprogramme mit Jungen mit der Auflage, über Texte zu sprechen
– Inhalte der Elternarbeit u. -kontrakte: Lesen mit Jungen
– Spezielle Fremdsprachen-Lernprogramme für Jungen
– Integration moderner männlicher Vorbilder
– Training sozialer/emotionaler Kompetenzen

Besonders zu fördernde Adressaten sind Jungen mit Migrationshintergrund. Existierende Schulprogramme müssten unter diesen Gesichtspunkten überarbeitet werden. Eine stärkere Beteiligung von männlichen Lehrern wäre sicher weiterhin wünschenswert und möglicherweise auch jetzt weniger durch offene oder heimliche „Feminismusvorwürfe" belastet. Die Begleitung derartiger Innovationen in den Einzelschulen wird sinnvoller Weise ein Schwerpunkt der Schulentwicklungsforschung der nächsten Jahre sein.

Anhang[1]

Aus dem Schulprogramm der Gesamtschule Stieghorst in Bielefeld zu den Zielen für die Mädchen- und Jungenarbeit (veröffentlicht in Gembus 2002, S. 135ff): „Geschlechterbewusste Bildung: Unser Ziel ist es, Mädchen und Jungen gleichermaßen zu fördern.

Grundgesetzforderung der Gleichberechtigung

1. Mädchen und Jungen kommen bereits mit Unterschieden von *männlichen* und *weiblichen* Verhaltensweisen in die Schule und machen dort von Anfang an gleiche, aber auch ganz unterschiedliche Erfahrungen. Unsere Schule setzt an diesen Erfahrungen an und bereitet die SchülerInnen sowohl auf gleiche als auch auf unterschiedliche Zukunftsperspektiven vor. Dieses gilt in gleichem Maße für Mädchen und Jungen mit Behinderungen. Sie werden häufig als Geschlechtsneutren gesehen und entsprechend behandelt. Ein Unterschied zu anderen Menschen bleibt außerdem bestehen: Mädchen und Jungen mit Behinderungen entsprechen noch weniger als alle anderen den Normen, Werten und Vorstellungen, die in unserer Gesellschaft Gültigkeit haben. Geschlechterbewusste Bildung richtet sich gegen Diskriminierung (die den behinderten Mädchen hier in doppelter Weise widerfährt), enge Rollenzuschreibung, Unterdrückung und Ausgrenzung. Daher stellt sich nicht die Frage, ob diese Arbeit auch für Menschen mit Behinderungen notwendig ist, sondern schließt diese ein. Eine Erziehung, die sich der Förderung von Mädchen und Jungen gleichermaßen verpflichtet fühlt, bedeutet nicht

Gleichmacherei. Sie nimmt in Zielsetzung und Form ihren Ausgang bei den individuellen Fähigkeiten und vermittelt, unabhängig von der Geschlechtszugehörigkeit, gegenseitige Wertschätzung und partnerschaftliche Formen des Umgangs miteinander. Wir schaffen in unserer Schule dafür Handlungsräume, die Mädchen und Jungen sowohl Identitätsfindung als auch individuelle Entwicklungschancen einräumen. Ziel ist die Entwicklung ganzer Persönlichkeiten jenseits einengender Geschlechterstereotypien.

Fortbildungen werden sowohl schulintern als auch –extern veranstaltet, um Lehrerinnen und Lehrer für einen (Fach)-Unterricht zu qualifizieren, der den Bedürfnissen und Zugangsweisen der Schülerinnen und Schüler gerecht wird.

1.1 Schwerpunkte der Mädchen- und Jungenarbeit

Daraus ergeben sich folgende mögliche und erweiterbare Schwerpunkte für die Arbeit an unserer Schule:

1.2 Fachunterricht

– Im Deutschunterricht z. B. achten wir bei der Auswahl der Unterrichtslektüren auf die ProtagonistInnen und auf einen geschlechterbewussten Sprachgebrauch,
– Gesellschaftslehre behandelt nicht nur Männergeschichte, sondern Alltagsgeschichte, das Leben von Frauen und Männern, die Erziehung von Mädchen und Jungen,
– im Sprachenunterricht – vor allem im Wahlpflicht-Bereich – werden Mädchen und Jungen gefordert und gefördert,
– im naturwissenschaftlichen Bereich werden auch Beispiele aus dem Alltagsleben gegeben, so z. B. das Prinzip der Pumpe, am menschlichen Körper, nicht nur an Maschinen erklärt,
– der Sexualkundeunterricht in der Biologie geschieht ohne Festlegung auf eine heterosexuelle Orientierung,
– Aufgabenstellungen in Mathematik orientieren sich an Jungen- und Mädchenbedürfnissen,
– Informatikgrundkurse werden geschlechtergetrennt angeboten, um beide Geschlechter gleichermaßen zu fordern und zu fördern,
– im Sportunterricht legen wir Wert auf Kooperation und eine Erweiterung der Bewegungserfahrungen auf Bereiche wie Tanz, Massage, Yoga usw.
– Wir arbeiten dabei im Unterricht in Sozialformen und nach Prinzipien, die den Mädchen- und Jungenbedürfnissen entgegenkommen, z. B. durch Gruppenarbeit oder Handlungsorientierung.

1.3 Stammgruppenarbeit

An unserer Schule werden Klassenleitungsteams weiblich und männlich besetzt. Das ermöglicht uns u.a. Arbeitsgemeinschaften anzubieten, die die Interessen von Mädchen und Jungen berücksichtigen (Fußball/Tanz für Mädchen/Jungen). Es finden Mädchen- und Jungenkonferenzen statt, d.h. wir trennen in bestimmten Zeitabständen Jungen und Mädchen der Stammgruppe und besprechen mit ihnen alle Dinge, die uns oder/und ihnen wichtig sind. Die Themen erstrecken sich dabei von Gesprächen über die MitschülerInnen, Cliquenbildung, Ausgrenzung, über Gefühle zum jeweils anderen oder eigenen Geschlecht, Sexualität, Pubertät bis hin zu allgemeiner Lebensplanung und -bewertung.

1.4 Interaktion

Wir achten darauf, dass
– an unserer Schule ein Lernklima erzeugt wird, das Kooperation und nicht Konkurrenz fördert,
– im Sprachgebrauch beide Geschlechter sichtbar werden, bei der Festlegung der Sitzordnung in den Klassen auf arbeitsfähige Teams geachtet wird,
– Mädchen und Jungen, Frauen und Männer in den Gremien der Schule vertreten sind (als KlassensprecherInnen, SV-SprecherInnen und LehrerInnen ...)
– und dass Sexismus und Gewalt an unserer Schule keinen Platz finden.

1.5 Vorbildfunktion

Wir sind uns bewusst, dass wir als erwachsene Frauen und Männer ein ständiges Vorbild für unsere SchülerInnen sind. Deswegen achten wir darauf, dass wir durch unser persönliches Verhalten unsere pädagogischen Ziele widerspiegeln.

1.6 Projektarbeit

Nach Beschluss der Schulkonferenz findet im 5. Jahrgang in jeder Stammgruppe ein Projekt zur Selbstbehauptung sowie Selbst- und Fremdwahrnehmung statt. In den folgenden Jahrgängen kann weiterhin jeweils ein zweitägiges Projekt zur Mädchen- und Jungenarbeit stattfinden. Den Arbeitsschwerpunkt und den Organisationsrahmen legt die jeweilige Jahrgangskonferenz fest...
... Die Auswahl der KooperationspartnerInnen ist abhängig von der Bewilligung finanzieller Mittel. Darüber entscheidet zu Beginn des Schuljahres die Schulkonferenz..."

Anmerkung

[1] Quelle: Schulprogramm 2000 Gesamtschule Stieghorst, Bielefeld 2000, S. 18-20.

Literatur

Baumert u.a. (Deutsches PISA-Konsortium; Hrsg.) (2001). PISA 2000. Basiskompetenzen von Schülerinnen und Schülern im internationalen Vergleich. Opladen.

Bischof-Köhler, D. (2002). Von Natur aus anders. Die Psychologie der Geschlechterunterschiede. Stuttgart, Berlin, Köln.

Boldt, U. (2004). Ich bin froh, dass ich ein Junge bin. Materialien zur Jungenarbeit in der Schule. Hohengehren (2. Auflage).

Boldt, U. (2000). Jungen stärken. Zur Modernisierung der Lebensentwürfe von Jungen. Werkstattheft Nr. 51. Päd. Landesinstitut Brandenburg. Berlin.

Bos, W., Lankes, E.-M., Prenzel, M., Schwippert, K., Walther, G., Valtin, R. (Hrsg.) (2003). Erste Ergebnisse aus IGLU. Schülerleistungen am Ende der vierten Jahrgangsstufe im internationalen Vergleich. Münster.

Diefenbach, H., Klein, M. (2002). „Bringing boys back in": Soziale Ungleichheit zwischen den Geschlechtern im Bildungssystem zuungunsten von Jungen am Beispiel der Sekundarabschlüsse. ZfPäd 48, 6, S. 938-958.

Ebenrett, H.J., Hansen, D., Puzicha, K. J. (2003). Verlust von Humankapital in Regionen mit hoher Arbeitslosigkeit. In: Aus Politik und Zeitgeschichte 53. Jg., B 6-7, S. 25-31.

Fischer, D., Jacobi, J., Koch-Priewe, B. (Hrsg.) (1996). Schulentwicklung geht von Frauen aus. Weinheim.

Fischer, D., Schratz, M., Seidel, G. (1998). Schulentwicklung weiblich-männlich. journal für schulentwicklung. Heft 3, S. 4-10.

Gembus, C. (2002). Ein geschlechtergerechtes Schulprogramm ist mit Leben gefüllt – und bezieht die Jungenarbeit mit ein. Erfahrungsbericht aus der Gesamtschule Stieghorst, Bielefeld. In: Koch-Priewe, B.: Schulprogramme zur Mädchen- und Jungenförderung. Die geschlechterbewusste Schule. Weinheim, Basel, S. 131-141.

Häußler, P., Hoffmann, L. (1998). Chancengleichheit für Mädchen im Physikunterricht – Ergebnisse eines erweiterten BLK-Modellversuchs. Zeitschrift für Didaktik der Naturwissenschaften 4, S. 51-67.

Kessels, U. (2004). Mädchenfächer – Jungenfächer? Geschlechtertrennung im Unterricht. Friedrich Jahresheft XXII, S. 90-94.

Klein-Uerlings, B. (2002). Im Dschungel der Widerstände. Vom Umgang mit Schwierigkeiten bei der Verankerung von Jungen- und Mädchenarbeit. In: Koch-Priewe, B.: Schulprogramme zur Mädchen- und Jungenförderung. Die geschlechterbewusste Schule. Weinheim, Basel, S. 152-169.

Koch-Priewe, B. (1997). Qualität von Schule: Geschlecht als Strukturkategorie. Zeitschrift für Pädagogik 43, S. 567-582.

Koch-Priewe, B. (1998a). Schulentwicklung geht von Frauen aus. In: Lutzau, M.v. (Hrsg.): „Frauen und Schule". Bericht über den 11. Kongreß vom 11.-13.09.1997 in Kassel. Weinheim, Basel, S. 238-243.

Koch-Priewe, B. (1998b). Ansätze einer geschlechterbewussten Schulentwicklung. s.e – Journal für Schulentwicklung 1, H. 3, S. 270-291.

Koch-Priewe, B. (2002). Schulprogramme zur Mädchen- und Jungenförderung. Die geschlechterbewusste Schule. Weinheim, Basel.

Malz-Teske, R., Liebsch, K. (2002). Ein Lehrerinnen-Netzwerk, eine unterstützende Schulleitung und deren Bedeutung für die Reflexive Koedukation. Das Beispiel der Hamburger Gesamtschule Bergedorf. In: Koch-Priewe, B.: Schulprogramme zur Mädchen- und Jungenförderung. Die geschlechterbewusste Schule. Weinheim, Basel, S. 78-90.

Michel, K. (2002). „Chancengleichheit von Mädchen und Jungen" im Schulprogramm. Ein erster Erfolg ist an der Evaluation abzulesen. In: Koch-Priewe, B.: Schulprogramme zur Mädchen- und Jungenförderung. Die geschlechterbewusste Schule. Weinheim, Basel, S. 108-120.

Nyssen, E. (1996). Mädchenförderung in der Schule. Ergebnisse und Erfahrungen aus einem Modellversuch. Weinheim, München.

Prengel, A. (1993). Pädagogik der Vielfalt. Verschiedenheit und Gleichberechtigung in interkultureller, feministischer und integrativer Pädagogik. Opladen.

Richter, S. (1996). Geschlechtsspezifische Aspekte des Schriftsprachenerwerbs im Rahmen einer ökologischen Grundschuldidaktik. Aus: Hempel, M. (Hrsg.): Grundschulreform und Koedukation. Weinheim, München, S. 219-229.

Rose, L. (2003). Gender Mainstreaming in der Kinder- und Jugendarbeit. Weinheim, Basel, Berlin.

Schley, V., Schley, W. (1998). Der Geschlechterdialog in Schulen als interkulturelle Kommunikation. s.e – Journal für Schulentwicklung 1, H. 3, S. 20-34.

Schnack, D., Neutzling, R. (2001). Kleine Helden in Not. Jungen auf der Suche nach Männlichkeit. Reinbek, (2. Auflage).

Schratz-Hadwich, B. (1998). Feministische Schulentwicklung – Wunsch oder Alptraum? In: Altrichter, H., Schley, W., Schratz, M. (Hrsg.): Handbuch zur Schulentwicklung. Innsbruck, Wien, S. 446-478.

Veränderungsschritte in Schulverwaltung und Schulpraxis

Werner Schnatterbeck[1]

Bildungsreform in Baden-Württemberg
Maßnahmen – Begründungen – Begleitsysteme

Weiterentwicklungen im Bildungssystem sind nicht voraussetzungslos. Sie haben ihre Ursachen im gesellschaftlichen Wandlungs- und Entwicklungsprozess, den internationalen Schulvergleichsstudien und dem Dialog zwischen Theorie und Praxis, der auf diesem Hintergrund erwächst.

In diesem Kontext vollziehen sich unübersehbare Veränderungen des Schulwesens in Baden-Württemberg, die allerdings den Einen nicht weit genug gehen und bei den Anderen die Klage hervor bringen, es werde nicht die notwendige Zeit zur Konsolidierung gelassen.

Der Cartoonist Uli Stein sah in seinem Büchlein „PISA-ALARM" 2003 ebenfalls schulischen Reformbedarf. Er formulierte: „Was ein deutscher Schüler alles nicht weiß, würde ausreichen, um vier finnische Schüler durchfallen zu lassen." Dem Satiriker sei die Übertreibung gestattet. Er stellt zunehmende Probleme der Internetgeneration mit der Interpunktion fest, beklagt mathematische Schwächen und sieht die Mehrdeutigkeit von Tafelanschreiben.

Aber zurück zum Ernst unserer Thematik. Ein Wort zum gesellschaftlichen Wandel. Unter anderem machen wir ihn an den Veränderungen der Grundlagen unseres Zusammenlebens fest, an der Neuausrichtung von Regeln, Normen und Werten, die bei der Gestaltung unseres persönlichen Lebens und dem sozialen Miteinander handlungsleitend sind. Dabei wird häufig der Wertewandel mit Werteverlust gleichgesetzt und dabei übersehen, dass an die Stelle traditioneller Werte teilweise andere, neue getreten sind.

Die Bevölkerungsentwicklung wird im Zusammenhang mit dem gesellschaftlichen Wandel zunehmend ebenso zu Recht angeführt wie die Ausbreitung der Medien, die Entwicklung der Technik, des Verkehrs und der Wissenschaft, um nur einige Punkte zu nennen.

Bei der Bevölkerungsentwicklung stehen wir vor der paradoxen Situation, dass wir uns bis zum Jahre 2050 weltweit auf eine Gesamtbevölkerung von 9 Milliarden Menschen hinbewegen, da täglich so viele Kinder geboren werden, wie es der Einwohnerzahl der Stadt Karlsruhe entspricht. Jede Sekunde erblicken drei Menschen das Licht der Welt. Gleichzeitig wäre bei der derzeitigen Geburtenquote in der Bundesrepublik Deutschland eine Zuwanderung von jährlich 200.000 – 300.000 Menschen notwendig, um die Bevölkerungspyramide, die längst schon keine mehr ist, einigermaßen im Lot zu halten. In Fortschreibung der jetzigen Verhältnisse ist damit zu rechnen, dass bis zur Mitte des Jahrhunderts unsere bundesdeutsche Bevölkerung von 80 auf 60 Millionen zurück geht und sich nach pessimistischen Berechnungen bis zum Ende des Jahrhunderts gar halbieren könnte. Die demografische Alterung ergäbe hierbei das größte Problem: Nur ein Viertel wäre dann noch jünger als 60 Jahre.

Wir befinden uns momentan in der sehr schwierigen Situation, dass wir bei den weiterführenden allgemein bildenden Schulen insgesamt den Höchststand der Schülerzahlen noch nicht erreicht haben, sich aber gleichzeitig eine demografische Entwicklung abzeichnet, die in einigen Jahren zu deutlichen Schülerrückgängen führen wird.

Nun, auf der einen Seite heute bedarfsgerecht Personal sowie Schulraum zur Verfügung zu stellen, ohne andererseits gleichzeitig einen Wechsel auf die Zukunft zu akzeptieren, dessen Einlösung von der nächsten Generation kaum zu bewältigen ist, das bezeichnet die Gratwanderung, die momentan die politisch Verantwortlichen zu bewältigen haben – im Rahmen ihrer Verantwortung für das Gesamte.

Die Grundschulen besuchten in Baden-Württemberg im Schuljahr 1997/98 etwas über 480.000 Schülerinnen und Schüler, in diesem Schuljahr sind es lediglich noch 443.000 und im Schuljahr 2016/17 werden es voraussichtlich nur 373.000 sein. Bei den Hauptschulen wurde 2002/03 der Höchststand mit 212.000 Schülerinnen und Schülern erreicht, während die Prognose für 2020/21 ein Viertel weniger vorsieht. Prozentual vergleichbar ist der Rückgang bei den Realschulen im genannten Zeitraum, ebenso bei den Sonderschulen. Im Bereich der Gymnasien erwarten wir die Spitze im nächsten Schuljahr, bei den beruflichen Schulen erst 2011/12.

Redlicherweise muss ergänzt werden, dass Baden-Württemberg momentan einen positiven Wanderungssaldo aufweist. Es ist bundesweit das „jüngste" Land. Der Anteil der „Unter-18-Jährigen" liegt bei 19,6 % gegenüber 18,3 % im Bundesdurchschnitt. So wird Baden-Württemberg auch in einigen Jahren noch das Land mit dem größten Anteil junger Menschen sein.

Nicht zuletzt aus diesem Grund – dem der demografischen Entwicklung – bedarf es, so denke ich, vielfältiger Anstrengungen und Veränderungen, um unsere Gesellschaft zukunftsfähig zu machen. Das heißt aber nichts anderes, als dass die immer weniger vorhandenen jungen Erwerbstätigen gut qualifiziert sein müssen und ein verantwortlicher Umgang mit Lebenszeit erfolgt.

Bei einem Besuch in Baden-Baden äußerte in diesem Jahr Roman Herzog[2], (Badische Neueste Nachrichten vom 4.2.2004): Angesichts der Bevölkerungsentwicklung – die Menschen leben immer länger, werden immer kränker, zugleich geht die Geburtenrate zurück – müsse die Eigenleistung des Einzelnen erhöht und die Lebensarbeitszeit verlängert werden. Dies könne auch durch Anrechnung von Studienjahren geschehen. Der Nachwuchs wird entgegen der modernen Erkenntnisse der Kinderpsychologie erst mit sechs Jahren abrupt eingeschult und braucht viel zu lange, um zu Abitur und Examen zu gelangen, kritisierte Herzog. In puncto Bildungspolitik rät er, die Bildungsaufgaben nicht weiter auszubauen, sondern die Lehrpläne zu entrümpeln. „Das Wissen der Menschheit wächst rasant. Deshalb muss entschieden werden, was verinnerlicht wird", plädierte Herzog für einen Überblickunterricht, der die Schüler befähigt, später anhand von Büchern und dem Wissen im Internet die anfallenden Probleme selbstständig zu lösen. „Wenn ich in das Ausland komme, treffe ich junge Menschen zwischen 25 und 30 Jahren bereits in Spitzenpositionen an", gab Herzog zu bedenken. Wenn dies alles so ist, kann dann Schule hiervon unberührt bleiben? Es handelt sich um eine eindeutig rhetorische Frage. Natürlich nicht, wenn es uns ernst ist, Kinder, Jugendliche und unsere Gesellschaft zukunftsfähig machen zu wollen. Gustav Heinemann (1899-1976): „In einer sich so schnell verändernden Welt kann nur bewahren

„wer zu verändern bereit ist. Wer nicht verändern will, wird auch das verlieren, was er bewahren möchte". Inhaltliches Ziel der Veränderung in Baden-Württemberg ist die Nachhaltigkeit von Lernprozessen, damit ist gemeint, dass eine neue Unterrichts- und Schulkultur angestrebt wird. Im Lernen der Moderne muss Raum sein für auftauchende Probleme und Fragen. Das lineare Lernen muss abgelöst werden von einem Lernen der Prozess- und Handlungsorientierung, das vor allem projektorientierte Verfahren nahe legt.

Die Rolle der Lehrerin und des Lehrers wird neu definiert als Vorbereiter, Begleiter und Nachbereiter von Lernprozessen. Schülerinnen und Schüler müssen vorbereitet werden auf eine Welt, von der wir heute nicht wissen, welches Können sie voraussetzt. Zukunftsforscher betonen z.B., dass wir die Hälfte der Berufe, die es in 20 Jahren geben wird, zur Zeit nicht einmal dem Namen nach kennen. Deshalb sind Schlüsselqualifikationen, deshalb ist exemplarisches Lernen (Transferwissen) so wichtig, das auch Methodenvermittlung durch Methodenpraxis beinhaltet.

Ich zitiere nochmals Herzog: „Die Qualität des Lernens ist wichtiger als die Quantität des Wissens."

Ich denke, trotz aller Bemühungen ist der tägliche Unterricht immer noch dominiert von Fragen entwickelnden Verfahren, die einen linearen Lernprozess und einen linearen Lerngewinn unterstellen.

Bisher hatte ich mehrmals Gelegenheit, mich mit Prof. Dr. Eyerer und Frau Dörte Krause vom TheoPrax-Zentrum am Fraunhofer-Institut für Chemische Technologie in Pfinztal auszutauschen. Sie begründen das beeindruckende Angebot von TheoPrax damit, dass sie mehr Effizienz des Lernens, mehr Nachhaltigkeit erreichen wollen.

Die Schul- und Hochschulausbildung sei sehr häufig praxisfern, theorielastig und auf den Einzelnen bezogen. Die Methoden seien frontal orientiert, konsumtiv und oftmals von einer Haltung der Schülerin, des Schülers und Studierenden getragen nach dem Motto: „Nun mach doch mal was." Den Initiatoren von TheoPrax, deren Fragestellungen aus dem konkreten Firmenleben herrühren, geht es darum, durch konkrete Projekte, durch Exkursionen und Lehrerfortbildung einen Beitrag für aktives Lernen zu leisten. Wenn Lernsituationen Ernst-Charakter haben, dann stellen sich nachhaltige Effekte ein. Es handele sich im Übrigen um eine „Win-Win-Situation". Die auftraggebende Firma profitiere ebenso wie Schülerinnen und Schüler und Lehrerinnen und Lehrer. Die Lehrenden müssen begreifen, dass sie im Rahmen einer lernenden Institution arbeiten und damit selbst Lernende und Lehrende sind.

Am 23. September 2004 nahm ich an der 7. TheoPrax-Tagung in Pfinztal-Berghausen teil. Thema war: „Ausbildungsziel – Beruf". Ein Firmenvertreter führte Folgendes aus:

- Die Anforderungen im Bereich der Schlüsselqualifikationen sind aktuell hoch.
- Heutige Bewerber seien nicht schlechter qualifiziert als früher. Doch fielen Intelligenz und Verhalten oft eklatant auseinander.
- Die Auszubildenden werden in seiner Firma in den realen Wertschöpfungsprozess mit eingebunden, nur ein Drittel der Zeit wird in der Lehrwerkstatt ausgebildet.
- Ganz bewusst kommen die Auszubildenden auch im Außendienst zum Einsatz und lernen dabei die Bedeutung von Freundlichkeit, korrektem Auftreten und einer ordentlichen Erscheinung.
- Sehr wichtig sei eine Persönlichkeitsentwicklung mit der Ausprägung von sozialer Kompetenz. Deshalb ist auch eine Woche Praxis in einer beschützenden Werkstatt vorgesehen. „Dort stellen sich die jungen Menschen innerlich neu auf", so der Firmenangehörige.

Gerade jüngere neurobiologische Ergebnisse der Hirnforschung, ich nenne Rüegg und Spitzer, legen eine gute Mischung zwischen instruierenden und selbstorganisierten Lehr- und Lernformen nahe. Dabei geht es nicht mehr um „Unterricht halten", sondern um „Lernzeit gestalten". Das heißt, dass für Schülerinnen und Schüler Möglichkeiten geschaffen werden müssen, in denen sie das Lernen selbst lernen, insbesondere, um mit der überbordenden Wissensmenge, die auch ein Ergebnis des gesellschaftlichen Wandlungs- und Entwicklungsprozesses ist, erfolgreich umzugehen.

Der aus meiner Sicht inflationäre Gebrauch des Wortes Nachhaltigkeit darf uns in der Schule nicht daran hindern, immer wieder danach zu fragen, was von den ungeheuren Bildungsanstrengungen letztlich bleibt. Schülerinnen und Schüler heute sind sicher nicht weniger begabt als frühere, aber sie sind anders und die beruflichen Anforderungen sind andere. Nachhaltige Bildung ist aus meiner Sicht eine Gemeinschaftsleistung. Sie benötigt Lehrerinnen und Lehrer als echte Fachleute, als zeitgemäße Didaktiker und gute Pädagogen: Wer seine Fächer beherrscht und sie mit Leidenschaft vertritt, wird seine Wirkung haben. Aber Lehrkräfte müssen auch um die Entscheidungsfelder und Bedingungen des Lernprozesses wissen – mit letzterem meine ich die Personen und das soziokulturelle Umfeld. Und schließlich ist der Pädagoge gefragt: Wissen ohne Verantwortung und vorgängige Erkenntnis ist keine Bildung.

Zum nachhaltigen Bildungsprozess gehören aus meiner Sicht ebenso Schüler, die Verantwortung für ihre Bildung übernehmen: Wer sich nicht anstrengt, kann Erfolg nicht erwarten. Unterstützung durch die Eltern verstärkt zweifellos die schulische Arbeit. Gefragt ist auch der sächliche Schulträger, denn die Innen- und Außenseite einer Schule gehören zusammen. Mit scheint, dass in der Moderne die Aussage des Reformpädagogen Kerschensteiner noch bedeutsamer ist, als zu seiner Zeit: „Bildung ist das, was bleibt, wenn das Gelernte vergessen ist." Auf diesem bisher skizzierten Hintergrund geschehen zahlreiche Veränderungen des Schulwesens in Baden-Württemberg, die – wie ich bereits erwähnte – den Einen nicht weit genug gehen und bei den Anderen die Klage hervorbringen, es werde nicht die notwendige Zeit zur Konsolidierung gelassen.

Bildungspolitische Priorität hat eindeutig die Stärkung der Eigenständigkeit der Schulen im Pädagogischen und Didaktischen, aber auch in der materiellen Budgetierung sowie im personellen Bereich. Bereits heute werden 30–40 % der zu besetzenden Lehrerstellen schulscharf ausgeschrieben. In Folge dessen ist die jeweilige Schule an der Personalgewinnung beteiligt. Zielmarke hierfür sind mehr als 50 %. Wegweisend in diesem Zusammenhang ist die Bildungsplanreform 2004 für die allgemein bildenden Schulen.

Mit Beginn des Schuljahres 2004/2005 wurden umfangreiche Bildungspläne, die detaillierte Bildungsinhalte aufwiesen, abgelöst von Grundlagen, die festlegen, über welches Wissen und Können Schülerinnen und Schüler zu bestimmten Zeitpunkten verfügen müssen, um die nächste Stufe innerhalb der Schule und schließlich den Schritt ins Berufsleben erfolgreich bewältigen zu können.

Der Bildungsplan einer Schule in Baden-Württemberg verbindet künftig drei zentrale Elemente:

Die Bildungsstandards beschreiben fachliche, personale, soziale und methodische Kompetenzen für das Ende eines Bildungsabschnitts, also am Ende des 2., 4. und je nach Schulart 6., 8., 9., 10. und 12. Schuljahrs. Diesen Kompetenzen sind in Form eines Kerncurriculums Inhalte zugeordnet, die der Erreichung der Kompetenzen dienen. Diese Inhalte sind so ausgewählt, dass sie in rund zwei Dritteln der verfügbaren Unterrichtszeit erarbeitet werden können. Hierdurch steht cirka ein weiteres Drittel an Zeit für die Ausgestaltung eines Schulcurriculums zur Verfügung, das der Vertiefung und Erweiterung der inhaltlichen Vorgaben der Bildungsstandards dient.

Das Schulcurriculum wird von jeder einzelnen Schule mit Blick auf ihren Erziehungs- und Bildungsauftrag und vor dem Hintergrund der konkreten schulischen Ausgangslage in einem Entwicklungsprozess formuliert und dann kontinuierlich weiter entwickelt.

Das Schulcurriculum ist somit Ausgangspunkt für ein in einem kontinuierlichen Prozess zu entwickelnden Schulkonzept, das alle Elemente und Aspekte enthält, die die Profilierung und die Besonderheiten einer Schule ausmachen. Das Schulcurriculum tritt auf Grund eines Beschlusses der Gesamtlehrerkonferenz, nach Anhörung des Elternbeirates und nach Zustimmung durch die Schulkonferenz in Kraft. Die Bildungsstandards sind Basis für die zentralen Prüfungen und Vergleichsarbeiten; diese beziehen sich auf die Inhalte des Kerncurriculums. Auf diese Weise sichern sie die Vergleichbarkeit von schulischen Anforderungen.

Die Kolleginnen und Kollegen an den Schulen haben im Schuljahr

2003/2004 in Vorbereitung auf diese Veränderung ungeheure Leistungen erbracht, so dass der Übergang in das Schuljahr 2004/2005 recht geräuschlos vonstatten ging. Neben der obligatorischen Klage über zusätzliche Arbeit und die Verschlechterung der Rahmenbedingungen wird positiv zurückgemeldet, dass die Teamarbeit an den Schulen quasi funktional gestärkt wurde und der Dialog über das Wesentliche, über das Eigentliche von Schule durchaus als wohltuend empfunden wurde. Ein Schulleiter eines Gymnasiums, der am Ende dieses Schuljahres ausschied, führte übrigens die häufig fehlende Teamarbeit in den Kollegien darauf zurück, dass die Lehrerinnen und Lehrer das Einzelkämpferdasein an den Hochschulen lernten. Schlüssel für eine Veränderung sei die Ausbildung an den Hochschulen, um Teamfähigkeit zu erreichen. Aber gerade junge Lehrerinnen und Lehrer seien hier offener, tauschten Unterlagen aus, hospitierten gegenseitig, legten ihre jeweiligen Sichtweisen offen. Außerdem forderten sie geradezu ein professionelles Feedback ein, mit dem sich altgediente Lehrerinnen und Lehrer manchmal schwer tun. Dies habe der scheidende Schulleiter bei gelegentlichen Unterrichtsbesuchen immer wieder festgestellt. Die Aussage, dass erhöhte Anstrengung in der Lage ist, Belastung zu verringern, ist nur vordergründig paradox.

Fächerverbünde sollen die Anzahl der Fächer vermindern und gehen vom Ansatz aus, dass Phänomene des Lebens Schülerinnen und Schülern ganzheitlich begegnen.

Grundschule: Der bisherige Heimat- und Sachkundeunterricht sowie Musik, Bildende Kunst und Textiles Werken werden zum Fächerverbund Mensch, Natur und Kultur zusammengefasst – dadurch sollen Schüler Sachverhalte in größeren Zusammenhängen und aus verschiedenen Blickwinkeln kennen lernen. Der Fächerverbund Bewegung, Spiel und Sport umfasst neben dem bisherigen Sportunterricht Bewegungszeiten im Klassenzimmer und Aktivpausen.

Hauptschule: Im Fächerbund Welt-Zeit-Gesellschaft werden historische, räumliche, kulturelle, politische und wirtschaftliche Themen behandelt, in Materie-Natur-Technik naturwissenschaftliche und technische Fragen. In Arbeit-Wirtschaft-Gesundheit geht es um eine „gelingende und gesunde Lebensführung", in Musik-Sport-Gestalten soll die Ausdrucks-, Bewegungs- und Gestaltungsfähigkeit der Schüler gefördert werden.

Realschule: Biologie, Chemie und Physik werden im Fächerverbund Naturwissenschaftliches Arbeiten zusammengefasst, im Fächerverbund Erdkunde-Wirtschaftskunde-Gemeinschaftskunde soll stärker die wirtschaftliche Bildung in den Vordergrund rücken.

Gymnasium: Dort ist der Fächerverbund Geografie-Wirtschaft-Gemeinschaftskunde gebildet. Das neue Fach Naturwissenschaft und Technik wird vom Schuljahr 2007/2008 an für die Acht- bis Zehntklässler im naturwissenschaftlichen Profil verbindliches Kernfach. Im gleichen Schuljahr wird bereits in Klasse fünf mit der zweiten Fremdsprache begonnen.

Die Ziele der Bildungsreform sind:
- weniger staatliche Vorgaben
- größere Freiräume für die Schulen
- Stärkung von Grundlagenwissen und Allgemeinbildung
- Konzentration auf das Wesentliche – geringere Stofffülle, weniger Spezialisierung
- Weiterentwicklung der Unterrichts- und Prüfungskultur
- innere Differenzierung
- Schulentwicklung als Qualitätsentwicklung.

Unter diesen Voraussetzungen übernimmt die Schule mehr Verantwortung für Inhalt, Organisation und Ergebnis des Unterrichts und der schulischen Arbeit insgesamt. Dazu gehört auch, dass sich die Schule über die Wirksamkeit ihrer Arbeit Rechenschaft ablegt und mögliche Konsequenzen zieht. Die politischen Entscheidungen sind getroffen, um zukünftig die selbstständiger werdenden Schulen durch verbindliche Selbstevaluation und darauf basierende Fremdevaluierung in ihrem Qualitätsmanagement zu unterstützen. Ziel ist eine neue Balance von Eigenständigkeit und Qualitätsverantwortung. Die Schulen erhalten mit der Bildungsplanreform 2004 einen Rahmen, innerhalb dessen sie weitgehende Gestaltungsmöglichkeiten besitzen, aber auch in höherem Maße als bisher Verantwortung für die Ergebnisse tragen. Diese Verantwortung zieht auch die Pflicht zur Rechenschaftslegung nach sich. Hier kommt einer regelmäßigen und verpflichtenden Evaluation von Schulen die Schlüsselrolle zu, was aber nicht heißt, dass die institutionalisierte Kontrolle, den notwendigen Vertrauensvorschuss ersetzt.

Zum Zusammenhang größerer Freiheit, mehr Gestaltungsspielraum der Schule und erhöhte Verantwortung vor Ort war in der Wochenzeitung DIE ZEIT vom 9. Juni 2004 ein aufschlussreiches Interview abgedruckt. Darin hieß es unter anderem: „Nach vier Jahren Arbeit hat die Bildungskommission der Heinrich-Böll-Stiftung Empfehlungen vorgelegt, wie sich das deutsche Schulsystem verändern soll. Was ist der gemeinsame Nenner von 200 Seiten Reformvorschlägen? Mit einem Wort: Verantwortung. Wir glauben, dass im deutschen Schulwesen auch deshalb vieles im Argen liegt, weil die Schule für Bildungsergebnisse ihrer Schülerinnen und Schüler nicht verantwortlich ist. Der schulische Erfolg oder Misserfolg wird selten als das Ergebnis der eigenen Anstrengung gesehen, sowohl von Lehrern, als auch von Eltern und Schülern. Statt dessen gibt es eine große Bereitschaft, die Schuld für das Misslingen stets auf den Anderen, am liebsten auf den Staat, zu schieben... Im Grundgesetz heißt es: Die Schulen unterliegen der Aufsicht des Staates. Daraus folgt nach der herkömmlichen Interpretation, dass fast die gesamte Gestaltungs- und Organisationshoheit beim Staat liegt. Das zieht eine Entmündigung der eigentlich Beteiligten nach sich ... und macht es gleichzeitig leicht, Ausreden zu finden für das eigene Versagen ... Für die Lehrer sind die

Klassen zu groß und die Schüler in der Schule falsch, Eltern und Schüler schimpfen auf die unfähigen Lehrer und alle zusammen auf die Bildungspolitik. Wir wollen den Staat nicht aus seiner Verantwortung entlassen. Aber Bildung ist eben ein höchstpersönlicher Prozess von Aneignung von Welt, der durch Lehrer und Eltern unterstützt werden muss. Bei uns ... herrscht die Meinung vor: ... Schüler, Eltern, Lehrer haben wenig Einfluss ... Wenn ich als Lehrer nicht überzeugt bin, dass meine Arbeit für die Schüler eine große Bedeutung hat, dann werde ich auch nicht viel bewirken. Die neueren Vergleichsuntersuchungen machen dies deutlich ... Die Wertschätzung, die Lehrer in Skandinavien genießen, rührt daher, dass man dort weiß, dass die Schulen Rechenschaft ablegen, mit welchen Leistungen sie ihre Jugendlichen entlassen und dafür auch gerade stehen."

Im Vordergrund des baden-württembergischen Evaluationskonzepts steht die Selbstevaluation von Schulen. Ihr Ziel ist die Überprüfung der Wirksamkeit von Schule und Unterricht. Zur Unterstützung der Selbstevaluation an der einzelnen Schule konzipiert das Landesinstitut – bisher „für Erziehung und Unterricht" – künftig „für Schulentwicklung" mit den Diagnosearbeiten für die Grundschule sowie den Vergleichsarbeiten in den weiterführenden allgemein bildenden Schulen praxisgerechte Aufgabensets für Lehrkräfte zur Vergewisserung über den Leistungsstand ihrer Klassen im landesweiten Vergleich.

Als weitere Unterstützung bei der Selbstevaluation können die Schulen ab diesem Schuljahr Evaluationsberaterinnen und -berater mit einer umfassenden Qualifizierung in Theorie und Praxis von Evaluation abrufen. Die Ergebnisse der Selbstevaluation sollen in eine schulische Dokumentation münden, die kontinuierlich fortgeschrieben werden soll.

Die Selbstevaluation erfährt – in zeitlich größeren Abständen – Ergänzungen und Absicherungen durch eine unabhängige Fremdevaluation, die von Teams des Landesinstituts durchgeführt werden soll. Die Arbeit der Evaluationsteams gliedert sich in die Phasen Auswertung der schulischen Dokumentation der Selbstevaluation, mehrtägige Vor-Ort-Evaluationen mit Unterrichtsbesuchen und Gesprächen und die Formulierung eines Evaluationsberichts. Auf dieser Basis sollen dann Zielvereinbarungen zwischen der Schulaufsicht und der betreffenden Schule getroffen werden.

Das heutige Landesinstitut für Erziehung und Unterricht soll einer größeren Unabhängigkeit wegen zum Landesinstitut für Schulentwicklung als rechtsfähige Anstalt des Öffentlichen Rechts weiterentwickelt werden.

Die Aufgabenfelder:
– Schulentwicklung und empirische Bildungsforschung,
– Bildungsplanarbeit,
– Qualitätsentwicklung.

Die rechtsfähige Anstalt des öffentlichen Rechts wird vom Vorstand vertreten. Der Aufsichtsrat überwacht die Geschäftsführung und berät den Vorstand.

Im Blickpunkt der Lehrerfortbildung soll künftig verstärkt die ganze Schule stehen. An die Stelle einer bisher eher individuell, Lehrer bezogenen tritt eine systemische Sichtweise. Um dieser Rechnung zu tragen und gemeinsames Arbeiten im Unterricht zu fördern, werden Fortbildungen zunehmend prozessorientiert und schulintern angelegt – als Abrufangebote und Sequenzfortbildungen. Die Schulen können dabei auf ein differenziertes System an qualifizierten Beraterinnen und Beratern zugreifen. Seit einigen Jahren sind bestimmte Akademielehrgänge reserviert, die sich an ganze Kollegien und Schulteams richten und deren inhaltliche Ausgestaltung sich am konkreten Bedarf der jeweiligen Gruppe orientiert.

Dem schulbezogenen Ansatz entspricht eine systematische und verbindliche Fortbildungsplanung der Schule. Die Anregung der OECD, die Verantwortung der Schulleitung für Fortbildung und Personalentwicklung noch deutlicher herauszustellen, hat Baden-Württemberg bereits aufgegriffen und in Leitlinien zur Fortbildung und Personalentwicklung an Schulen einfließen lassen.

Mit der Errichtung der Landesakademie für Fortbildung und Personalentwicklung zum 1. Januar 2004 – also der Zusammenführung der bisherigen selbstständigen Lehrerfortbildungsakademien – hat Baden-Württemberg eine zentrale Stelle für Konzeptentwicklung und zur Erprobung von Fortbildungsangeboten geschaffen. Ihr obliegt auch die Schulung von pädagogischem Führungspersonal und von Lehrkräften mit besonderen Aufgaben. Die Landesakademie kooperiert mit den Seminaren für Didaktik und Lehrerbildung, mit Hochschulen sowie Industrieunternehmen und zertifiziert Angebote externer Veranstalter. Durch die Fusion der bisherigen vier Akademien in Calw, der Comburg, in Donaueschingen und Esslingen wird bei Beibehaltung der spezifischen Profile schulartübergreifende Planung und Austausch gefördert.

Im Zusammenhang mit der Evaluation sei noch erwähnt, dass es Wirksamkeitskontrollen schon bisher in Baden-Württemberg durch die zentralen Abschlussprüfungen gab, die in vielen anderen Bundesländern nun ebenfalls obligatorisch werden sollen.

Der Schulverwaltung wächst im Rahmen dieser Entwicklung eine neue Rolle zu. Sie kann sich nicht mehr als Schulaufsicht im traditionellen Sinne verstehen, sondern muss ein Dienstleistungssystem zur Unterstützung der „Operativ Eigenständigen Schule" werden. Professor Dr. Schleicher sagte bei einer Festansprache in Stuttgart im April des letzten Jahres, dass eine künftige Schulverwaltung sich daran messen lassen muss, inwieweit sie einen Mehrwert für die Einzelschule erbringt. Entsprechend gehört zur Schulentwicklung auch die Frage nach der künftigen Struktur und Arbeitsweise der Schulverwaltung.

Sie versteht sich – ungeachtet der noch anstehenden Änderungen – ohnehin schon seit geraumer Zeit und im Zuge der Bildungsreform verstärkt als Dienstleister im Sinne der Beratung und Prozessbegleitung.

Bildungsreform in Baden-Württemberg

Alle schulorganisatorischen und strukturellen Veränderungen dürfen nicht zum Selbstzweck werden, sondern stehen im Dienst einer dem Wandel der Zeit angemessenen Veränderung der Unterrichts- und Schulkultur mit dem dahinter stehenden Menschenbild. An ihm ist – aus meiner Sicht – Maß zu nehmen. Es ist im Grundgesetz und in den bisherigen Bildungsplänen wie auch in den neuen gekennzeichnet durch

– Erziehungsbedürftigkeit und Erziehungsfähigkeit,
– Kulturabhängigkeit und Kulturschaffen,
– Ganzheit: Der Mensch als Leib-Geist-Seele-Einheit,
– Sinnorientiertheit menschlichen Lebens,
– Eigenwert der Person, ursprüngliche Würde,
– Freiheit: Der auf Selbstbestimmung angelegte Mensch,
– Individualität und Sozialität,
– Geschichtlichkeit,
– Verantwortung für das Leben,
– Vernunftbegabung.

Eine gewisse Skepsis hege ich, das möchte ich nicht verschweigen, gegen die modernistische Sprache des Schulmanagements, nicht zuletzt im Kontext der neuen Steuerungsinstrumente.

Schule hat sich durchaus dem Wettbewerb zu stellen, ist dennoch aber kein Wirtschaftsunternehmen. Weder kann eine Schule Konkurs anmelden, noch kann ein Schüler das Angebot der Schule auf Besuch verweigern, da es sich um eine Pflichtveranstaltung handelt. Von daher ist für mich zwar nachvollziehbar, dass Wettbewerb durch das Ausbringen von Profilen und Transparenz schulischer Ergebnisse angestrebt wird, aber eine Übernahme 1 : 1 von Prinzipien, Mechanismen, Maßnahmen und Leitideen der Wirtschaft auf den Schulbereich ist für mich äußerst fragwürdig.

Schulreform in Baden-Württemberg zeigt sich noch in weiteren als den angesprochenen Feldern, die auszuführen wesentlich mehr Zeit als die zur Verfügung stehende in Anspruch nähme:

– Jahrgangsübergreifende Klassen in der Grundschule
– Praxiszug der Hauptschule
– Kooperationsklassen Hauptschule – Berufliche Schulen (BVJ)
– 8-jähriges Gymnasium
– Fremdsprache in der Grundschule
– Lebensweltbezogener Bildungsplan in der Sonderschule
– Stärkung der Eigenständigkeit beruflicher Schulen und darauf aufbauend die operativ eigenständige Schule zusammengefasst in dem STEBS- und OES-Prozess
– die vernetzte Einrichtung von Ganztagsschulen und vieles andere mehr.

Schule und Bildung müssen aus meiner Sicht zu Megathemen werden, wenn wir in Zukunft international bestehen wollen. Alle sollten und müssen daran mitwirken. Immer nur mit dem Finger auf den Anderen zeigen, wenn Ergebnisse nicht dem Gewünschten entsprechen, ist wenig hilfreich.

Ich bin überzeugt, dass unsere Gesellschaft einen Nachholbedarf hat wahrzunehmen, was Schule leistet, einen Nachholbedarf hat zu erkennen, dass Entwicklungen in Baden-Württemberg, sich nicht als zufälliger Flickenteppich ergeben, sondern konzeptionellen Charakter haben, von grundlegenden Ideen ausgehen und in die Zukunft gerichtet sind. Ein Blick auf die einschlägigen Kabinettsbeschlüsse der beiden vergangenen Jahre lohnt in diesem Zusammenhang. Nur in einer grundsätzlichen Akzeptanz ist Weiterentwicklung möglich. Gute Beispiele hierfür sind Staaten, die bei der PISA-Studie bessere Ergebnisse erzielt haben als unsere Bundesländer. In diesem Sinne meine ich „Es lohnt sich, über den Verlauf der Entwicklung konstruktiv zu streiten."

Anmerkungen

[1] Heute Abend bin ich sehr gerne zum 7.Heidelberger Dienstagsseminar an die Pädagogische Hochschule Heidelberg gekommen, nicht zuletzt, weil ich die Ehre hatte, beim ersten Dienstagsseminar zu den Kuratoren und Referenten zu gehören. Im Sommersemester 1998 stand es unter dem Titel „Erziehung und Bildung an der Schwelle zum 21.Jahrhundert" und hatte die Berliner Rede des damaligen Bundespräsidenten Roman Herzog zum Ausgangspunkt, die lautete: „Zum Aufbruch in der Bildungspolitik".Durch die Berufung eines Kuratoriums sollte damals deutlich gemacht werden, dass das Thema Bildung eine gesamtgesellschaftliche Aufgabe ist. Dies gilt auch heute unverändert.Als ich meinen Dienst als Leiter des Oberschulamtes Karlsruhe zum 1.August 2002 antrat, hatte ich nicht daran gedacht, dass unsere Eigenständigkeit mit dem 31.12.2004 endet. Die Obere Schulaufsicht ressortiert ab 1.Januar 2005 beim jeweiligen Regierungspräsidium – das Oberschulamt Karlsruhe wird also eingegliedert in das Regierungspräsidium Karlsruhe, so dass zukünftig Dienstvorgesetzter der Lehrerinnen und Lehrer der Regierungspräsident ist.

[2] Roman Herzog war Ausgangspunkt für das erste Dienstagsseminar.

Marianne Teske

Erwartung an Schulentwicklungsprozesse für den Unterricht und Schule als Organisation

1. Visionen

Im Kontext des neuen Bildungsplans, der den Kollegien eine stärkere Gestaltungsfreiheit bezüglich des standortbezogenen Schulcurriculums eröffnet und geradezu einfordert, entwickelt sich an jeder Schule, sicherlich auf unterschiedlichem Niveau, aber unumkehrbar ein Schulentwicklungsprozess.

Die Schulprogrammarbeit und die damit verbundenen konkreten Zielvereinbarungen haben eine zentrale Bedeutung für die angestrebte Stärkung der Eigenverantwortung der Schulen für den Bildungsprozess ihrer Schüler. Es wird erwartet, dass die einzelnen Schulen „pädagogische Handlungseinheiten" werden, die ihre Wirksamkeit als Stätten der Bildung erhöhen.

Die schulaufsichtlichen Erwartungen richten sich auf verbindliche Zielvereinbarungen in den Kollegien, die im Schulprogramm nieder zu legen sind unter Einbezug der gesamten schulischen Arbeit und dabei insbesondere auf den Unterricht als Kern der schulischen Arbeit ein verbindliches Schulprogramm, das im Interesse der Entwicklung und der Sicherung der Qualität schulischer Arbeit Funktionen nach innen und außen hat. Dazu gehören:

- Instrumentarien der Selbstvergewisserung und Außendarstellung, der Schulentwicklung und Rechenschaftslegung (interne und externe Evaluation)
- die Umsetzung der Bildungspläne unter Einbeziehung der individuellen/ standortspezifischen Rahmenbedingungen einer Schule
- Interne und externe Evaluation mit dem Ziel der Schulaufsicht im Dialog mit den Schulen
- Qualitätssicherung und Weiterentwicklung schulischer Arbeit
- die Entwicklung systemischer Entscheidungsprozesse und verbindlicher Verantwortlichkeiten für die Bildungsergebnisse einer Schule anstelle individueller Lehrerentscheidungen (sog. pädagogische Freiheit)
- Stärkung der Erziehungspartnerschaft Eltern – Schüler, Kollegien. Konkrete Schulprogrammentscheidungen werden durch die Elternbeiräte/ SMV und die Schulkonferenzen in die Schulprogrammarbeit mitgestaltet/beeinflusst.

2. Strukturen

Wie wird das Konzept der Schulentwicklung als Möglichkeit, Unterrichtsprozesse zu optimieren, von der Schulleitung, den Lehrerinnen und Lehrer angenommen?

Die Kollegien starten in den Prozess landesweit auf unterschiedlichem Niveau. Es gibt Kollegien, in denen systemisches Denken, gemeinsame/ transparente Entscheidungsfindung in Konferenzen wenig entwickelt ist. Für sie gestaltet sich der Start in die Philosophie des neuen Bildungsplans schwerer als für die Kollegien, die bereits traditionell eine hohe systemisch geprägte Konferenzkultur pflegen, für die die Weiterentwicklung standortspezifischer Schulcurricula somit ein Selbstverständnis ist.

Die erste Gruppe startet in den Prozess der Umsetzung des neuen Bildungsplans mit größeren Hemmnissen. Sie sehen auch eher Schwierigkeiten darin, diesen Anspruch, gemeinsame Entscheidungsfindung zur Optimierung der Unterrichtsprozesse, zu erfüllen.

Teamarbeit , die bspw. in der Umsetzung des projektorientierten und fächerübergreifenden Lernens in den neuen Fächerverbünden Voraussetzung für ein erfolgreiches Gelingen optimaler Unterrichtsprozesse ist, fällt vielen Kollegien schwer. Auch das relativ hohe Durchschnittsalter einiger Kollegien spielt eine Rolle. Lebensälteren Lehrkräften fällt die Umstellung i.d.R. auf teamorientierte Unterrichtsarbeit schwerer als den Jüngeren.

Es wird aber auch deutlich, dass die jungen Kollegen/Kolleginnen und die systemorientierten Kollegien in den Zielvorgaben und den organisatorischen Freiräumen des neuen Bildungsplans eine große Chance sehen, gestaltend und selbstverantwortlich/mitverantwortlich die Bildungsarbeit des konkreten Schulstandorts zu gestalten. Das löst große Motivation, ja sogar Begeisterung aus.

Schulleitungen und deren Leitungskompetenzen spielen eine bedeutende Rolle für den Erfolg des Schulentwicklungsprozesses und können ein weiterer positiver oder hemmender Faktor sein.

Zusammenfassend – aus schulaufsichtlicher Brille gesehen – kann gesagt werden, dass die Schullandschaft in Bewegung geraten ist. Eltern aber auch Schüler und Schulträger interessieren sich sehr für die erfolgreiche Weiterentwicklung des durch den neuen Bildungsplan in Gang gekommenen Schulentwicklungsprozess. Die Kollegien sehen sich hier verstärkt in der Verantwortung und stellen sich auch der Verantwortung. Das Landesinstitut für Erziehung und Unterricht (LEU) wird hier mit seinen Evaluatoren eine wichtige Rolle spielen. In wie weit die örtliche Schulaufsicht hier eingebunden sein wird ist noch nicht klar. Aus meiner Sicht wäre die Kompetenz der regionalen Schulämter in der Evaluation und Beratung der Schulen unverzichtbar. Die Rolle der Schulaufsicht könnte hier einen verstärkten Part in der externen Evaluation schulischer Bildungsarbeit haben – fachlicher Kontrolle und Beratung mit Zielvereinbarungen zur Weiterarbeit.

3. Prozesse

Wie erreichen wir es, Schulentwicklungsprozesse dauerhaft am Leben zu halten und nachhaltige Effekte nach sich zu ziehen?
   Interne und externe Evaluation wird eine bedeutende Rolle spielen. Hier gilt es die Kollegien fortzubilden (Kompetenzen der internen Evaluation zu stärken) und Schulen zu befähigen, ihre Zielvereinbarungen konkret und einlösbar zu formulieren. D.h. keine hochtrabenden weitreichenden Ziele zu formulieren, die zu viele, nur langfristig erreichbare Bedingungselemente beinhalten, sondern konkrete, in einem bestimmten Zeitrahmen erreichbare Ziele zu definieren, die dann auch konkret intern und extern zu prüfen sind.

- Systemisch verantwortete und systematische Entwicklung der Lehrerkompetenzen durch gezielte Lehrerfortbildung wird nötig sein.
- Eine neue Fortbildungskultur ist zwingend erforderlich, die nicht die individuellen Fortbildungsvorlieben oder Fortbildungsabneigungen einzelner Lehrkräfte stützt, sondern das Kollegium beschließt, welche Fortbildungsnotwendigkeiten für die Weiterarbeit und Qualitätsverbesserung des Unterrichts notwendig sind und wer sich fortbildet.
- Schulleitungsfortbildung ist eine zentrale Aufgabe zur erfolgreichen Implementation des neuen Bildungsplans. Die Schulleitung ist verantwortlich für die Bildungs- und Erziehungsarbeit der Schule nach innen und außen.

4. Kompetenzen

Über welche Kompetenzen müssen die Lehrkräfte verfügen, um aktiv den Schulentwicklungsprozess ihrer Schule zu gestalten und systemisch weiter zu entwickeln?

Schulleitung
Schulleitung muss über die Fähigkeit verfügen systemorientierte Entscheidungsfindung der Zielvereinbarungen zu initiieren. Schulleitung trägt Verantwortung für das Ergebnis der Bildungsarbeit nach innen und außen, die Konsequenz daraus ist, dass Schulleitung sich regelmäßig vergewissern muss, wie das Kollegium unterrichtet. Die Kultur der offenen Klassentüren und die Transparenz der methodischen Kompetenzen und der Schülerleistung sind wichtige Gelingensfaktoren eines erfolgreichen Schulentwicklungsprozesses. Kollegiales Vertrauen untereinander ist die Basis für ein gutes „Arbeitsklima", in dem die Kontrolle im Sinne von Offenlegung der Schwächen und damit verbundener Sanktionen schädlich wären. Hier liegt jedoch ein großer Fortbildungsbedarf- Schulleitungen benötigen die Fähigkeit, im Rahmen von Mitarbeitergesprächen die Erkenntnisse interner Eva-

luation mit dem Kollegium/einer Lehrkraft offen und sachlich anzusprechen. Lehrkräfte wiederum benötigen die Fähigkeit, ihre Lehrerleistung einer schulinternen Überprüfung – kollegiale Fallberatung – kollegiumsinterne Offenlegung der Schülerleistungen – zu stellen.

Teamarbeit
Erfolgreiche Schulentwicklung ist ohne Teamarbeit nicht möglich. Erfolgreiche Unterrichtsprojekte, die konkrete Kompetenzen und Lernziele des Bildungsplans erfüllen, bedürfen einer fächerübergreifenden teamorientierten Bearbeitung und Durchführung. Die Kontingentstundentafel ist ein sehr gutes Organisationsinstrument, das standortspezifische Gestaltungsfreiräume schafft. Methodenvereinbarungen sind eine schwierige Aufgabe für die Kollegien. Die sog. pädagogische Freiheit des einzelnen Lehrers wird gerne angeführt, um den notwendigen Methodenkonsens bspw. im Fach Mathematik (kreativ, entdeckendes Lernen, mathematisierendes Denken statt rezepthaftes Lernen) zu unterlaufen. Hier ist zwingend Fortbildung anzuraten.

Heidrun von der Heide

Schulentwicklung – Erfahrungen aus der Praxis

1. Was ist von Schulentwicklungsprozessen zu erwarten

Schulentwicklungsprozesse sind nichts Neues, Schulen haben sich immer entwickeln müssen, ob sie wollten oder nicht. Der gesellschaftliche Wandel, die Veränderung von Rahmenbedingungen machten und machen Veränderung von Schule unumgänglich. Soll diese Veränderung nicht eher zufällig erfolgen, ist eine systematische Schulentwicklung, die alle in Schule aktiven Menschen, den Unterricht und die Organisation Schule umfasst, unverzichtbar. Diese systemische Sicht auf Schule macht deutlich, dass z. B. Veränderungen in einem Bereich automatisch Auswirkungen auf die anderen Bereiche haben. Diese Sicht zeigt, dass z. B. die alleinige Konzentration auf den eigenen Unterricht die Weiterentwicklung der Schule als ganzes behindern kann.

Der dafür nötige Schritt weg vom „Ich und meine Klasse" zum „Wir und unsere Schule" ist riesig. Dies gilt insbesondere für GrundschullehrerInnen. Die Identifikation mit der eigenen Klasse, in der ein Großteil der zu unterrichtenden Stunden erteilt wird, ist in der Regel sehr hoch. Die Beziehung zwischen den jungen Kindern und der Lehrkraft ist eng, das Verhältnis zu den Eltern intensiver. Der eigentliche Zweck von Schule scheint unter diesem Blickwinkel der Unterricht mit möglichst vielen Stunden in der eigenen Klasse zu sein. Diese Konzentration auf die eigene individuelle Position führt dazu, dass sich die einzelne kaum dafür verantwortlich fühlt, zu welchen Ergebnissen das Zusammenwirken aller Positionen im Schulentwicklungsprozess führt. Verläuft die Entwicklung schwierig, sind die Ergebnisse enttäuschend, wird die Verantwortung dafür delegiert: Kolleginnen, Schulleitung, die Strukturen sind schuld. Nach meiner Überzeugung ist das systemische Denken, das P. Senge (1996, 31) die 5. Disziplin nennt grundlegend wichtig für einen erfolgreichen Schulentwicklungsprozess, da es wegführt von „Ich und meine Klasse" und Schule als ganzes in den Blick nimmt. Dadurch schärft sich zugleich der Blick auf wichtige außerhalb der Klasse, aber im Binnenorganismus Schule liegende Teilbereiche.

In unserer Schule hieß z. B. vor einigen Jahren ein Teilbereich „nicht gelingende Kommunikation, allgemeine Unzufriedenheit". Neben einer Bestandsaufnahme unter den Kategorien „Das gelingt gut" – „Das ist mir unklar" – „Das ärgert mich" – führte das Bilden eines eher informellen, aber für jede interessierte Kollegin offenen Gesprächskreises aus diesem Dilemma. Hier entstanden tragfähigere persönlichere Beziehungen, auf deren Grundlagen dann Sachfragen, wie z. B. die Bewerbung zur EXPO-Schule[1] entschieden werden konnten. Damit war ein erster Konsens, die Schule als Ganzes betreffend, erreicht.

2. Schulentwicklung als Konzept zur Optimierung von Unterrichtsprozessen

Schulentwicklung ist ja ein Prozess, der nicht am Punkt x beginnt und am Punkt y endet. Dieser Prozess der systematischen Schulentwicklung ist auch immer wieder bedroht. So zeigte unsere Bestandsaufnahme nach der EXPO-Zeit bei einigen meiner Kollegen/innen wieder die Überzeugung, dass „guter Unterricht" die alleinige Aufgabe des Lehrers sei. Diese Äußerungen sind sehr ernst zu nehmen. Sie kündigen den Abschied vom systemischen Denken an. Gewinnen sie an Boden, sind gravierende Folgen für den Entwicklungsprozess wahrscheinlich.

Positiv betrachtet, drücken sie aber auch großes Interesse am „guten Unterricht" aus. Mit einer Übung zu „Was ist guter Unterricht" wurde im Februar 2003 mit diesem Schwerpunkt begonnen. Aus 48 unterschiedlichen Definitionen musste sich jede Untergruppe von vier Kolleginnen auf fünf gemeinsame Merkmale verständigen. Bei der Vorstellung im Plenum zeigte sich zu bestimmten Strukturmerkmalen auf dieser eher abstrakten Ebene eine hohe Übereinstimmung. Es traten aber auch große Unterschiede insbesondere beim Ausmaß offener Unterrichtsformen zutage. Trotz dieser Unterschiede verständigte sich das Kollegium auf einen grundlegenden Konsens des Forderns und Förderns aller Kinder.

Unter diesem Leitbild rücken differenzierende Unterrichtsformen, insbesondere die innere Differenzierung in den Mittelpunkt. Neben der Prävention und dem Fördern bei sich abzeichnenden Lernschwierigkeiten wird der Blick auch auf das Fordern der Kinder mit besonderen Begabungen gelenkt. Durch informelle Gespräche, angeregt durch eine engagierte Kollegin und den Bericht einer Kollegin einer anderen Schule nimmt unsere Schule an 2 Projekten zur Förderung von Kindern mit besonderen Begabungen teil (Kooperationsverbund mit einem Göttinger Gymnasium, Impulsschule der Karg-Stiftung zur integrativen Förderung von Kindern mit besonderen Begabungen).

Diese Projekte sind im Rahmen unserer Schulentwicklung eine große Chance für die Optimierung von Unterrichtsprozessen. Bei der Fokussierung auf günstigere Lernbedingungen hochbegabter Kinder kommen automatisch der gesamte Unterricht, damit die Lernmöglichkeiten aller Kinder ins Blickfeld.

Begleitende Fortbildungen, an denen alle teilnehmen können, erhöhen die eigene Qualifizierung. Die Ergebnisse der Fortbildungen im Rahmen der Karg-Stiftung werden regelmäßig von der Impulsgruppe in das Kollegium rückgemeldet. Referenten der Karg-Stiftung arbeiten in Konferenzen zu festen Themen mit dem gesamten Kollegium.

Ein weiterer wichtiger Impuls für die innere Differenzierung kann vom Vorhaben der Impuls- Arbeitsgruppe ausgehen, differenzierte Materialien für den Erstlese-, Schreib- und Rechenunterricht im 1. Jahrgang zu entwickeln. Eine Kräftefeldanalyse, welche hemmenden bzw. förderlichen Faktoren im Kollegium für dieses Vorhaben zu erwarten sind und ein fester Zeitplan geben der Arbeit eine hohe Verbindlichkeit.

Bei der Vorstellung des letztgenannten Vorhabens durch die Impulsgruppe im Kollegium wurden zu meiner Überraschung alte, längst überwunden geglaubte Vorbehalte deutlich. Plötzlich ging es wieder um mangelnde Transparenz etc. Trotz aller persönlichen Enttäuschung können diese Widerstände nur durch geduldiges Zuhören, durch geduldiges Klären des Sachverhaltes verringert werden. Offensichtlich ging es einigen zu schnell. Die Impulsgruppe wird als Konsequenz immer wieder ausführlich von ihrer Arbeit berichten, um Missverständnissen vorzubeugen und um größtmögliche Transparenz herzustellen. Schulentwicklung kann nur als gemeinsamer Prozess gelingen.

3. Dauerhaftes Leben des Schulentwicklungsprozesse mit nachhaltigen Effekten.

3.1 Organisation der Arbeit –Einrichten von Arbeitsgruppen

Je nach Interesse ordnen sich die KollegInnen arbeitsteiligen Arbeitsgruppen zu. Mit der schulinternen Veröffentlichung der eingerichteten AGs, des Ansprechpartners, dem Setzen von Zwischenberichten auf einer Konferenz und der Ergebnisvorstellung versuchen wir, eine höhere Verbindlichkeit zu erreichen. Gleichzeitig wird das z.T. sehr unterschiedliche Engagement der Kolleginnen transparent.

3.2 Veränderte Schulleitung

Nach der EXPO war die Mehrheit im Kollegium nicht für die weitere Einrichtung einer Steuergruppe zu gewinnen. Dies ist m. E. ein großes Defizit. Wir brauchen in der Schule außerhalb der Konferenzen einen Ort der Steuerung von Schulentwicklungsprozessen. Schulleitung allein kann dies nicht leisten. Innerhalb der Schule sind Strukturen notwendig, die die Arbeit an der Schulentwicklung unterstützen. Zur Zeit wird die schulische Entwicklungsarbeit vor allen in dem wöchentlichen Jour-fix der Schulleitung mit den Mitgliedern der Arbeitsgruppen geplant.

Hier werden auch Dienstbesprechungen und Konferenzen gemeinsam vorbereitet und die Verantwortlichen für einzelne Tagesordnungspunkte benannt. Ebenso wird der Entwurf des Terminplanes für ein Schulhalbjahr hier besprochen.

Entscheidungen werden in der Regel also nicht mehr einsam im Zweierteam (Schulleiterin und Konrektorin) gefällt, sondern unter Einbeziehung von KollegInnen getroffen, die jeweils einen Teilauftrag für die Arbeit in der jeweiligen AG haben. Reibungsverluste/Missverständnisse sind hier unvermeidbar, da es keine konstante Gruppe ist.

3.3 Evaluation – Supervision

Seit ca. zwei Jahren findet unter Anleitung einer entsprechend ausgebildeten Schulpsychologin einmal im Monat von 16.00 bis 17.30 Uhr eine Supervision statt. Die Teilnahme ist freiwillig. Die Kosten werden privat getragen. Bis auf zwei Kolleginnen nehmen alle teil.

3.4 Umgang mit Widerständen

Widerstände werden in der konkreten Situation häufig als störend und anstrengend empfunden. In der Rückschau mit Abstand betrachtet wird deutlich, wie wichtig es ist, skeptische mahnende, widersprechende Stimmen sehr ernst zu nehmen. Sie weisen auf blinde Flecken, auf Fragwürdiges, auf zugedeckte Problemlagen hin, die betrachtet und bearbeitet werden müssen. Ein wichtiger Aspekt bei der Überwindung von Widerständen ist nach unserer Erfahrung der, genügend Zeit zu haben. Veränderungen erzeugen Unsicherheiten, rufen Ängste vor dem Verlassen des Bekannten hervor.

Viele informelle Gespräche, gezielte Hinweise auf Veröffentlichungen, Fortbildungen etc. können den Boden bereiten. Hospitationen an anderen Schulen, Einladen von Experten-Kollegen aus anderen Schulen (möglichst nicht die Schulleitung) helfen.

Vor einem längerfristig bindenden Beschluss bietet sich eine Probephase an, nach deren Evaluation die Entscheidung fällt, z. B. Einführung der Lernentwicklungsgespräche oder Verzicht auf die Schulklingel.

Eine ehrliche regelmäßige Feedback-Kultur nach Konferenzen und Schulveranstaltungen sensibilisiert für sich entwickelnde Schwierigkeiten. Widerstände sind immanenter Bestandteil jeder Schulentwicklung. Ein fairer Umgang mit ihnen ist für den Erfolg unerlässlich. Das schließt nicht aus, dass einige Kollegen für sich dann die Konsequenz ziehen, dass dies nicht mehr ihre Schule sein kann. Sie finden sich dann im pädagogischen Grundkonsens einer anderen Schule eher wieder.

4. Zusammenfassung

Folgende Aspekte halfen uns besonders
– die Bestandsaufnahmen
– die Arbeit in AGs als „Keimzelle" tragfähiger Beziehungen

– die positiven Verstärkungen
– die regelmäßige Supervision
– die Arbeit mit Methoden der Schulentwicklung

Schulische Innovationsprozesse lassen sich nicht verordnen, sondern sie lassen sich nur in mühsamer Überzeugungsarbeit und dem Gewinnen von Kolleginnen und Kollegen anschieben und anschieben und anschieben... Das Kollegium besteht aus einer mehr oder weniger willkürlich zusammengesetzten Gruppe. Die Ziele, das schulische Engagement, die Sicht auf Schule ist so unterschiedlich wie es die Individuen dieser Zufallsgruppe sind. Um so wichtiger ist es, dass einerseits Schulen entscheidenden Einfluss auf die personelle Zusammensetzung des Kollegiums haben, andererseits müssen einfache Wege geschaffen werden, die einen Schulwechsel für solche Kollegen ermöglichen, die die jeweiligen Reformprozesse nicht mittragen können. Es ist fast ausgeschlossen, jemanden gegen seinen Willen zu einer Mitarbeit an Schulentwicklung zu bewegen. Schulleitung muss also eine qualifizierte Mehrheit im Kollegium gewinnen.

4.1 Kommunikationskompetenz

M. E. sind die Kommunikationskompetenz, die Teamfähigkeit und die Fähigkeit zu Kompromissen wichtige Bedingungen für das Implementieren schulischer Veränderungen. Zuhören können, beraten, vermitteln, niemanden ausgrenzen, Widerspruch nicht unterdrücken, Zeit lassen für Veränderungen, delegieren können, loben, anerkennen ...: die Aufzählung kann fortgesetzt werden. Nur: Schulleiterinnen und Schulleiter sind wie Lehrerinnen und Lehrer in professioneller Gesprächsführung i.d.R. nicht geschult. Nach meiner Erfahrung können Entwicklungsprozesse trotz guten Willens auf Seiten der Schulleitung und des Kollegiums nicht auf den Weg gebracht werden, weil bzw. wenn die Beziehungsebene zwischen Schulleitung und Kollegium, zwischen einzelnen Mitgliedern in der Schulleitung, zwischen Gruppen oder/und Einzelpersonen im Kollegium gestört ist. Viele Konflikte auch mit Eltern sind auf unprofessionelle Gesprächsführung zurückzuführen. Hier wird Energie in großem Maße gebunden, die als Treibmittel bei Veränderungsprozessen so nötig ist. In einem sozialen System wie der Schule, in der Menschen aus unterschiedlichsten Herkunftsfamilien mit ihren ganz individuellen Lebensgeschichten miteinander und nicht gegeneinander die Schule als Lern- und Lebensort gestalten sollen, muss es Zeit und Raum geben, in dem in einem geschützten Umfeld vertrauensvoll Ärger, Enttäuschungen, Zweifel, Ängste besprochen werden können und nach Lösungen gesucht werden kann. Solch eine regelmäßige berufsbegleitende Supervision sollte, wie z. B. in anderen sozialen Berufen auch, obligatorisch werden.

Dies wird ansatzweise in einigen Schulen in der „pädagogischen Runde" versucht, reicht aber nach meinen Erfahrungen überhaupt nicht aus. Die gruppendynamischen Prozesse in Schule machen es dringend erforderlich, dass eine kompetente Person von außen, die nicht in das Beziehungsgefüge in der Schule eingebunden ist, diese Gespräche leitet.

4.2 Evaluation

Schulische Arbeit gehört evaluiert. Auch hier ist ein geduldiges langsames Vorbereiten nötig, um die Akzeptanz im Kollegium sicherzustellen. Ein erster Schritt ist die Selbstevaluation, die Rechenschaftslegung im Kollegium über das Erreichen/Nichterreichen des Angestrebten. Als zweiter Schritt ist die Evaluation von außen nötig, nicht im Sinne von Kontrolle, sondern der Hilfestellung bei Problemen. Eine solche Fremdevaluation kann nur von jemandem erfolgen, der von Schule etwas versteht und von allen im Kollegium akzeptiert wird. Dieser jemand sollte auf keinen Fall in einer dienstlichen, möglicherweise schulaufsichtlichen Beziehung zur Schule stehen.

4.3 Fortbildung

Es kann nicht angehen, dass es jeder Lehrerin, jedem Lehrer überlassen wird, ob er/sie Fortbildungen besucht. Eine regelmäßige verpflichtende Fortbildung auch in der Unterrichtszeit ist unerlässlich auf der Basis gemeinsam entwickelter Ziele zur Unterrichtsqualität und Schulentwicklung. Persönliche Vorlieben können natürlich berücksichtigt werden. Die schulischen Notwendigkeiten sind m. E. aber entscheidendes Auswahlkriterium einer Fortbildung. In der Schule muss es außerdem ein Ritual der Weitergabe des auf Fortbildungen erworbenen Wissens und der Methoden geben.

Anmerkungen

[1] 1999 waren alle Schulen in Niedersachsen anlässlich der Weltausstellung Expo 2000 aufgerufen, sich mit einem besonderen Projekt am Wettbewerb „Welche Schulen braucht die Zukunft unserer Welt" zu beteiligen. Die ausgewählten Schulen wurden als „Expo-Schule" zertifiziert. Die Albanischule wurde mit dem Projekt „Lebenswelten" Exposchule.

Literatur

Schratz, M. & Steiner-Löffler, U. (1998). *Die lernende Schule*. Weinheim, S. 24.
Senge, P. (1996). *Die fünfte Disziplin*, Stuttgart, S. 31.

Gerd-Ulrich Franz

Schule ist zu gestalten!
Ein zweifacher Erfahrungsbericht

1. Anlass und Absicht

Eingeladen zum 7. Heidelberger Dienstagsseminar für den 14. Dezember 2004 zum Thema Schulentwicklung, habe ich darüber nachgedacht, was für mich die Essenz meiner Erfahrungen nach 30 Jahren Lehrerarbeit wäre.

Dieser Beitrag stellt darum keine wissenschaftlich oder empirisch abgesicherten Ergebnisse vor, sondern beschreibt meine Erfahrungen als Lehrer und Schulleiter mit der Schulentwicklung in der Integrierten Gesamtschule Wiesbaden. Einmal als Synonym und Motor der Schulentwicklung in Hessen gestartet, droht diese seit längerem in den Fesseln einer Schulform zu erstarren. Es ist mir daher ein besonderes Anliegen, die Gestaltbarkeit, besser die notwen-dige und unabdingbar selbst zu verantwortende Gestaltung durch jede einzelne Lehrkraft und die Kollegien der Schulen zu betonen und die nachfolgenden Lehrergenerationen zur offensiven Wahrnehmung dieser Aufgabe zu ermutigen.

2. Einordnung: Schule in Hessen heute

Die weitgehende Reglementierung der Schule beeinflusst ihre Entwicklungsfähigkeit und beeinträchtigt die Wahrnehmung ihrer Gestaltbarkeit als Einzelschule. In den Jahren meiner Lehrertätigkeit wandelten sich z. B. die fachlichen Vorgaben für die Arbeit in den Unterrichtsfächern von „Rahmenrichtlinien" über „Rahmenpläne" wieder zurück zu „Lehrplänen", wie sie bereits in den 50er und 60er Jahren hießen. Auch neuerdings verordnete Vergleichs-arbeiten und landesweite Abschlussprüfungen wirken eher einschränkend auf die Gestaltungsfreiheit der Lehrkräfte und reduzieren damit auch die individuelle Verantwortung für den Unterricht. Der ehemals als individueller Bewährungsanreiz für Schüler konzipierte Mathematik-Wettbewerb in Hessen wird nunmehr gezielt für ein Ranking der Schulen missbraucht. Diesen Maßnahmen ist gemeinsam, dass sie die unterschiedlichen Voraussetzungen in den einzelnen Schulen vor Ort ausblenden und damit Objektivität der Leistungsmaßstäbe suggerieren.

Die von der KMK verabschiedeten bundesweiten Bildungsstandards für die Sekundarstufe I, als scheinbar objektiv vergleichende schulformbezogene Anforderungen konzipiert, tragen jedoch in sich die Chance zur Überwindung der vielfachen Vorgaben für Inhalte und Organisation unserer schulischen Arbeit. Wenn die wissenschaftlichen Anforderungen an eine derartige Outputkontrolle angemessen erfüllt werden, wenn diese Standards als fachliche, durch gestufte Kompetenzbeschreibungen transparente Mindestanforderungen ausgeführt werden, können wir uns gerade in den Gesamtschulen von den Fesseln struktureller Vorgaben befreien. Dann wird die Verantwortung der Kollegien, der einzelnen Lehrkraft für die Gestaltung offener zu Tage treten und im ganzen Bildungssystem die Legitimität administrativformaler Hürden, die den Zugang zu weiterführenden Schulwegen behindern, offen in Frage gestellt werden.

3. Der individuelle Weg –
welchen Beitrag leiste ich als Lehrkraft?

Meine Lehrerbiografie begann 1970 mit dem Studium für das Lehramt der Sekundarstufe I (L2) an der Universität in Gießen. Die Fächer Physik und Chemie wählte ich aus persönlichem Interesse und einstellungsrelevanter Nützlichkeit, legte aber das Schwergewicht im Studium eher auf die Fächer Pädagogik, Psychologie, Politik und Soziologie. Dennoch waren Schulreform in Hessen und Gesamtschule eigentlich nur Seminarthemen und Gegenstand von Referaten. Der demokratische Anspruch der Gesamtschule entsprach zwar meiner politischen Grundhaltung, als bildungspolitische Handlungsperspektive oder gar pädagogischen Umsetzungsauftrag nahm ich sie dennoch nicht wahr. Auch das Referendariat an einer Gesamtschule im Aufbau änderte daran wenig. Diese erste reale Unterrichtserfahrung mit allen Kindern eines Jahrgangs empfand ich eher als eine technisch-unterrichtsplanerisch zu bearbeitende Aufgabe, denn als Anlass zur grundsätzlichen Reflexion der schulischen Umsetzung eines Bildungsauftrags. Soweit mein für diese Lehrergeneration in Hessen sicher nicht untypischer Werdegang. Eingestellt wurde ich 1975 als Lehrer an der Wilhelm-Leuschner-Schule in Mainz-Kastel, einer der vier ältesten hessischen Gesamtschulen. Hier begann meine Realerfahrung mit der Schulreform und der IGS - 26 Stunden Unterricht in Physik und Chemie, 13 Kurse aus den Jahrgängen 8 bis 10 mit ca. 280 Schülern in der Woche, dabei kein einziges Mal dieselbe Gruppe in beiden Fächern. Diese IGS war ein Großsystem mit 12 Parallelklassen in der Mittelstufe, gegründet 1969 als zukunftsweisendes Bildungsangebot in einem Quartier mit hohem Sozialwohnungsanteil. Die Lebenshintergründe von Kindern sozial benachteiligter Stadtteile waren mir bis dato völlig fremd gewesen und im Umgang eine große Herausforderung. Die politische Ausgangsbegründung für die Gesamtschule, diesen Kindern den Zugang zu höherer Bildung zu ermöglichen, war in diesem Kollegium lebendiger Auftrag. Das hat mir in der Einstiegssituation sehr geholfen, obwohl die dem Auftrag entsprechende konkrete unterrichtliche Umsetzung nicht im Mittelpunkt stand. Erst mit dem Angebot einer Lehrergruppe durch den zum Kollegium gehörenden Schulpsychologen (!) hatte ich dann die entscheidende Gelegenheit, die eigene Unterrichtssituation mit anderen KollegInnen gemeinsam zu reflektieren. Im „LVT" (Lehrerverhaltenstraining) lernten wir zu erkennen, welche Anteile an Konflikten und unterrichtlichen Mißerfolgen wir selbst zu verantworten hatten und welche nicht. Fachdidaktische Grundpositionen oder schulorganisatorische Rahmenbedingungen und ihre Auswirkung auf den Unterricht wurden in den Blick genommen. Um die Wirkung geklärter Rituale und abgestimmten Lehrerverhaltens auf gemeinsame Schüler konkret erfahren zu können, beantragte die LVT-Gruppe nach zwei Jahren bei der Schulleitung einen vorrangigen gemeinsamen Einsatz ihrer Mitglieder in drei der sieben Klassen des Einstiegsjahrgangs sieben. Dieses Experiment hat uns bestärkt, weiterhin gemeinsam auch die Rahmenbedingungen für die eigene Unterrichtsarbeit zu beeinflussen.

Weiterer Impuls war für mich die Beauftragung als „Fachmoderator für Gesamtschulen" mit der Aufgabe, die Ausgestaltung des Fachunterrichts an der Gesamtschule dem besonderen Auftrag dieser Schulform anzupassen. Es galt, die bis dato auch an den IGS vorherrschende Fächerhoheit durch eine pädagogische Ausrichtung der Gesamtorganisation abzulösen. Die gemeinsame Arbeit mit den Kindern eines Jahrgangs, die Bildung von festen Jahrgangsteams, wurde in den Mittelpunkt gestellt. Die Fächer hatten hierzu ihren je spezifischen Beitrag zu erfolgreichem Lernen aller Kinder zu leisten. Im Rückblick wird mir einmal mehr klar, dass meine Erfahrungen zwar von einigen nicht wiederholbaren Glücksfällen begünstigt wurden – zugleich beschreiben diese aber auch die förderlichen Bedingungen, die in Schulen geschaffen werden können, um neuen LehrerInnen eine produktive und reflektierte Einstiegsphase, ein positives Bild von der Gestaltbarkeit des eigenen Arbeitsplatzes zu ermöglichen. Dazu gehört ein schulisches Selbstverständnis, mit dem die alltägliche Praxis als veränderbar selbst zu verantworten verstanden wird.

„Von der LehrerIn an der Gesamtschule zur GesamtschullehrerIn" Unter diesem auch provozierend gemeinten Titel haben mehrere südhessische Gesamtschulen gemeinsam eine Seminar-Reihe für ihre neu an die IGS kommenden KollegInnen organisiert. Jeweils ein Thema (Teambildung, Binnendifferenzierung) wurde an und von einer der beteiligten Schulen durchgeführt. Neben dieser Fortbildung und der Reflexion des gemeinsamen Schulform-Einstiegs kamen so auch die unterschiedlichen organisatorischen Lösungen der beteiligten Schulen in den Blick. Auf diese Weise wird deutlich, dass stets Entscheidungen der Kollegien Antworten auf die von ihnen eingeschätzte Situation ihrer Schule sind und die Arbeit vor Ort prägen. Dieses Beispiel führt zur Betrachtung der institutionellen Möglichkeiten der Entwicklung der Einzelschule.

4. Der institutionelle Weg – was kann die Einzelschule bewirken?

Der beschriebene berufsbiografische Weg mündete in der Gelegenheit, die in den vielfachen Diskussionen herausgearbeiteten Eckpunkte einer pädagogisch gestalteten Gesamtschule konsequent umzusetzen. Die Chance erwuchs aus einer zunächst bedrohlichen politisch verursachten Krise. Die sofortige Abschaffung der (gerade erst eingeführten) verpflichtenden Förderstufe für alle Kinder nach dem Regierungswechsel 1987 verursachte in Wiesbaden einen Run auf die mit der Einführung der Förderstufe erfolgreich gestartete IGS Helene-Lange-Schule. Viele Wiesbadener Eltern wollten nicht mehr auf diese positiv erlebte pädagogische Veränderung einer Schule verzichten und forderten weitere derartige Schulen für ihre Kinder. Der Schulträger nahm seine Verantwortung wahr und beantragte die Einrichtung einer neuen IGS. Ich wurde als Leiter der Planungsgruppe berufen, die als späteres Gründungskollegium das Konzept für diese nächste IGS entwickeln und deren Start vorbereiten sollte. Gemeinsam - auch mit den Eltern der Initiative - haben wir die Konzeptmerkmale für unsere Schule als Planvorlage formuliert und zum Schuljahr 1988/89 die Arbeit mit den Jahrgängen 5 und 6 aufgenommen. Eine Neugründung bietet nicht nur die maximalen Gestaltungsmöglichkeiten sondern zugleich die besten Voraussetzungen, für die ganze Schule geltende Prinzipien der Unterrichtsorganisation und Zusammenarbeit festzulegen - vom Jahrgangslehrerteam über „Offenen Anfang" und Aussetzen der Pausenklingel bis zur Neugestaltung der Arbeitsbereiche für Schüler und Lehrkräfte. Die Aufbruchstimmung nutzend hat das Gründungskollegium von Anfang an die ständige Bilanzierung seiner Arbeit beschlossen und in jährlichen Bilanztagen und -konferenzen bis heute durchgehalten. So werden Konzeptansätze an die nachfolgenden neuen Kollegen weitergegeben und die Verständigung über die gemeinsame Arbeit generell befördert - unverzichtbare Voraussetzung für die erfolgreiche Profilierung einer Schule, die in der Konkurrenz einer großstädtischen Schullandschaft ihren Platz gewinnen und behaupten muss. Aus der „Konzeptgruppe" der Aufbauphase entwickelten wir die von der pädagogischen Leiterin koordinierte Gruppe der Jahrgangsteamsprecher mit der Aufgabe, als vertikale Klammer über die Jahrgänge 5 bis 10 die gemeinsame Entwicklung der Schule sicherzustellen. Bilanzen und Studientage der Jahrgangsteams und des Kollegiums sind dabei hilfreiche Strukturen. Ein „Kursbuch", (Kroha, 1997) in dem wesentliche Eckpunkte des Konzepts mit ihrer Begründung und den Ausführungshinweisen dargelegt sind, ist die Grundinformation für neue Kollegen, aber auch für interessierte Besucher der Schule. Mit diesen Strukturen ist es uns gelungen, die vereinbarten Eckpunkte des Schulkonzepts als Vorgabe für die Arbeit der einzelnen Teams und die Unterrichts-

Schule ist zu gestalten! 169

arbeit der Lehrkräfte in der IGS Kastellstraße zu etablieren (Boenicke/Kroha, 1999). Die von außen erkennbare gemeinsame Arbeit des Kollegiums begründete den Erfolg, der sich in den seit dem zweiten Jahr die Aufnahmekapazität weit überschreitenden Anmeldezahlen und dem positiven Ruf der Schule in der Öffentlichkeit widerspiegelt.

4.1 Übertragbare Ansätze und Bedingungen

Unsere Erfahrungen der letzten 16 Jahre zeigen, dass ein Kollegium trotz äußerer Widrigkeiten den eigenen Entwicklungsrahmen sehr wohl ausschöpfen kann, wenn es gelingt in der Schulgemeinde Konsens über die Absichten und Ziele herzustellen.

Jedes Kollegium kann nach einer gemeinsamen Prüfung seiner Arbeit und der Ergebnisse, einer erneuten Reflexion des schulischen Auftrags, die Reorganisation seiner Arbeit voranzutreiben. z. B. erprobt ein Pilotteam mit klarem Auftrag erste Umsetzungsschritte und berichtet darüber. Notwendige Voraussetzung ist die von allen zu akzeptierende Verpflichtung, die eigene Unterrichtsarbeit an diesem Auftrag zu orientieren und entsprechend weiterzuentwickeln. Ein solcher Prozess ist durch eine Steuerungsgruppe zu organisieren und zu koordinieren, die auf die Einhaltung der vereinbarten Schritte und die Einlösung der Absichten achtet. Eine externe Beratung kann dabei helfen, in der Vergangenheit eingeschliffene Verfahren und Verhaltensmuster aufzubrechen und eine wirkliche Reorganisation zu schaffen. Unterstützend für die Umsetzung ist auch die begleitende Reflexion der eigenen Unterrichtsarbeit durch kollegiale Supervision zur gemeinsamen Klärung alltäglicher Widrigkeiten und ihrer angemessenen Beurteilung.

5. Ausblick – Schule und Bildungssystem sind zu verändern!

Die Ergebnisse von PISA 2000 waren für uns in der IGS Kastellstraße Anlass, offener über die von uns selbst festgestellten Mängel unserer Arbeit, insbesondere die auch für uns oftmals unbefriedigenden Erfolge unserer Unterrichtsarbeit zu sprechen. Bereits vorher hatte 1999 eine TIMSS-Nachuntersuchung an unserer Schule (Köller/Trautwein 2003, S. 88-119) neben der klaren Bestätigung unserer Arbeit leider auch ergeben, dass es uns noch nicht hinreichend gelungen war, die Benachteiligung der benachteiligten Schülergruppen zu mindern. In einer Ideenrunde des Kollegiums haben wir intensiv diskutiert, wie die Blickwende aussehen müsste, um für alle Kinder erfolgreiches Lernen sicherzustellen. Die Orientierung des Unterrichts an den zu erwerbenden Kompetenzen, das Vermeiden frühzeitigen Abhängens, mithin eine Lernorganisation die stärker individuelle Lernprozesse ermöglicht, rückte in den Mittelpunkt unserer Überlegungen. Unter kompetenter externer Begleitung sind wir dabei, die Schulentwicklungsprozesse unserer Schule, insbesondere deren Strukturierung und Steuerung neu zu ordnen. Wir überprüfen die bisherigen Abläufe und Strukturen darauf, inwieweit sie für eine nachhaltige und gemeinsame Entwicklung unserer Arbeit förderlich oder hinderlich sind. In einem mehrstufigen gemeinsamen Prozess des Kollegiums haben wir herausgeschält, dass die alltägliche Unterrichtsanlage und -organisation bisher individuellen Lernprozessen der Schüler nicht genügend Raum bietet. Parallel erarbeitete die Schulkonferenz Leitlinien für den Unterricht, in denen die jeweilige Verantwortung von Lehrern, Schülern und Eltern für erfolgreiches Lernen beschrieben wird. Die Leitlinien werden in den Klassen, in Elternabenden, der Gesamtkonferenz und den Jahrgangsteams ausführlich diskutiert und mit Beispielen illustriert. Die von uns gerne aus Finnland übernommene Zielvorgabe „Kein Kind zurücklassen" macht dabei deutlich, dass wir mit diesem Vorhaben ein Problem benennen, das für das deutsche Schulsystem im Ganzen gelöst werden muss.

Solange alle innerhalb und außerhalb der Schulen vom aussondernden Zuweisen zu Schulformen nach der Klasse 4 und ganz selbstverständlich von einem Scheitern im Unterricht und in der Schule als deutscher Normalität ausgehen, wird eine Lösung nicht wirklich beabsichtigt! Erst wenn die individuelle Lernentwicklung statt des Lehrplans unser Augenmerk für die Anlage und Durchführung des Unterrichts bestimmt, ist wirklich selbstverantwortetes, erfolgreiches Lernen aller Schüler möglich. Erst wenn die Organisation der Schule als Lernorganisation verstanden und umgesetzt wird, haben die Schüler eine ehrliche Chance, ihren individuellen Lernweg zu gehen. Transparente Anforderungen, dargestellt als gestufte, im Laufe der Schulzeit zu erwerbende Kompetenzen müssen ihnen dabei den Weg zu den geforderten (Mindest-)Standards am Ende der Schulzeit aufzeigen. Hier vereinen sich also individueller und institutioneller Weg der Schulentwicklung mit der gesellschaftlichen Verantwortung für die Weiterentwicklung des Schulwesens insgesamt:

- ohne konkrete Bereitschaft zur Veränderung in der Unterrichtspraxis der Lehrkräfte,
- ohne Veränderung der schulischen Organisation, dort wo sie Lernen behindert oder gar Scheitern verursacht,
- ohne Abkehr von der Aussonderung nach dem Lernstand eines Kindes und
- ohne Hinwendung zur Förderung aufbauend auf dem erreichten Kompetenzstand,

werden wir die Maxime „Kein Kind zurücklassen" weder in der einzelnen Schule noch im Schulsystem erfüllen. Dies ist nach meiner Überzeugung die zentrale Aufgabe und der überfällige Auftrag für jede Schulentwicklung in der Einzelschule wie im gesamten System. Alle Maßnahmen, die diese Maxime nicht in den Mittelpunkt rücken, beschönigen nur den Zustand des Schulsystems und lenken von der nicht mehr tragfähigen inneren Struktur ab.

Literatur

Boenicke, R. & Kroha, R. (1999). *Wie sich die IGS Kastellstraße entwickelt hat.* Heft 2 der Reihe SCHULE GESTALTEN des Hessischen Landesinstituts für Pädagogik, Wiesbaden.

Franz, G.-U. (2003). Schulentwicklung in Wechselwirkung von Schule und Umfeld. In: Heyer, P., Sack, L. & Preuss-Lausitz (Hrsg.). *Länger gemeinsam lernen.* Band 55. Aurich: Blaue Reihe der GGG.

Köller, O. & Trautwein, U. (Hrsg.) (2003). *Schulqualität und Schülerleistung.* Evaluationsstudie über innovative Schulentwicklung an fünf hessischen Gesamtschulen, Weinheim und München.

Kroha, R. (1997). *Kursbuch der IGS Kastellstraße.* Wiesbaden: unvollendeter Ordner, 2. Auflage.

Hendrik Dahlhaus, Volker F. Herion, Jana Hornberger,
Michael Kirschfink, Undine Schmidt, Ingrid Schneider,
Andreas Werner & Traute Werner

Schulentwicklung an der Elisabeth-von-Thadden-Schule Heidelberg[1]

Schulleiter Volker F. Herion

Einleitung

Schulleiter stehen nicht in der Hauptverantwortung von Schulentwicklung, sie sind eher Begleiter im Hintergrund. Aber ohne Zustimmung und Unterstützung durch die Schulleitung wäre Schulentwicklung zum Scheitern verurteilt. Vor allem beim Einstieg und dann bei der Verzahnung von Schulentwicklung mit der herkömmlichen Gremienarbeit der Schule ist die Mitarbeit und Initiative der Schulleitung wichtig. Schulentwicklung ist vor allem eine Sache des Kollegiums und der drei Säulen einer Schule: Lehrer, Schüler, Eltern.

Voraussetzungen für einen gelingenden Prozess sind aus meiner Sicht:
– eine kontinuierliche und professionelle Außenbegleitung,
– eine klare Zielvereinbarung,
– eine eindeutige Klärung der Gremienverantwortung und -kooperation innerhalb der Gruppen und zwischen Lehrern, Schülern und Eltern.

Wenn diese Voraussetzungen gegeben sind, entsteht im Kollegium und in der Eltern- und Schülerschaft recht bald ein Fundament von Teilnehmern, die eine Innensicht von Schule gewinnen und dazu beitragen können, dass Schule sich gemeinsam erfolgreich bewegt.

Warum haben wir an der Elisabeth-von-Thadden-Schule einen Schulentwicklungsprozess begonnen? Es war weniger der Wunsch nach avantgardistischen Neuerungen, sondern vielmehr die Notsituation einer Freien Schule nach zwei Schulleiterwechseln in kurzer Folge: Was ist unser Proprium, was ist uns wesentlich, woran und wohin wollen wir uns orientieren?

Ein erster Versuch in den Jahren 1999 und 2000 mit einer befristeten Außenbegleitung hatte nicht zu erhofften Erfolgen geführt. Der Wunsch nach Orientierung war jedoch nach wie vor spürbar vorhanden. So begannen wir nach einem Jahr Pause 2001 einen zweiten Versuch mit einer professionellen Außenbegleitung durch Dietlind Fischer vom Comenius-Institut der EKD in Münster/Westfalen. Mittlerweile ist uns klar, dass dieser Prozess noch lange nicht abgeschlossen ist, aber dass wir gute und vorzeigbare Ergebnisse erreicht haben. Ich freue mich, dass wir nun Gelegenheit haben werden, durch die Darstellung unseres Schulentwicklungsteams über diese Fragen ins Gespräch zu kommen.

Anmerkungen

[1] Der gesamte Artikel besteht aus 7 Einzelbeiträgen, welche von Mitgliedern des Schulentwicklungsteams der Elisabeth-von-Thadden-Schule Heidelberg (LehrerInnen, SchülerInnen, Eltern) verfasst wurden.

Ingrid Schneider

Schulentwicklung I: Arbeit am Schulprogramm

Als wir in einer Sonderkonferenz im Mai 2001 darüber diskutierten, in einen Schulentwicklungsprozess einzusteigen, war dies der zweite Versuch. Der erste Versuch war aus unterschiedlichen Gründen gescheitert, die sich uns erst im Nachhinein klar darstellten: Wir hatten damals kein gemeinsam festgelegtes Ziel, zu viele unterschiedliche Themen und zu viele unterschiedliche Erwartungen prägten den Prozess. Zudem war die Vorgehensweise vorher nicht geklärt worden und ein Berater des Außenbegleiterteams fiel vorzeitig aus. Deshalb wollten wir es nun besser machen.

In einem längeren Vorlauf hatten wir Themen gesammelt, die den Kollegen wichtig waren, und bemühten uns gleichzeitig um eine mögliche Außenbegleitung. In einer Abstimmung erklärte sich – trotz einiger Nein-Stimmen und Enthaltungen – die Mehrheit des Kollegiums bereit, einen Neueinstieg zu wagen. Als Thema wurde „Das Spezifische unserer Schule" eindeutig als das Dringlichste gewählt. Das Hinzuziehen einer Außenbegleitung sollte noch geklärt werden.

Rechtzeitig zum Schuljahresbeginn, in der Gesamtlehrerkonferenz im September 2001, stimmten die Kollegen einer Außenbegleitung durch Frau Dietlind Fischer vom Comenius-Institut Münster zu. Frau Fischer hatte sich zuvor interessierten Kollegen vorgestellt und sie über ESCHE, die vom Comenius-Institut initiierte SchulEntwicklungsberatung, unterrichtet. Vorteil dieser Außenberatung war das klare Konzept, das unseren Ideen und unserem Engagement von Anfang an eine Struktur für eine mögliche Umsetzung gab. So verlangten die Vorgaben z.B., dass mindestens 75% des Kollegiums dem Schulentwicklungsprozess zustimmen. Wir erhielten sogar 85% Ja-Stimmen. Unser Thema, „Das Spezifische unserer Schule", wollten wir soweit bearbeiten, dass wir als Ziel die Entwicklung eines Schulprogramms ansteuern konnten.

Der nächste Schritt war die Wahl einer Koordinierungsgruppe (KOG), die im Oktober erfolgte. Das Team, das für ein Jahr gewählt wurde, sollte neben der Schulleitung aus sieben weiteren Kollegen bestehen, die möglichst repräsentativ die unterschiedlichen Facetten des Kollegiums abdecken (Alter, Dienstalter, Geschlecht, Fachbereich, ...).

Aufgaben der KOG sind die Verhandlungen mit der Außenberaterin, die Information des Kollegiums, die Vorbereitung, Mitgestaltung und Auswertung kollegiumsinterner Veranstaltungen sowie die Mitgestaltung von Veranstaltungen mit Schülern und Eltern. Die erste Aufgabe bestand darin, einen Pädagogischen Tag vorzubereiten, der uns für unser Thema öffnen und zu ersten Ergebnissen führen sollte.

Im November 2001 trafen wir uns also alle zu einem Pädagogischen Tag unter dem Motto „Wo stehen wir? Wo wollen wir hin? Vorarbeiten zur Entwicklung unseres Schulprogramms". Die Arbeit an diesem Tag war zweigeteilt: Am Vormittag tauschten wir uns alle in kleinen Gruppen darüber aus, was wir als das Besondere unserer Schule empfinden und welches ihre tragenden Fundamente sind. Wir fragten uns, was geändert werden muss, was verbesserungswürdig und was unbedingt erhaltenswert ist. Aus den hier zusammengetragenen, von den Kollegen als tragende Fundamente der Schule benannten Eigenschaften und Beschreibungen sollte später unser Leitbild entstehen, das dem Schulprogramm vorangestellt ist.

Am Nachmittag arbeiteten wir in unterschiedlichen Gruppen zu verschiedenen Themenbereichen, die von den Kollegen schon vor dem Pädagogischen Tag ausgesucht worden waren: Sozialcurriculum, Methodencurriculum, Religiöses Leben, Musisch-künstlerisch-kreativer Bereich, Fahrten, Erziehen im Unterricht, Fahrten, Wir für uns: Kollegiales Miteinander. Alle diese Themen sollten später in unserem Schulprogramm enthalten sein.

Im Anschluss an diesen Pädagogischen Tag zum Auftakt unserer Schulentwicklung folgte ein Jahr des Weiterarbeitens in Themengruppen. Dabei sah die Arbeit für die einzelnen Lehrerinnen und Lehrer äußerst unterschiedlich aus. Je nach Interesse und Auftrag nahm er/sie an den Sitzungen einer oder mehrerer Arbeitsgruppen teil. Auch trafen sich die Arbeitsgruppen wie „Sozialcurriculum" oder „Fahrten" unterschiedlich oft und arbeiteten unterschiedlich intensiv. Eine Gruppe löste sich zwischenzeitlich auf und entstand wieder neu, eine andere („Thadden auf Umweltkurs") kam ganz neu hinzu.

Die KOG versuchte währenddessen in teilweise anstrengenden Diskussionen aus den Ergebnissen des Pädagogischen Tages ein Leitbild zu formulieren. Gleichzeitig sammelte sie alle Arbeitsergebnisse aus den Arbeitsgruppen für das Schulprogramm.

Die Schulentwicklung hatte eine Eigendynamik entwickelt und man kann mit Fug und Recht behaupten, dass die ganze Schule in Bewegung war. Bis Oktober 2002, also knapp ein Jahr nach dem ersten Pädagogischen Tag, konnte die KOG einen ersten Entwurf des Schulprogramms präsentieren. Trotz aller Lücken und Unzulänglichkeiten lag zum ersten Mal eine schriftliche Beschreibung unserer Schule vor. Diese erhielten alle Kolleginnen und Kollegen als Arbeitsgrundlage für den zweiten Pädagogischen Tag.

Und wir nahmen uns besonders viel Zeit. Wir gingen zwei Tage aus der Schule heraus, mieteten uns im Bildungshaus Bruder Klaus in Neckarelz ein und gönnten uns auf diese Weise auch einen gemeinsamen Abend zum entspannten Beisammensein.

Zwei Teile unseres Schulprogramms waren uns besonders wichtig: das Leitbild und die Beschreibung des religiösen Lebens. Deshalb diskutierten zu diesen beiden Punkten sämtliche Kollegen in arbeitsgleichen Gruppen die vorliegenden Entwürfe. Während das Papier „Religiöses Leben" mit kleineren Änderungen „durchging" und verabschiedet wurde, gab es zum Leitbild noch etliche Bedenken und Verbesserungswünsche, die der KOG zum Bearbeiten wieder mitgegeben wurden. Der zweite Teil des Pädagogischen Tages war wieder für unterschiedliche Themenbereiche geöffnet.

Am Ende der Tagung wurde das Mandat der KOG, das nach einem Jahr abgelaufen war, vom Kollegium verlängert, damit das jetzt eingearbeitete Team die endgültige Fertigstellung des Schulprogramms bewältigen konnte. Für die redaktionelle Überarbeitung des Schulprogramms wurde zusätzlich ein dreiköpfiges Team benannt.

Auch für die weitere Zukunft visierte das Kollegium schon Ziele an: die Unterrichtsentwicklung und die Ausarbeitung eines Methodencurriculums. Und noch etwas war an diesem Pädagogischen Tag klar geworden: Es war höchste Zeit, die Eltern und Schüler zu informieren und in den Schulentwicklungsprozess einzubinden.

Dies geschah auch in verschiedenen Gremien. Bei einer Elternbeiratssitzung im November 2002 ließen sich die Eltern nicht nur über die bisherige Schulentwicklung von Seiten der Lehrer informieren, sondern zeigten großes Interesse an einer Beteiligung und gründeten sogleich eigene Arbeitsgruppen. Innerhalb unserer Reihe „Pädagogische Gespräche" tauschten sich Eltern und Lehrer über den von den Lehrern erarbeiteten Entwurf des Leitbilds aus. Auch die Schülervertreter wurden im Rahmen einer Schülerratssitzung darüber informiert, was ihre Lehrer bereits erarbeitet hatten. Auch hier gab es einzelne Schüler, die Interesse an einer Mitarbeit in der Schulentwicklung zeigten. Allerdings wurde deutlich, dass es für die Schüler sehr viel schwieriger war, sich auf gemeinsame Themen zu verständigen und funktionierende Gruppen zu bilden. Hier hätte es noch der Unterstützung durch Eltern und Lehrer bedurft.

Nachdem das in Neckarelz noch nicht akzeptierte Leitbild von der KOG überarbeitet worden war, wurde es im Kollegium mit großer Mehrheit verabschiedet, ebenso wie das gesamte Schulprogramm. Im März 2003, also eineinhalb Jahre nach dem ersten pädagogischen Tag und fast zwei Jahre nach Wiederaufnahme der Schulentwicklung, wurde das Schulprogramm auch von der Schulkonferenz verabschiedet. Nachdem auch das Layout ausgesucht und Fotos eingefügt waren, konnte das Ganze als Broschüre gedruckt werden.

Damit war ein langer, nicht immer einfacher Prozess abgeschlossen, der sich insgesamt auf jeden Fall gelohnt hat. Inwiefern?

Ein Kollegium konnte – nach einem missglückten Versuch – erleben, dass Schulentwicklung gelingen kann. Es hat sich intensiv mit dem von ihm selbst gewählten Thema – dem Besonderen der eigenen Schule – auseinandergesetzt und es geschafft, ein Leitbild und ein Schulprogramm zu formulieren, das von allen einzelnen Kolleginnen und Kollegen mitformuliert, diskutiert und schließlich verabschiedet wurde, so dass man davon ausgehen kann, dass sein Inhalt auch von allen getragen wird. Doch das Produkt, das man gedruckt in Händen halten kann, ist sicher nicht das einzige und vielleicht auch nicht das wichtigste Resultat der Schulentwicklung. Zwar wird sich unser Leitbild wohl nicht so schnell ändern, doch ist uns klar, dass das Schulprogramm fortgeschrieben werden muss. Mit der Veränderung der Schule werden sich auch Teile ihrer Beschreibung anpassen müssen.

Doch was wir gewonnen haben, ist noch etwas ganz anderes. Wir haben Schule in Bewegung erlebt. Wir haben in vielen Arbeitsgruppen themenorientiert zusammengearbeitet (auch unabhängig von der Fachgruppe), wir waren permanent im Gespräch und haben die Kommunikationsfähigkeit im weitesten Sinn verbessert. Wir haben uns schließlich auf Ergebnisse geeinigt. Als gewählte Mitglieder der KOG haben wir gelernt, Verantwortung für den Prozess eines Kollegiums zu übernehmen und die Unterstützung durch eine Beraterin von außen zu schätzen. Insbesondere wesentlich für den Erfolg war unser stetes Bemühen um Transparenz. Das Kollegium war immer durch Protokolle (Stellwand und Ordner im Lehrerzimmer) und Berichte über den Stand der Dinge in den GLKs informiert und wurde durch die Vorgehensweise bei den Pädagogischen Tagen und durch die Abstimmungen direkt einbezogen.

Dieses Konzept wurde vom Kollegium dadurch als sinnvoll und richtig bestätigt, dass es im April 2003 die Fortführung des Schulentwicklungsprozesses beschloss.

Undine Schmidt

Schulentwicklung II:
Arbeit an Bildungsplan, Methoden- und Mediencurriculum

Die zweite gewählte Koordinierungsgruppe hatte im Schuljahr 2003/04 ebenfalls ein arbeitsames Jahr vor sich, in dem sie sich mit unterschiedlichen Themen befasste.

Aufgrund des neuen Bildungsplanes, der in Baden-Württemberg ab dem

Schuljahr 2004/05 verbindlich für alle Gymnasialklassen eingeführt wurde, sowie der Einführung des 8-jährigen Gymnasiums stand die Bildungsplanarbeit im Vordergrund. Diese Arbeit am auszugestaltenden Kern- und Schulcurriculum sowie Methoden- und Mediencurriculum wurde in verschiedenen Gruppen (Fachschaften, Fachleiterrunden, Methodengruppe, Mediengruppe) durchgeführt und von der Koordinierungsgruppe gesichtet und gebündelt. Die Arbeit der Koordinierungsgruppe, der Schulleitung und der einzelnen Gruppen wurde wiederum von einer sogenannten Draufsicht koordiniert.

Im Rahmen der Bildungsplanarbeit fanden neben den Sitzungen der einzelnen Arbeitsgruppen im Laufe des Schuljahres drei pädagogische Tage an der Schule statt. Diese dienten sowohl der Information und der Erarbeitung unterschiedlicher Unterrichtsmethoden als auch dem Austausch mit anderen Schulen des evangelischen Schulbundes. Die Bildungsplanarbeit fand schließlich ihren Abschluss, indem im Juni 2004 in einer Gesamtlehrerkonferenz der ausgearbeitete schulspezifische Bildungsplan für das 8-jährige Gymnasium, das schulinterne Methodencurriculum sowie begleitende Methodentage verabschiedet wurden.

Parallel zur Erarbeitung des Bildungsplanes befasste sich die Koordinierungsgruppe mit der Verteilung von zwölf Poolstunden, die jede Schule zur Gestaltung eines eigenen Schulprofils über die Schuljahre hinweg frei verteilen und auch inhaltlich selbständig füllen kann. So war zu überlegen, ob die Stunden fachlich, z. B. in den Sprachprofilen oder dem Naturwissenschaftlichem Profil, oder sozial, z. B. als Klassenlehrerstunde oder Arbeitsgemeinschaft, oder auch methodisch, z. B. als Fach Lernen lernen oder für Computernutzung, verwendet werden sollten. Hiermit eng verbunden war auch die neue Aufteilung der Kontingentstunden der einzelnen Fächer und Klassen, welche von der Koordinierungsgruppe erarbeitet wurde.

Im Laufe der intensiven Beschäftigung mit den veränderten Lerninhalten und den nun geforderten Bildungsstandards sowie den hierzu geeigneten Unterrichtsmethoden gelangten viele Lehrer zu der Erkenntnis, dass es sinnvoll wäre, den im Schulalltag vorherrschenden 45-Minutentakt aufzubrechen, um den Anforderungen des neuen Bildungsplanes und der veränderten Schülerpersönlichkeit besser gerecht zu werden. Somit wurden verschiedene Modelle zur neuen Rhythmisierung des Schultages mit deutlich mehr längeren Unterrichtsphasen von 90 Minuten erarbeitet. Nachdem das vom Kollegium präferierte Modell der Rhythmisierung den verschiedenen beteiligten Gruppen, wie Eltern und Schülern, und der Schulkonferenz vorgestellt und auch diskutiert wurde, konnte es schließlich für das kommende Schuljahr verabschiedet werden.

Um ein genaueres Bild darüber zu gewinnen, ob die in die neue Rhythmisierung gesetzten Erwartungen, wie z. B. mehr Möglichkeiten zur Methodenvielfalt, mehr Ruhe im Schulalltag oder auch Erleichterung der

Unterrichtsvorbereitung, auch erfüllt würden, setzte sich die Koordinierungsgruppe zusammen mit einigen Elternvertretern in einem Workshop mit dem Thema der Evaluation auseinander. Hieraus entstanden Fragebögen, mit deren Hilfe die neue Rhythmisierung evaluiert und auch mit der alten bekannten Rhythmisierung verglichen werden sollte. Diese Evaluation wurde zum Ende des Schuljahres und im folgenden Schuljahr von allen Lehrern durchgeführt. Die längerfristige Evaluation soll als Entscheidungsgrundlage dienen, ob die bislang für ein Jahr auf Probe verabschiedete neue Rhythmisierung des Schultages weitergeführt oder überarbeitet werden soll.

Parallel zur Lehrerevaluation entstand auch ein Fragebogen des Elternbeirates, der sich an die Elternschaft der Schule richtete.

Während im Rahmen der Schulentwicklung im Schuljahr 2003/04 die Arbeit an den Themen Bildungsplan, Methoden- und Mediencurriculum, Methodentage, die Kontingentstundentafel und Poolstunden sowie die Verbindlichkeit einer Arbeitsgemeinschaft für die 5. Klasse zum Abschluss gebracht wurde, sollten die Themen der Rhythmisierung und deren Evaluation von der für das nächste Schuljahr gewählten Koordinierungsgruppe weiter verfolgt werden.

Traute Werner

Schulentwicklung III: Rhythmisierung

Die neue Koordinierungsgruppe, die im Juli, nach dem Beschluss der GLK weiterzumachen, gewählt wurde, besteht bei den gewählten Mitgliedern aus zwei Kolleginnen und einem Kollegen, die im letzten Jahr schon dabei waren und vier Neumitgliedern. Das ist eine recht gute Konstellation, weil so Fragen zur vorherigen Arbeit leichter zu beantworten sind, auch wenn diese Aufgabe natürlich auch die ständigen Mitglieder der KOG, also Schulleiter und stellvertretende Schulleiterin übernehmen könnten.

Für die neue KOG hatte sich – im Vergleich zur Lage am Ende des letzten Schuljahres – eine neue Situation ergeben, da sich bei der Berechnung des Stundenplans die Probleme, die beschlossene neue Rhythmisierung umzusetzen, als größer erwiesen hatten als erwartet, und das Kollegium daher mit einem Stundenplan konfrontiert war, mit dem es so nicht gerechnet hatte und der einige Unruhe zur Folge hatte. In den ersten Wochen des Schuljahres wurde daher beschlossen, noch einen zweiten Versuch zu starten, mit einer etwas anderen Aufteilung des Vormittags, die es möglich machen sollte, doch mehr als 50% der erteilten Stunden als Doppelstunden unterrichten zu können, was eines der Hauptanliegen der neuen Rhythmisierung war.

Durch diese Entwicklung musste eine der Hauptaufgaben, die sich die KOG für dieses Jahr gestellt hatte, nämlich die Fortführung der Evaluation der neuen Rhythmisierung, erst einmal vertagt werden, da es noch keine ausreichende Basis für eine Evaluation gab.

Der Schwerpunkt der Arbeit lag daher in diesem Schuljahr bis jetzt auf der Frage, wie man den neuen Rhythmus, und insbesondere auch die Doppelstunden pädagogisch sinnvoll nützen kann. In der KOG haben wir uns dabei mit Modellen zu vermehrter kollegialer Zusammenarbeit bis hin zum Jahrgangsteammodell beschäftigt und uns Gedanken über eine Klausurtagung des Kollegiums zu diesem Thema gemacht.

Auf dem Weg dahin und auf Wunsch vieler Kollegen gab es im Dezember einen Fachgruppentag, an dem sich die einzelnen Fachgruppen zu einer ersten Bestandsaufnahme getroffen haben, wobei – nach Fachgruppe sehr unterschiedlich – Chancen und Probleme, Materialien und Entwürfe zusammengetragen und besprochen wurden.

Diese Fragen sollen dann Anfang Februar in der anderthalb tägigen Klausurtagung unter dem Thema „Rhythmisierung: Verbesserung des Unterrichts" bearbeitet und weitergeführt werden, deren inhaltliche und organisatorische Vorbereitung gegenwärtig die Hauptaufgabe der KOG ist.

Diese Entwicklung macht deutlich, dass es in der Arbeit durchaus auch Brüche geben kann. Die Schwierigkeiten mit der Umsetzung des Rhythmisierungsmodells haben zu einer gewissen Unruhe im Kollegium geführt, genau so wie bei Schülern und Eltern, wobei natürlich auch eine vollständige Umsetzung – wie jede Änderung – zu Anpassungs- und Umstellungsproblemen geführt hätte. An so einer Stelle ist es sehr wichtig viel zu reden, viele Tür- und Angelgespräche zu führen, wie sie Heidrun von der Heide (Göttingen) bei der Podiumsdiskussion am 14.12.2004 genannt hat, besonders auch um einem Gefühl entgegenzutreten, dass eine Gruppe leichtfertig Dinge vorschlägt, die dann dem Kollegium (wie auch Schülern und Eltern) Schwierigkeiten machen. Überhaupt stellt sich immer wieder heraus, dass die Kommunikation zwischen den intensiv an den Problemen Arbeitenden und den Kollegen, die gerade nicht direkt involviert sind, von ungeheurer Wichtigkeit ist, aber auch nur sehr schwer zu leisten ist. Auch Stelltafeln und regelmäßige Informationen in Gesamtlehrerkonferenzen nützen nur begrenzt etwas gegen Missverständnisse oder das Gefühl einiger Kollegen, überfahren zu werden. Sehr nützlich ist es aber, wenn im Laufe der Zeit viele Kollegen in den Prozess eingebunden werden (bei uns haben jetzt schon 17 Kollegen und Kolleginnen KOG – Erfahrung) und damit die Probleme aus eigenem Erleben kennen.

Hendrik Dahlhaus und Jana Hornberger

Schulentwicklung IV:
Die Perspektive der Schüler/innen

Die Anfänge der Schulentwicklung und die damit verbundene Information der SchülerInnen begann im Jahre 2001. Schülersprecher waren zu der Zeit Thomas Treiber und sein Team, jedoch waren Hendrik Dahlhaus und ich damals noch zu „jung", wir besuchten die neunte Klasse und ich muss gestehen, dass wir uns an die damaligen Themen nicht mehr erinnern können. Dies ist vielleicht auch ein wichtiger Punkt, um auf die Initiative der Schülerschaft zu sprechen zu kommen. Die SchülerInnen werden/wurden immer wieder aufgefordert, am Schulentwicklungsprozess, z. B. bei der Entstehung einer Cafeteria mitzuwirken. Die Erfahrung hat jedoch gezeigt, zumindest aus meiner Sicht, dass jüngere Jahrgangsstufen kaum Interesse zeigen oder auch vielleicht nicht ausreichend genug informiert werden.

Ich persönlich habe den umfangreichsten Einblick in schulinterne Prozesse im Schuljahr 2003/2004 erhalten, als ich als Schülerin an den Schulkonferenzen teilnehmen konnte. Dort wurden wir über die neue Stundenplanstruktur, bzw. die „Rhythmisierung" des Schulalltags sowie über den neuen Bildungsplan des G 8 aufgeklärt.

Was etwas schade war, war die Art und Weise, *wie* die Schüler darüber informiert wurden, denn ich habe von einigen gehört, dass sie mehr oder weniger „überrumpelt" wurden mit der Stundenplanänderung und den neuen Klingelzeiten. Jedoch hat die neue Rhythmisierung auch ihre positiven Seiten: Die 90 Minuten-Blöcke erlauben mehr Gruppenarbeit und intensiveres Lernen.

Ich denke, für den Anfang haben die Lehrer ihr Bestes getan, die Schüler in den Prozess miteinzuklinken. Wir hoffen jedoch, dass – wenn sich mehr Routine bei den Lehrern eingestellt hat – die Schülern früher und besser informiert werden. Auf der anderen Seite sollte jedoch auch mehr Engagement von Seiten der Schüler kommen.

Michael Kirschfink und Andreas Werner

Schulentwicklung V:
Mitarbeiter der Eltern

Aktive Mitarbeit von Eltern im Schulentwicklungsprozess prägt in entscheidendem Maße die Kultur einer jeden Schule und ist gerade in Zeiten gesellschaftlicher Veränderungen und deren Auswirkung auf Erziehungsziele von eminenter Bedeutung. Dabei ist es nicht immer leicht, das Interesse der Eltern an der schulischen Arbeit zu wecken und zur aktiven inhaltlichen Beteiligung, wie z. B. als Elternvertreter im Elternbeirat oder im Rahmen von Projektarbeit zu motivieren.

Ziel der Arbeit im Elternbeirat ist die inhaltliche Verständigung über Erziehungsziele zwischen Schule und Elternhaus im Sinne einer Erziehungspartnerschaft. Dies erfordert auch, in permanentem Gespräch Rollenerwartungen auf beiden Seiten zu klären, die vielleicht zwangsläufig aus unterschiedlichen Blickwinkeln in der Einschätzung der Schulsituation und der Aufgaben der Schule resultieren.

Eltern sind für Kollegium und Schulleitung Partner. Elterliche Erziehungsverantwortung wird durch das schulische Angebot ergänzt, nicht ersetzt. Wichtig ist dabei der konstruktive und vertrauensvolle Dialog zur Erreichung gemeinsamer Ziele. Dies geschieht im direkten Austausch und in den dafür vorgesehenen Gremien (Klassenpflegschaft, Elternbeirat, Schulkonferenz).

Bereits seit Anfang der 90er Jahre bestand mit dem Schüler-Lehrer-Eltern-Forum eine an Schulentwicklungsfragen interessierte Gruppe, die dann ab Mitte der 90er Jahre als sog. Paritätischer Rat, besetzt mit je 5 Lehrern, Schülern und Eltern, über einige Jahre in regelmäßigen Abständen wichtige Impulse für die Weiterentwicklung der E.-v. Thaddenschule gab. In Abstimmung mit der Schulleitung beschloss dieses ohne offizielle, im Schulgesetz verankerte Kompetenzen versehene Gremium, die Erarbeitung einer Schulkonferenzordnung als Basis einer zukünftigen, ab 1999 dann erstmalig installierten Schulkonferenz an der E.-v.-Thaddenschule. Als ein für Privatschulen eigentlich nicht zwingend vorgesehenes Gremium erhielt es zudem eine für die Baden-Württembergische Schullandschaft eher ungewöhnliche paritätische Besetzung (4 Lehrer, 4 Schüler, 4 Eltern), ganz in der Tradition des früheren Paritätischen Rates. Nach einer zweijährigen erfolgreich verlaufenen Probephase wurde die Schulkonferenz als seitdem feste Institution mit der Mehrheit aller drei Schulgremien (GLK, EB, SMV) endgültig angenommen. Wie bereits zuvor im Paritätischen Rat bewies dieses neue, nun erstmals auch mit weiterreichenden Kompetenzen ausgestattete Gremium seine demokratische Stärke: Beschlussfassungen waren und sind nur auf der Basis eines ‚Fraktions'-übergreifenden Konsenses möglich.

Für die Elternschaft bedeutete dies einen nicht zu unterschätzenden Motivationsschub in ihrem Engagement für die Schule. Verschiedene, für den Schulalltag notwendige Vereinbarungen, wie z. B. eine Suchtvereinbarung (2002), wurden in der Folge gemeinsam erarbeitet.

Mit der Ende 2001 getroffenen Entscheidung zu einem planvoll gestalteten, wissenschaftlich begleiteten Schulentwicklungsprozess an der E.-v.-Thaddenschule war auch die Elternschaft gefordert. Leitlinien und Schulprogramm sollten nicht nur das Profil der Schule klar definieren, sondern auch richtungweisend die Arbeit kommender Jahre gestalten. In mehreren

Elternbeirats-Sitzungen wurden die Eltern über die Fortentwicklung des bis dahin von der Lehrerschaft getragenen Schulentwicklungsprozesses informiert. Dem folgte im Januar 2003 eine Veranstaltung des Elternbeirates für alle Eltern der Schule, in der über Motivation, Ziele und Stand des Schulentwicklungsprozesses informiert und in Kleingruppen Ziele und erste Projekte aus der Elternschaft erarbeitet wurden. Von Eltern getragene oder mitgestaltete Projektgruppen umfassten Themen wie ‚Entwicklung und Lernen' ‚Gestaltung themenorientierter Elternabende', ‚Kooperation - Methodenvermittlung', Mitarbeit in der Schulentwicklung sowie, sehr praxisbezogen, Konzept und Umsetzung einer Cafeteria. Eine Redaktionsgruppe der Eltern wurde beauftragt, Leitlinien und Schulprogramm der E.-v. Thaddenschule mit zu formulieren. Zur Verbesserung der Informationsvermittlung und der Kommunikation wurde die Entwicklung einer Elternwebsite beschlossen.

Elternvertreter nahmen in den kommenden Monaten an verschiedenen Sitzungen der Koordinationsgruppe (KOG) *Schulentwicklung* teil. In einer gemeinsamen Sitzung mit der KOG im Frühjahr 2004 wurde das Thema Evaluation im Rahmen der schulischen Qualitätssicherung diskutiert, woraus der unten im Detail dargestellte Fragebogen für die Eltern resultierte.

Nicht zuletzt durch die mit dem Schulentwicklungsprozess verbesserte Kommunikation zwischen Schulleitung und Lehrern einerseits und Eltern andererseits gelang es, grundlegende schulische Veränderungen, wie die Oberstufenreform oder die mit vielen Emotionen begleitete Debatte um mögliche Konsequenzen aus der Erweiterung des Lehrerdeputats für den Schulalltag gemeinsam aufzufangen und zu tragen.

Im Rahmen der an der E.-v. Thaddenschule regelmäßig stattfindenden Pädagogischen Gesprächreihe wurde Anfang 2004 mit dem Beitrag von Frau Dr. Strittmatter-Haubold von der PH Heidelberg ‚Zum Wandel der Lernkultur für eine zukunftsfähige Schule' das Thema Schulentwicklung von Elternseite wieder aufgenommen und weitergeführt. Nach Abschluss der 2003 initiierten Projekte diente die im März 2005 veranstaltete Elternbeirats-Sitzung einer kritischen Bestandsaufnahme und der Formulierung neuer, durch Eltern gestalteter Projekte für das Jahr 2005. Diese umfassen Themen, wie ‚Berufsorientierung in der Oberstufe', ‚Unterstützung außercurricularer Aktivitäten im Rahmen der Ganztagsschule' ‚Einrichtung eines Schulsanitätsdienst' sowie ‚Präsentation und Medien'.

Wertvoll für die weitere Schulentwicklung ist dabei der regelmäßige Austausch mit den Elternbeiratsvorsitzenden der Heidelberger Gymnasien im *Arbeitskreis Gymnasium* des Gesamt-Elternbeirates sowie mit den Schwesterschulen der Evangelischen Schulstiftung der Landeskirche Baden. Erfahrungen aus deren Schulentwicklungsprozessen dienen der Formulierung gemeinsamer Konzepte zur Umsetzung von Schule fördernden Maßnahmen.

Evaluation des Elternengagements und der Zufriedenheit an der E.-v.-Thadden-Schule in Heidelberg

Mit dem von der Schulleitung angestoßenen Schulentwicklungsprozess und der zunehmenden Beteiligung der Eltern(vertreter) wuchs das Interesse, mit Hilfe einer Befragung mehr über die Motivation der Eltern an einem Engagement in der Schule sowie über deren Bild von der Schule zu erfahren. Anregend dafür war die Teilnahme einiger Elternvertreter an einer erweiterten KOG-Sitzung im Januar 2004 und einer wenige Monate darauf folgenden Sitzung zum Thema Evaluation.

Mit einer Adhoc-Arbeitsgruppe, bestehend aus Elternvertretern und interessierten Eltern, wurde ein Fragebogen (Abb. 1) entwickelt, der folgende Bereiche umfasst: Möglichkeiten und Vorstellungen zum eigenen Engagement, Schulimage, Zufriedenheit mit dem Unterrichtsrhythmus, Nutzung der öffentlichen Verkehrsmittel und Interesse an der Einrichtung der Ganztagsschule. Einige Fragen hatten Freitextantwortmöglichkeiten, um nach deren Auswertung Antwortkategorien bilden zu können. Eine Vorfestlegung und damit eventuell verbundene Einschränkung sollte damit vermieden werden. Zudem sollte in Erfahrung gebracht werden, wie ein solcher Fragebogen von den Eltern angenommen wird. Außerdem sollte der Zustand vor der Einführung von G8 und vor Veränderungen im Schulrhythmus festgehalten werden.

Insgesamt besteht der Fragebogen aus 25 Fragen, davon 12 offenen, 6 mit Schulnotenskalierung von 1 = sehr gut bis 6 = ungenügend und 7 ja/nein Fragen. Über den Inhalt des Fragebogens wurde mit der Schulleitung Einvernehmen hergestellt. Die Verteilung der Fragebögen erfolgte im Juni 2004 über die Schule an die einzelnen Klassen. Auch das Einsammeln wurde über die Schule organisiert. Durch den späten Verteilungszeitpunkt wurde in Kauf genommen, dass die Eltern der Abiturklassen und die der 10. Realschulklasse nicht mehr erreicht wurden. Mit dem Ende des Schuljahres im Juli 2004 war auch der Abschluss dieser ersten Erhebung verbunden. Die Auswertung des Fragebogens (vgl. Abbildung 1) übernahm die Arbeitsgruppe mit großem Engagement.

Im Folgenden werden die wichtigsten Ergebnisse deskriptiv dargestellt: Zunächst ist der gute Rücklauf der Fragebögen herauszustellen: Von 720 erreichbaren Schülereltern wurden 348 (48%) auswertbare Fragebögen zurückgegeben. Während sich Eltern der Jahrgangsstufen bis zur 9. Klasse überdurchschnittlich beteiligten, ließ das Interesse in den höheren Klassen deutlich nach, so dass Rückläufe aus der 12. Jahrgangsstufe völlig fehlten.

Mit 1,6 (Schulnotenskalierung 1 bis 6) war nach Meinung der Eltern das Erscheinungsbild der Schule nach außen gut bis sehr gut.

Die pädagogische Kompetenz wurde mit 2,0 als gut bewertet, ebenso die Zufriedenheit der Kinder mit der Schule (2,0). Vielfältige Gründe wurden für ein mögliches Engagement genannt, wie Konzeption oder Profil der Schule, Zusammenarbeit mit der Schule, Unterstützung der Kinder, positives Schulklima.

Engagement und Zufriedenheit an der Elisabeth-von-Thadden-Schule 2003/2004 Fragebogen für Eltern

Liebe Eltern,

im Rahmen der Schulentwicklung möchten wir von Ihnen mit diesem Fragebogen Informationen zu Ihrem Engagement in der Schule und zu Ihrer Zufriedenheit mit Strukturen an der Schule erfragen. Dieser Fragebogen ist vorläufig und unvollständig. Durch Ihre Mitarbeit kann daraus ein brauchbares Instrument zur Erfassung von Elterneinstellungen werden. Wir hoffen, dass durch die Ergebnisse die Arbeit des Elternbeirates auf ein breiteres Fundament gestellt werden kann.
Vielen Dank für Ihre Mitarbeit.

Ihr Elternbeiratsvorstand 2003/2004
in Zusammenarbeit mit der
Arbeitsgruppe „Evaluation"

Bitte geben Sie den ausgefüllten Fragebogen an das Schulsekretariat zurück!

Da wir vorhaben, Sie in regelmäßigen Abständen zu befragen und eine mögliche Veränderung dokumentieren möchten, ist es notwendig, dass Sie Ihren Bogen jedes Mal mit einem identischen Code versehen, der nur Ihnen bekannt ist (Gewährleistung der Anonymität) bitten wir Sie folgende Codierung vorzunehmen:

Anfangsbuchstabe des Vornamens der Mutter	___
Anfangsbuchstabe des Vornamens des Vaters	___
Endziffer des Geburtsjahrs des Vaters	___

(1) In welcher Klasse wird Ihr Kind unterrichtet (bei mehreren Kindern bitte für jedes Kind einen Bogen ausfüllen)?

(2) Welche Gründe führen zu Ihrem Engagement in der E.-v.-Thadden-Schule (Mehrfachnennungen möglich)?

(3) Welche Gründe sprechen gegen ein Engagement in der E.-v.-Thadden-Schule (Mehrfachnennungen möglich)?

(4) Welche Voraussetzungen für ein Engagement an der Schule sind für Sie notwendig (Mehrfachnennungen möglich)?

(5) Wie schätzen Sie Ihre Mitwirkungsmöglichkeiten in der Schule ein?

0[ ] weiß nicht
1[ ] sehr gut   4[ ] ausreichend
2[ ] gut   5[ ] mangelhaft
3[ ] befriedigend   6[ ] ungenügend

(6) Wenn Sie sich in der Schule engagieren wollen, in welchen Bereichen wäre das (Mehrfachnennungen möglich)?

(7) Wie ist Ihrer Meinung nach das Erscheinungsbild der Schule in der Öffentlichkeit – „Schulimage"?

0[ ] weiß nicht
1[ ] sehr gut   4[ ] ausreichend
2[ ] gut   5[ ] mangelhaft
3[ ] befriedigend   6[ ] ungenügend

(8) Wie ist die Ausstattung der Schule insgesamt?

0[ ] weiß nicht
1[ ] sehr gut   4[ ] ausreichend
2[ ] gut   5[ ] mangelhaft
3[ ] befriedigend   6[ ] ungenügend

Abb. 1: Fragebogen für Eltern

(9) Haben Sie zur Ausstattung konkrete Vorschläge?

(10) Wie gut ist für Sie im Konfliktfall eine Lehrerin, ein Lehrer erreichbar gewesen?

0[ ] war bisher nicht nötig
1[ ] sehr gut   4[ ] ausreichend
2[ ] gut   5[ ] mangelhaft
3[ ] befriedigend   6[ ] ungenügend

(11) Wie schätzen Sie die pädagogische Kompetenz der Schule ein?

0[ ] weiß nicht
1[ ] sehr gut   4[ ] ausreichend
2[ ] gut   5[ ] mangelhaft
3[ ] befriedigend   6[ ] ungenügend

(12) Mit welcher Note schätzen Sie die Zufriedenheit Ihres Kindes in der Schule ein?

0[ ] keine Angabe
1[ ] sehr gut   4[ ] ausreichend
2[ ] gut   5[ ] mangelhaft
3[ ] befriedigend   6[ ] ungenügend

(13) Ist Ihr Kind mit dem Unterrichtsrhythmus (z. B. Pausenlänge, Schulstundenlänge) zufrieden?

0[ ] keine Angabe   1[ ] ja   2[ ] nein

(14) Wann muss Ihr Kind in der Regel aus dem Haus, um rechtzeitig zur Schule zu kommen (hh:mm)?

(15) Wann ist Ihr Kind in der Regel nach dem Unterricht wieder zuhause (hh:mm)?

(16) Hat Ihr Kind in der Regel genügend Zeit für die täglichen Hausaufgaben?

0[ ] keine Angabe   1[ ] ja   2[ ] nein

(17) Hat Ihr Kind in der Regel genügend Zeit für außerschulische Aktivitäten?

0[ ] keine Angabe   1[ ] ja   2[ ] nein

(18) Kommt Ihr Kind mit öffentlichen Verkehrsmitteln zur Schule?

0[ ] keine Angabe   1[ ] ja   2[ ] nein

(19) Wenn ja, gibt es wiederkehrende Probleme in der Benutzung öffentlicher Verkehrsmittel?

0[ ] keine Angabe   1[ ] ja   2[ ] nein

(20) Wenn ja, welche:

(21) Sind Sie mit dem derzeitigen Schulbeginn (07:50 Uhr) zufrieden?

0[ ] keine Angabe   1[ ] ja   2[ ] nein

(22) Wenn nein, wünschen Sie einen anderen Beginn (bitte Uhrzeit angeben – hh:mm)

(23) Halten Sie die Einrichtung einer Ganztagsschule für sinnvoll und wünschenswert?

0[ ] keine Angabe   1[ ] ja   2[ ] nein

(24) Sie können hier die Gründe für Ihre Entscheidung benennen:

 I Elternbeirat (2003/4) der Elisabeth-von-Thadden-Schule, Klostergasse 2-4, 69123 Heidelberg

Engagement und Zufriedenheit an der Elisabeth-von-Thadden-Schule Fragebogen für Eltern

Im Gegensatz dazu ist offensichtlich Zeitmangel der Hauptgrund für ein Nicht-Engagement. Zu den Bereichen (offene Frage), für die ein Engagement vorstellbar ist, zählt der Elternbeirat, Arbeitsgruppen Schulentwicklung sowie Feste und Veranstaltungen. Die Möglichkeit zur eigenen aktiven Mitwirkung wird von den Eltern mit 2,1 (Notenskalierung 1 bis 6) allgemein als gut einschätzt.

Die Sinnhaftigkeit der Ganztagsschule wurde mit jeweils 42,6% befürwortet oder abgelehnt. Gründe für eine Ganztagsschule waren (die Verbesserung der) soziale(n) Kompetenz, (positive Auswirkung auf den) der Unterricht, Rücksicht auf die Berufstätigkeit und die Entlastung der Familie. Dagegen sprach nach Meinung der Eltern die Kollision mit außerschulischen Aktivitäten, die eingeschränkte Zeit für sich selbst und für die Familie.

Insgesamt zeigt diese von Eltern initiierte Aktion, dass eine Befragung mit einem kurzen, die Aspekte/Anliegen der Elternschaft berücksichtigenden Fragebogen akzeptiert wird. Vom Procedere her lassen sich sowohl der Befragungszeitpunkt, die Einbindung der Oberstufeneltern als auch die Begleitinformationen noch optimieren.

Die prinzipielle Zufriedenheit mit der Schule wird reflektiert durch das gute bis sehr gute Bild, das diese nach außen und innen abgibt. Das Interesse an einem persönlichen Engagement hängt hauptsächlich und nachvollziehbar von der zur Verfügung stehenden Zeit ab, jedoch auch von interessanten Konzepten und Angeboten, einem positiven Klima und der Möglichkeit von Zusammenarbeit (untereinander und/oder mit der Lehrerschaft/ Schulleitung) ab. Die genannten Aufgabenbereiche der von Eltern verantworteten Projekte sind vielfältig. In der Frage der Ganztagsschule ist die Elternschaft (noch) gespalten. Die Argumente dafür oder dagegen unterscheiden sich kaum.

Die hier als „Pilotprojekt" dargestellte Befragung soll in regelmäßigen Abständen wiederholt werden. Dazu wird der Fragebogen entsprechend der schulischen Situation aktualisiert und ergänzt. Die nächste Befragung soll zum Ende des Schuljahres 2004/2005 erfolgen

Volker F. Herion

10 Anmerkungen zu unseren Erfahrungen mit Schulentwicklung

1. Schulentwicklung findet an jeder Schule statt – meist unbewusst und verdeckt, jedoch an zunehmend mehr Schulen offen und als bewusster Prozess.
2. Der Schritt vom unbewussten zum bewussten Prozess erfolgt in den meisten Fällen durch Initiative aus dem Kollegium oder der Schulleitung, seltener durch Impulse des Trägers oder der Eltern.
3. Häufig ist die Ausgangslage ein Unbehagen an der bestehenden Situation: „Wir sind überlastet" – „Wir haben Verständigungsprobleme" – „Wir wollen besser werden".
4. Als probates Mittel zum Einstieg in einen bewussten und professionellen Schulentwicklungsprozess haben wir den Weg über die Ausarbeitung eines *Schulprogramms* gewählt.
5. An jeder Schule gibt es ein – meist ungeschriebenes – Schulprogramm: Das gesamte Repertoire, das die Unterrichtsarbeit, die außerunterrichtlichen Aktivitäten, die Gestaltung von Festen und Feiern und die Organisation von Besprechungen, Konferenzen und Gremienarbeit bestimmt.
6. Unser Prozess vollzog sich in drei großen Schritten:
   – Bestandsaufnahme und Situationsklärung
   – Bewertung der vorhandenen Ergebnisse
   – Konsensuale Formulierung zukünftiger verbindlicher Ziele
7. Voraussetzung für einen gelingenden Prozess war die Begleitung durch eine professionelle Außenberatung, die Schaffung interner Gremien (Steuergruppe + Arbeitsgruppen) und eine funktionierende Kommunikation zwischen Kollegium, Schulleitung, Schülern und Eltern.
8. Diese „Schulprogrammarbeit" von zwei Jahren (bis zur Vorlage eines gedruckten Programms) vollzog sich als ein erfolgreicher und ermutigender Einstieg in einen „Schulentwicklungsprozess", der an unserer Schule im Kontext des Bildungsplanarbeit weiter fortgesetzt wurde und wird.
9. Die weiteren Schritte waren und sind:
   – Entwicklung und Umsetzung von Handlungsplänen
   – Entwicklung und Umsetzung von Evaluation
10. Schulentwicklungsprozesse haben eine eigene Dynamik, bei der nicht intendierte Nebenwirkungen auch zur Hauptsache werden können. In unserem Fall war der Wunsch nach „Entlastung" und „Aufräumen" der Auslöser. Mittlerweile steht Unterrichtsqualität und deren Verbindlichkeit und nachhaltige Sicherung im Mittelpunkt.

Visionen

Thomas Rihm

Entkoppelung tut Not -
zum Verhältnis von Standardisierungen
und Lebensinteressen in der (Hoch-)Schulbildung

Einleitung

Standardisierungen im Bildungsbereich haben ihre Unschuld verloren. Als eine der möglichen Schlussfolgerungen aus den internationalen Vergleichsstudien erfuhren sie zunächst breite Zustimmung. Gleich heilendem Balsam wirkten sie als schnelle Antworten auf die Wunden, die die offensichtlichen Unzulänglichkeiten unseres Bildungssystems schlugen. Zusehends kommt aber Kritik auf. Standardisierungen scheinen mehr und mehr zu polarisieren. Redeweisen, die vom ‚Schwindel mit Bildungsstandards' (U. Herrmann) oder gar der ‚Pisa-Lüge' (R. Arnold) sprechen, verdeutlichen, dass es um Fundamentaleres geht als um eine ideologische Infragestellung eines missliebigen Reformansatzes. Kritikern fällt die schnelle Adaption des Konzeptes auf. Sie fragen nach dessen tatsächlicher Anschlussfähigkeit an die hiesige Bildungstradition. Sie verweisen darauf, dass keine Alternativen diskutiert werden. Sie machen die Interessen, die das Konzept bedient, zum Thema. Schließlich: Mit der in Gang kommenden Auseinandersetzung rückt auch die LehrerInnenbildung an den Hochschulen in den Mittelpunkt. Sind Modularisierungen tatsächlich die richtigen Antworten auf die Herausforderungen oder sind es wiederum nur Zauberformeln, die als aktionistische Antworten auf die derzeitige Lage zu werten sind?

Im Weiteren werde ich mich zur Klärung der Situation im *ersten* Abschnitt nach dem Grund der internationalen Bildungsreformdynamik, nach dem Stellenwert der Wissenserzeugung im Rahmen dieser globalen Entwicklung und schließlich nach der Funktion der Standardisierungen in diesem Prozess auf die Suche begeben. Im *zweiten* Abschnitt geht es mir um eine Bewertung dieser Aktivitäten vom Standpunkt der Lern- bzw. Lehrsubjekte aus. Ich untersuche die Möglichkeit, Standardisierungen und Lebensinteressen so in Beziehung zueinander zu setzen, dass ein wechselseitiges Anerkennungsverhältnis deutlich wird – trotz aller Gegensätzlichkeit. Im *dritten* Abschnitt plädiere ich dafür, das Kerngeschäft schulischen Lernens und Lehrens neu zu bestimmen. Diese Neubestimmung soll durch zwei Schwerpunktsetzungen geschehen, die zeitlich gesehen aufeinander folgen. Zentrale Aussage in der Argumentation wird sein, dass die notwendige Steigerung der Qualität schulischen Lernens und Lehrens einer strukturellen Entkoppelung des Schulsystems bedarf. Dies hat unweigerlich auch Auswirkungen auf die LehrerInnenbildung.

1. Studien, Bildungsstandards, Module – Versuche der Optimierung pädagogischen Outputs

1.1 Konturen der Netzwerkgesellschaft

Manuel Castells skizziert in seiner Studie „Das Informationszeitalter" die Genese einer sich veränderten gesellschaftlichen Realität, die in ihrer Dynamik von der Informationstechnologie bestimmt wird. Die sozioökonomische Transformation zeigt sich im Aufstieg einer neuen netzartig verbundenen Sozialstruktur, in einer neuen Wirtschaftsform im Stile einer weltumspannenden Ökonomie und in einer neuen Kultur, die als ‚Kultur der realen Virtualität' in Erscheinung tritt (vgl. Castells 2003 III, 386ff). Die vorherrschenden Funktionen und Prozesse dieser Felder sind zunehmend in Form von Netzwerken organisiert. Netzwerke bestehen aus mehreren untereinander verbundenen Knoten. Sie sind offene Strukturen, die in der Lage sind, grenzenlos zu expandieren und solange neue Knoten zu integrieren, wie diese dieselben Kommunikationscodes (z. B. Werte oder Ziele) besitzen (vgl. Castells 2003 I, 528). Diesem Generierungsprozess liegt eine gemeinsame, *globale* Logik des sozialen Handelns und des Handelns in den Institutionen in der gesamten interdependenten Welt zugrunde. Die Logik heißt: Die Schaffung von Reichtum, die Ausübung von Macht und die Schöpfung kultureller Codes ist abhängig von der technologischen Kompetenz der Gesellschaften und ihrer Individuen. Um in Besitz dieser Kompetenz zu kommen bzw. diese Kompetenz zu erhalten und auszubauen, bedarf es sich stetig erneuernder *Netzwerke des Wissens und der Information*. Wissenserzeugung wird zu einer der zentralen Aufgabe gesamtgesellschaftlichen Handelns. Denn (Nicht-)Wissen entscheidet zunehmend über Aus- oder Einschluss von Menschen in die Netzwerkprozesse. Nicht-Wissende, Nicht-Informierte laufen Gefahr, außen vor zu bleiben. Wechselnder sozialer Ausschluss von gesellschaftlichen Teilgruppen, von Regionen, von Staaten sind dann die Folge.

Dennoch sind die Individuen in Castells Analyse nicht an den Rand des Geschehens gedrängt. Indem sich die Individuen in *Solidargemeinschaften* zusammenschließen, formieren sie sich zu einer ‚Macht der Identität'. Ihre Macht entfaltet sich, indem ihre Mitglieder aktiv nach Möglichkeiten suchen, die Anforderungen der Netzwerke (hier insbesondere die geforderten Wissens- und Informationskompetenzen), an ihre Lebensinteressen anzuschließen. Gelingt ihnen der geforderte Anschluss nicht, d.h. gelingt es ihnen nicht, diesen Anforderungen Akzeptanz zu verleihen, ist es ihnen möglich, diese Anforderungen zurückzuweisen oder unüberhörbar zum Thema zu machen. Die Anfragen an die VertreterInnen der Netzwerke zielen dann auf den *Sinn* der Anforderungen und damit zusammenhängend auf deren Bedeutung für den jeweiligen Lebensentwurf. Dadurch weisen die Mitglieder der Solidaritäten machtvoll auf Entwicklungen hin, im Verlauf derer Technologie, Ökonomie, Wissenschaft sich von den Bedürfnissen und den Wünschen der Menschen abkoppeln. Solidargemeinschaften stellen sich gewissermaßen in diesen Fällen den Organisationsprinzipien der weltumspannenden Informationsströme widerständig gegenüber und verleihen ihnen nur dann Bedeutung, wenn sie deren Anforderungen Plausibilität im Sinne der jeweiligen Lebensführungskonzepte zuerkennen können.

Indem sie aber derart auf Sinn drängen, wirken die Solidargemeinschaften auf die Netzwerke ein und verändern sie ein Stück weit. Dies ist möglich, weil die Netzwerke im Allgemeinen und die dafür zuständigen Institutionen im Besonderen gewissermaßen die Individuen als aktive MitarbeiterInnen ‚brauchen' – insbesondere in der hier thematisierten Frage der Wissensgenerierung. Sie brauchen sie zur ‚Feinabstimmung', zur Spezifizierung ihrer globalen Wissensinventare entsprechend der jeweiligen Anschlussmöglichkeiten bzw. dem jeweiligen Bedarf ‚vor Ort'. Dieses Stellungnehmen zu den Inventaren bedeutet also nicht, Sand ins Getriebe globaler Wissenserzeugung zu streuen. Es ist vielmehr Voraussetzung für eine größere Tiefenschärfe im Wissenstransfer. So gesehen bilden die Solidaritäten das notwendige *Regulativ* in diesem Weltszenario. In ihrer regulatorischen Wirkung verankern sie die ‚veränderten' Netzwerke in der konkreten sozialen Welt und sorgen so für mehr Beständigkeit bzw. Kontinuität in den sich ständig wechselnden Netzwerkkonstellationen. Von ihrem Selbstverständnis her sind die Solidargemeinschaften durchaus global vernetzte, aber doch eher *regional* agierende ‚Projektidentitäten', die um die Themen egalitäre Familienformen, Nachhaltigkeit, Menschenrechte und eben Bildung kreisen (vgl. Castells 2003 II, 380 ff). Widerstand *und* Innovation kennzeichnen demzufolge diese Identitäten.

1.2 Internationale Studien

Die Vehemenz mit der die Wissensfrage gesamtgesellschaftlich bedeutsam wird, kann nicht spurlos an der Bildungspolitik vorbei gehen. Keine Tagungen, keine Reden, kein Statements in denen nicht der fundamentale Wert von Wissen betont wird. Die Nachfrage nach zukunftsbezogenen Wissensinventaren ist enorm gestiegen. Ergebnisse internationaler Studien[1] werden seit Mitte der neunziger Jahren elektrisiert wahrgenommen, nachdem sie zuvor in fachspezifischen Zirkeln kaum Gehör fanden (vgl. Fuchs 2003, S. 161f). Das ‚Bildungsmusterland' ist im Vergleich mit anderen Staaten der Welt nicht Spitze. Die Ergebnisse bescheinigen bezogen auf die in den Tests gestellten Anforderungen überwiegend, dass das deutsche Bildungssystem an Ineffizienz leidet. Mit Ausnahme der IGLU-Studie deuten die Ergebnisse auf sofortigen Reformbedarf hin. Die ReformerInnen konstatieren die Notwendigkeit einer systembezogenen Umsteuerung. „Nicht mehr durch detaillierte Richtlinien und Regelungen, sondern durch die Definition von Zielen, deren Einhaltung auch tatsächlich überprüft wird, muss der Staat für Qualität im Bildungswesen sorgen" (Klieme u.a. 2003). Outputorientierung ist angesagt. Mit der *Standardisierung der Anforderungen* wird ein (hoch-) schulpolitischer Horizont aufgezeigt, der Transparenz in den Anforderungen, Vergleichbarkeit der Qualität der jeweiligen Institutionen und Chancengerechtigkeit im Rahmen eines Bildungsmonitorings (vgl. Schleicher 2004, S. 278ff) gewährleisten soll. Bundesdeutsche Bildungspolitik sieht sich zusehends im internationalen Vergleich (Rankings), durch den die Bildungsdynamik in Deutschland wieder deutlich an Fahrt gewinnt. Wegbereiter dieser Globalisierung von Bildungsausrichtungen ist die Wirtschaftsorganisation OECD[2], die durch ihre auf 10 Jahre angelegte PISA-Studie (1998-2008) den bildungspolitischen Weg hin zu einem Weltcurriculum zu ebnen und in ihrem Sinne zu nutzen versucht: „PISA ist Teil des Indikatorenprogramms der OECD, dessen Ziel es ist, den OECD Mitgliedsstaaten vergleichende Daten über die Ressourcenausstattung, individuelle Nutzung sowie Funktions- und Leistungsfähigkeit ihrer Bildungssysteme zur Verfügung zu stellen" (Baumert u.a. 2001, S. 15). Aufgrund der ökonomischen Ausrichtung der Ziele der Organisation kann PISA als ein normatives, funktionalistisches Konzept bezeichnet werden, das Bildung als Mittel zum Zweck einer Lebensführung sieht, die insbesondere auf wirtschaftliche Verfügbarkeit und in diesem Sinne auch auf aktive Teilnahme am gesellschaftlichen Leben zielt (vgl. Fuchs 2003, S. 163ff; Scheunpflug 2003, S. 164).

1.3 Standardisierungen in Schule und LehrerInnenausbildung

Die Internationalisierung der Bildung durch Standardisierung wird im Wesentlichen durch sog. *Bildungsstandards* (im Bereich Schule) bzw. *Modularisierungen* (im Bereich Hochschule) zu erreichen versucht. Bildungsstandards sind zu verstehen als kompetenzbasierte Konkretisierungen von Bildungszielen, die der transparenten Steuerung von Bildungssystemen dienen. Die Frage lautet also: Über welche Kompetenzen müssen SchülerInnen verfügen können, wenn wichtige Ziele der Schule als erreicht gelten sollen? Anhand von Kompetenzmodellen werden die Anforderungen bzw. Komponenten auf Niveaustufen festgelegt und liegen damit dem Unterrichtsprozess als strukturbildende Vorgaben zugrunde. Dies setzt die Umstellung der Ausbildungskultur von einer Inhaltsorientierung auf die Orientierung am Ergebnis voraus. Diese als ‚Systemwechsel' bezeichnete Umorientierung hat einschneidende Konsequenzen für Schulentwicklung und hier insbesondere bei der LehrerInnenbildung (vgl. Oelkers 2005, S. 18f). Denn auch das Handeln der LehrerInnen muss derart standardisiert werden, dass der Kompetenzaufbau bei den Schülern sozusagen ‚objektiv', d.h. ohne personelle Störfaktoren, vollzogen werden und damit eine vergleichende Qualitätssicherung stattfinden kann. Eine derartige Standardisierung der Ausbildungsgänge geschieht über Module, die inhaltlich im Hinblick auf die zu erwerbende Gesamt-Kompetenz ausgestaltet werden. Module sind formal gesehen in sich geschlossene Einheiten, die inhaltlich sowie in Bezug auf den Arbeitsaufwand (Workload) beschreibbar, bewertbar und damit deutlich voneinander abgrenzbar sind. Inhaltlich gesehen kommt es auch hier zu dem bei den Bildungsstandards schon beschriebenen Wechsel von der Input- zur Outputsteuerung. Dies erfordert eine klare und eindeutige „Definition dessen, was im Studiengang insgesamt und in einzelnen Modulen gelernt werden soll und aufgrund der vorhandenen Studienressourcen auch gelernt werden kann. Ausgehend von der Gesamtqualifikation müssen Teilqualifikationen definiert, klar umrissen und einzelnen Modulen zugeordnet werden" (Lemmermöhle/Schellack 2004, S. 8). Module sollen letztlich die Transparenz für StudentInnen vergrößern, Orientierung verbessern, individuelle Profilierung ermöglichen und internationale Mobilität fördern. Bildungsstandards und Modularisierungen eignen sich schließlich als Grundlage für Benchmarkingprozesse. Damit gemeint sind also Systemvergleiche zum Zweck der Qualitätsentwicklung. Ziel ist es, die Position der einzelnen Schule bzw. Hochschule im Wettbewerb zu bestimmen (Klös/Weiß 2003).

Dieser Standardisierungsweg fand seinen Ausgang in der PISA-Studie (ab 1998), dem Schulsystemvergleich der OECD, verlief weiter über Bologna, wo die Erklärung der europäischen Wissenschafts- und Forschungsminister zur Schaffung eines europäischen Hochschulraumes (1999) verabschiedet wurde, bis er schließlich bei uns in Berlin seinen gesetzlichen Niederschlag fand. Die Änderung des Hochschulrahmengesetzes (2002) sieht die flächendeckende Einführung von (modularisierten) Bachelor- und Masterstudiengängen in das Regelangebot der deutschen Hochschulen vor. Diese politische Grundsatzentscheidung zur Einführung eines gestuften Graduiertensystems wurde von den WissenschaftministerInnen 2003 übernommen und deren Umsetzung verbindlich bis 2010 vereinbart. Bezogen auf die Bildungsstandards beschloss die Kultusministerkonferenz 2004 die Einrichtung eines wissenschaftlichen Instituts zur Qualitätsentwicklung. Kernanliegen des IQB[3] ist die Weiterentwicklung, Operationalisierung, Normierung und Evaluation von Bildungsstandards. Das Institut bearbeitet, d.h. es überprüft, validiert, präzisiert Vorlagen der Kultusministerkonferenz. Dadurch soll ein kontinuierliches, länderübergreifendes Bildungsmonitoring auf der Grundlage repräsentativer Stichproben durchgeführt werden, welches sich auf das Erreichen gemeinsamer Standards bezieht und gewissermaßen als Referenzrahmen für das weitere, nun besser abgestimmte Vorgehen der Länder in Sachen Bildungspolitik dienen soll.

Fazit 1

Die Dynamik gesellschaftlicher Globalisierung, wie sie Castells beschreibt, wird im Kern von der Informationstechnologie vorangetrieben. Wissen wird in diesem Transformationsprozess zur basalen Ressource, das je nach Verfügbarkeit über Exklusion- bzw. Inklusion von Menschen an diesem Prozess entscheidet. Als eine der möglichen Wege zu dieser Wissensgesellschaft kristallisiert sich weltweit die Standardisierung von Bildung, und im Schlepptau die Modularisierung der LehrerInnenbildung heraus. Paris (OECD), Bologna (Europäische Wissenschaftsministerkonferenz) und Berlin (Hochschulrahmengesetz und IQB) kennzeichnen den Standardisierungsweg, der die Bildungsglobalisierung in deutschen Schulen und Hochschulen vorantreibt. Bildungsstandards bzw. Modularisierungen in der LehrerInnenausbildung erweisen sich in diesem Kontext als funktional im Sinne einer weltumspannenden ‚Ökonomisierung' von Bildung. Sie sind gewissermaßen das Medium dieses Funktionalisierungsversuchs.

2. Standardisierungen – Moderne Rolle rückwärts oder Chance zu mehr Bildungsqualität?

Wenn Standardisierungen den Königsweg im Versuch der Optimierung pädagogischen bzw. wissenschaftlichen Outputs darstellen, warum dann diese an Brisanz zunehmende, ja bisweilen polemische Auseinandersetzung mit diesem Weg – und gerade hier auf dem bundesdeutschen Bildungsparkett (vgl. u.a. Ingenkamp 2002, Herrmann 2004, Arnold 2005, Gruschka u.a. 2005, Spinner 2005)? Meine Antwort lautet: Die Vehemenz der stärker werdenden Widerstände weist auf Widersprüche hin, die darauf beruhen, dass mit der Durchsetzung des Standardisierungskonzepts versucht wird, eine Handlungslogik einzuschleusen, die der Logik des pädagogischen Handlungsfeldes zunächst entgegenzustehen scheint. Die Kritiker befürchten, dass es zu Vereinseitigungen oder zu Entfremdungen im Bildungsdiskurs bzw. in der Bildungspraxis kommt. Chancen werden durchaus erkannt. Beispielsweise wird gesehen, dass Standards die Transparenz erhöhen und damit eine bessere Orientierung für die Beteiligten ermöglichen. Die Gefahren scheinen aber aus der Sicht der Kritiker zu überwiegen. Sie weisen auf die Widersprüche hin, die bei dem Versuch entstehen, die unterschiedlichen Handlungslogiken ineinander überzuführen. So gesehen sind die Widerstände konstruktiv, weil sie auf Gefahren aufmerksam machen, auf die Antworten gefunden werden müssen, wenn man das Gelingen des (hoch-)schulbezogenen Modernisierungsprojektes nicht gefährden will. Wie lassen sich nun diese *Widerspruchsfelder* konturieren? Ich möchte im Folgenden anhand der Aspekte Normierung, Wissensgenerierung und globaler

Blickwinkel aufzeigen, wie die Widerspruchsdynamik geartet ist und worin die (Selbst-)Widersprüchlichkeiten der beiden Handlungslogiken bestehen.

2.1 Normieren, was im Kern optional ist?

Über kompetenzbasierte Standards sollen Bildungsziele konkretisiert und festgeschrieben werden. Von ihrem Grundcharakter her gesehen sind sie also *normative* Setzungen, die Bildungsprozesse im Sinne vorentschiedener Aspekte zu *steuern* beabsichtigen. Dies schafft mehr Transparenz unter den Beteiligten und ermöglicht Vergleichbarkeit der Lernergebnisse. Auf der Grundlage dieser Ergebnisse kann überprüft werden, ob die angestrebten Kompetenzen auf den entsprechenden Kompetenzniveaus erfolgreich erworben wurden. „So lässt sich feststellen, ob das Bildungssystem seinen Auftrag erfüllt hat (Bildungsmonitoring), und die Schulen erhalten eine Rückmeldung über die Ergebnisse ihrer Arbeit (Schulevaluation)" (Klieme 2004, 50). Standardisierungen sollen also den Akteuren einen allgemeinverbindlichen *Referenzrahmen* bieten, der es ihnen erlaubt, institutionelle Leistungen zu vergleichen und gegebenenfalls weiterzuentwickeln. Interessant ist nun, dass sich die Protagonisten der Standardisierungsbewegung auffallend vorsichtig äußern, was die Reichweite ihrer Testkonstruktionen betrifft. So betonen Baumert u.a. (2001, 33), dass kausale Schlussfolgerungen aufgrund der ‚querschnittlichen Anlage' von PISA in der Regel nicht möglich sind. Quantitativ-empirisch grundgelegte Studien liefern zunächst Systemdaten bzw. Daten zu Systemvergleichen. Je konkreter es in Richtung Handlungsmöglichkeiten für das ‚Lernen und Lehren vor Ort' geht, desto ‚unschärfer' werden die ableitbaren Konsequenzen (Kuper 2002). Wir stehen also vor der Situation, dass Standardisierungen zwar Orientierung geben, aber eben nicht direkt ableitbare Handlungsanweisungen für die konkrete Bildungspraxis anbieten können. *Übersetzungsprozesse* sind notwendig. Dies ermöglicht den bildungspolitisch Verantwortlichen jedweder Couleur im aktuellen Diskurs diejenigen Schlüsse aus den PISA-Ergebnissen zu ziehen, die sie als ‚brauchbar' im Sinne ihrer jeweiligen Argumentation betrachten.

Normierungen brechen jedoch nicht nur im Rahmen der Umsetzungsprozesse hin zur Praxis. Ihnen liegt zudem ein Verständnis von Lern-/Lehrverhältnissen zugrunde, das Klaus Holzkamp (2004, S. 31f) als „Lern-Lehr-Kurzschluss" bezeichnet hat. Der Erwerb von kompetenzbasierten Standards geschieht aus dieser Logik heraus dadurch, dass Lehrende alltagsbezogene Lernarrangements so aufbereiten, dass es den Lernenden möglich ist, sich diese anzueignen. Dies sei möglich, wenn die Lehrenden dieses Arrangement nur möglichst gut planen, steuern und kontrollieren würden. Aus dem Lehren folge so, quasi ‚automatisch', das Lernen (vgl. Rihm 2003, S. 359f). Wird also nicht gelernt, was intendiert ist, wird die Ineffizienz personalisiert, als (defizitäre) Eigenschaft den SchülerInnen bzw. (in selteneren Fällen) den

LehrerInnen angelastet (vgl. Häcker/Rihm 2005, S. 367). Dagegen betont die subjektwissenschaftliche Lerntheorie die *Notwendigkeit der aktiven Übernahme von Lernproblematiken durch die Lernenden selbst*, damit überhaupt Lernprozesse in Gang kommen können. Lerngegenstände, egal ob sie nun als Kompetenzen oder als Lerninhalte formuliert sind, sind vom Standpunkt der Lernenden aus gesehen Lern*möglichkeiten*, die nur dann zu Lernanlässen werden, wenn die Lernenden Gründe bezogen auf *ihre* Lebensinteressen sehen, das Geforderte bzw. Angebotene zu lernen. Die Vorstellung, man könne etwa durch Lehrpläne bzw. Kompetenzinventare, Lehrstrategien und didaktische Zurüstungen die Lernprozesse detailliert vorausplanen, also Bedingungen herstellen, unter denen den Betroffenen nichts anderes übrigbleibt, als in der gewünschten Weise zu lernen, ist demzufolge eine Fiktion. „Tatsächlich erzeugt man durch derartige Arrangements über die Köpfe der Betroffenen hinweg vor allem Widerstand, Verweigerungen, Ausweichen, wobei – (…) – dieses als ‚defensives Lernen' nicht auf das Eindringen in den Lerngegenstand, ein tieferes Verständnis der Lerninhalte etc. gerichtet ist, sondern lediglich darauf, die Lehrenden zur Abwendung von Sanktionen, ‚zufrieden zu stellen', d.h. Lernerfolge zu demonstrieren bis vorzutäuschen" (vgl. Holzkamp 2004, S. 31f). Aus der Sicht der Lernenden sind Lernprozesse demzufolge *optional*. Von ihrem Standpunkt aus gesehen ist es offen, wie sie mit den Lernanforderungen umgehen. Hier bricht der Normierungsgedanke und damit verbunden der Gedanke der Verbindlichkeit von Vorgaben ein weiteres Mal. Dafür wird der Steuerungsgedanke der Standardisierungen seines Zwangscharakters entledigt und dessen produktive Seite, ein situationsübergreifender *offener Orientierungsmaßstab* sein zu können, freigelegt.

2.2 Wissen erzeugen, wo Sinn nachgefragt wird?

Wissen zu erwerben bleibt jedoch, auch bei aller Optionalität des Lernprozesses, die zentrale Aufgabe der Menschen in Schulen und Arbeitswelt, wollen sie im Rahmen des netzwerkgeprägten gesellschaftlichen Wettbewerbs nicht außen vor bleiben. Mit *Wissen* ist dabei die Fähigkeit zum Handeln zu beschreiben, mit der es möglich wird, etwas in Gang zu setzen, Prozesse voranzutreiben und zu innovativen Produkten zu führen. Es geht um die Verarbeitung und Ordnung von Eindrücken, Informationen, Ideen, Normen und Wertvorstellungen. Insbesondere geht es um die nicht substituierbaren, die nicht formalisierbaren Wissensformen. „Gefragt sind Erfahrungswissen, Urteilsvermögen, Koordinierungs-, Selbstorganisierungs- und Verständigungsfähigkeit, also Formen lebendigen Wissens" (Gorz 2004, S. 9). Ein ständig zu aktualisierendes umfassendes Handlungs-, Methoden- und Orientierungswissen ist dazu von Nöten. Mit der Festschreibung von verbindlichen Standards beginnt die bewusste Konturierung eines Wissenspools, von dem die Beteiligten annehmen, dass er zukunftsrelevant sei.

Auch hier bestimmt der Fokus des jeweiligen Standpunkts die Auswahlkriterien. Nicht alles, was wissenswert ist, kann Gegenstand des Unterrichts werden. Eine gesellschaftliche Instanz muss also entscheiden, welches Wissen bzw. welche Kompetenzen es künftig wert sind, erworben zu werden und welche nicht. Mit diesem Entscheidungsprozess sind unweigerlich Reduktionen von Möglichkeiten und damit einhergehend Schwerpunktsetzungen zwingend verbunden. Die Bestimmung von Kompetenzinventaren (bisher von Lernzielkatalogen) läuft so Gefahr, zum Politikum zu werden.

Das derzeit favorisierte Standardisierungskonzept angelsächsischer Prägung, das beispielsweise einer pragmatischen Grundbildung verpflichtet ist, betont u.a. formale gegenüber inhaltlichen Aspekten bei der Bestimmung dieses Wissenspools. „Kenntnis- und Kompetenzerwerb zielen vor allem auf unmittelbare außer- und nachschulische Verwertbarkeit" (Fuchs 2003, 162). Im Rahmen des ‚Literacy-Konzepts' kommt es zu einer deutlichen Stärkung der Methodenkompetenz, die vorrangig auf ökonomische Zusammenhänge bezogen wird; gesellschaftliche bzw. kulturelle Aspekte geraten in den Hintergrund[4]. Die Entscheidung, Standards nach dem pragmatischen Muster zu definieren, zieht notwendigerweise auch eine spezifische Reduktion der Komplexität ‚von Welt' nach sich. Dadurch wird einerseits eine bessere Orientierung der Beteiligten am Bildungsprozess ermöglicht, andererseits besteht aber die Gefahr einer Trivialisierung von Welt. Dieser Reduktionseffekt setzt sich auf der konkreten Aufgabenebene fort: „Nicht nur werden die Standards (...) auf eine Schwundform gebracht, auch die Komplexität der Aufgabenstellung schnurrt, wenn sie durch den Filter der Standards interpretiert wird, zusammen. Ich spreche deshalb von einer wechselseitigen Reduktion" (Spinner (2005, S. 89). Die avisierte Klarheit, die durch die Festschreibungen entstehen soll, gerät so unversehens zur ‚Unschärfe-Relation', je konkreter die Standards ihre Umsetzung finden: von der Bildungsplanerstellung über die Aufgabenkonstruktion bzw. deren Vermittlung durch die LehrerInnen hin zu den Lernprozessen der SchülerInnen. Jede Ebene stellt eine potentielle (Soll-)Bruchstelle im Umsetzungsprozess dar. Die beabsichtigte kontrollierte Steuerung der Wissensgenerierung bzw. des dadurch aufzubauenden Wissensvorrats durch das Bildungssystem verliert zusehends an Eindeutigkeit.

Zu diesen Selbstwidersprüchlichkeiten des Standardisierungskonzepts kommt hinzu, dass Wissen nicht per se schon *Können* ist. „Die Art und Weise, wie Erwerbstätige dieses Wissen einbringen, kann weder vorbestimmt noch anbefohlen werden. Sie verlangt ein Sich-selbst-Einbringen" (Gorz 2004, S. 9). Gerade darin, dass Wissen den Lernenden braucht, um zum Können zu werden, wird die Subjekthaftigkeit der Wissenserzeugung deutlich. Von Standpunkt der Lernenden aus betrachtet, bleibt das zu erwerbende Wissen solange aufgesetzt, übergestülpt, fremd, wie es keine Relevanz in *ihrem* konkreten Alltag hat. Relevanz erhält Wissen aber dann, wenn der Wissenspool (oder zumindest Teile daraus) bedeutsam im Sinne der eigenen Lebensinteressen wird. Bedeutung wird dann zuerkannt, wenn das Wissen aus der Sicht der Lernenden dazu dient, aktuelle oder zukünftig antizipierte Handlungsprobleme zu lösen, die entlang der eigenen Lebensperspektive, dem eigenen Lebensführungskonzept einzuordnen sind. Es macht also erst dann *Sinn*, sich das Wissen anzueignen, wenn daraus künftig neue *Handlungsmöglichkeiten* erwachsen, mit denen wahrnehmbar eine Erhöhung der Lebensqualität verbunden ist. Die Erweiterung des eigenen Handlungsspektrums ist aus dieser Sicht dann *das* Motiv, der Beweg-Grund also, den jeweiligen Wissensanteilen Bedeutung zuzuerkennen und sie sich anzueignen (vgl. Wulff/Rihm 2003, S. 98). Nur Wissen, das mit Sinn belegt werden kann, wird zum Können, das als dauerhaftes Handlungspotential zur Verfügung steht. Die kritische Mitarbeit der Lernenden ist damit wiederum unabdingbare Voraussetzung, soll das global angelegte Wissensprojekt gelingen. An dieser Schnittstelle wird die Verschränkung von wissens- und zivilgesellschaftlichen Konzepten nun überaus deutlich. Wissen *und* ziviles Engagement sind die Fundamente des Informationszeitalters; Wissens- und Zivilgesellschaft sind in einer sich globalisierenden Welt miteinander verzahnt, aufeinander angewiesen, voneinander in einem gewissen Maße abhängig (vgl. Hönigsberger/ Volkholz/Poltermann 2004, S. 26f).

2.3 Global ausrichten, wenn es um regionale Orientierung geht?

Standardisierungen als normative Setzungen zur Generierung von Welt-Wissen haben ‚Brückenfunktion'. Über die Festschreibungen sucht oder findet das Bildungssystem Anschluss an eine sich globalisierende (Welt-)Gesellschaft; es globalisiert sich sozusagen selbst und wird im globalen Rahmen platziert (vgl. Scheunpflug 2003, S. 164). Bildung wird zur wichtigen Ressource des weltweiten Marktes und wird von diesem zunehmend bestimmt. Standardisierungen sind gewissermaßen die Eintrittskarte in den internationalen Bildungswettbewerb (Schleicher 2004, S. 277 ff). Die Präferenz des angelsächsischen Modells von Grundbildung mit dem Ziel, es in möglichst vielen Staaten den Bildungsbestrebungen zugrunde zu legen, ist ein Hinweis darauf. Die Dynamik der Netzwerkgesellschaft ‚nötigt' gewissermaßen die internationale Bildungspolitik, Bildungsqualität mit einer ‚gewissen situationsübergreifenden Güte' an möglichst vielen Orten der Welt sicherzustellen. Dies erklärt auch den Umstand, dass die Standardisierung mit einer ihr eigenen Hermetik umgesetzt werden muss. Regionale Abweichungen würden einem weltweiten Bildungsmonitoring entgegenstehen; es würde sich sozusagen selbst abschaffen.

Vom Subjektstandpunkt aus gesehen können diese Bestrebungen aber nur insoweit Teil individuellen Handelns werden, wie sie in den Lebensentwürfen der Individuen Bedeutung erlangen. Wie dargestellt sind die Standards aus der Sicht der Menschen Handlungsoptionen, die dann aktiv übernommen werden, wenn sie Sinn machen. Sinn macht das Ganze aber nur dann, wenn es in den konkreten Handlungssituationen der Akteure verankert ist oder werden kann. Es reicht also nicht (weltumspannendes) Wissen zu generieren. Es muss, um nachhaltig zu wirken, vor allem von den Lernenden in ihren Lebenswelten – und im Speziellen in ihren Bedeutungshorizonten – identifizierbar sein und aktiv von ihnen an ihre jeweiligen Lebensperspektiven und Lebenskontexte angeschlossen werden können (vgl. Castells 2003 III, S. 404). Die Häufigkeit wiederum, mit der dieser Anschluss vollzogen wird, erhöht sich aus subjektwissenschaftlicher Sicht in dem Maße, wie Bildungsprozesse von den Handlungsproblemen bzw. Handlungsperspektiven der Lernenden ‚vor Ort' ausgehen. Die Ausbildung von Interessenschwerpunkten, von Lebensführungskonzepten, von kulturellen Orientierungen ist von daher zunächst kontextgebunden und hat eher *regionalen* Charakter. Die erwähnten ‚Projektidentitäten' sind Ausdruck dieser regionalen Orientierung von Handlungssolidaritäten in der Auseinandersetzung mit globalen Anforderungen.

An dieser Stelle werden (Funktions-)Widersprüche deutlich: Sind *Standardisierungen* von ihrer Funktion her gesehen, wie dargestellt, vorrangig auf *allgemeine* ökonomische Parameter *ausgerichtet*, beziehen sich die Lernhandlungen aus der Subjektsicht zunächst darauf, wie die in den Standardisierungen geforderten Kompetenzen in der jeweiligen Lebenswelt zum Tragen kommen. Sind Standardisierungen aus der Sicht der Lernenden *global*, also situations*un*spezifisch konzipiert, so betonen die *Lebensinteressen* geradezu *regionale*, also situationsspezifische Gesichtspunkte. Soll eine grundlegende Akzeptanz (und keine Ausweich- bzw. Täuschungsmanöver!) durch die Lernenden erfolgen, müssen sich Wissenspool *und* Lebensinteressen zwar nicht völlig decken, aber doch in einem dynamischen Austauschverhältnis stehen. Bilden die Standardisierungen nur wenig die Lebenswelt der Lernenden ab und lassen sie die erfolderlichen Austauschprozesse nicht zu, so laufen sie demnach Gefahr, dem ‚Kurzzeitgedächtnis' anheim zu fallen. Dies spricht notwendigerweise für ihre ‚Offenheit'. Der Einbezug der Lernenden in die Ausgestaltung der Standardisierungen ist demzufolge unumgänglich (vgl. Dumke/Häcker 2003). Im Gegensatz zum ‚literacy-Konzept' betont die subjektwissenschaftliche Sichtweise deshalb den *Vorrang* des inhaltlichen bzw. thematischen vor dem operativen bzw. methodischen Aspekt, denn über das Interesse kommen die Lernenden zum Lernen; die Methoden richten sich nach den Themen. Methodenkompetenz setzt gewissermaßen eine breite Wissensbasis voraus; das lernende Eindringen in Wissensgebiete erfordert wiederum eine dem Lerngegenstand angemessene Methodik (vgl. auch Fuchs 2003, S. 165).

In der Konturierung dieser drei Widerspruchsfelder möchte ich verdeutlichen, wie die zunehmende Kritik an dem eingeschlagenen Weg der neuerlichen Schulreform zu verstehen ist: Bildung über das Standardisierungskonzept zu globalisieren, ist ein grandioses Projekt, Bildung ohne den Subjektstandpunkt zu denken. Boenicke u.a. (2004, S. 107ff) sprechen von der ‚Subjektvergessenheit der deutschen Schule'. Nicht ein *Bildungsverständnis* im Anschluss an ein ‚Sich-Bilden', wie es Humboldt konstatierte, oder ein ‚Sich-Entwerfen' und ‚Entworfen-Werden', wie es Hofmeister (2003, S. 131) dialektisch formuliert, leitet das Handeln der Standardisierungsbefürworter, sondern ein Bildungsverständnis, das die pragmatische Anwendbarkeit, Verwertbarkeit und Kontrollierbarkeit zum Ziel hat. Die ‚Maschine' als Leitmetapher drängt sich auf. Ihre Logik ist: Machbarkeit, Ziel- und Durchsetzungsbezogenheit.

Heinz von Förster hat aber schon früh darauf hingewiesen, dass menschliches Denken und Handeln nicht als ‚triviale Maschine' konstruiert werden können, sondern eher mit ‚nicht-trivialen Maschinen' vergleichbar sind, deren Aktivitäten „analytisch unbestimmbar, historisch bedingt und nicht voraussagbar" (Förster 1996, S. 22) sind. Handlungen kommen nicht quasi automatisch in Gang. Sie kommen über Verständigungsprozesse mit ‚offenem Ausgang' zu Stande. Der mit den Standardisierungen verbundene *Kompetenzbegriff* wird dabei aus subjektwissenschaftlicher Sicht nicht zwangsläufig obsolet. Vielmehr erhält er eine erweiternde, über die pragmatische Ebene von konkreten ‚skills' hinausgehende Bedeutung: Kompetenzen werden dann als Fähigkeiten verstanden, innere und äußere Ressourcen so miteinander in Beziehung zu setzen, in Passung zu bringen, dass es Lernenden möglich ist, in Auseinandersetzung mit den Gegebenheiten, sich aktiv zu entwickeln (vgl. Holtz 2005, S. 28)[5]. Diese Option unterscheidet menschliches Handeln unverwechselbar von der Maschinenlogik. Die Leitmetapher wäre demzufolge die des ‚Geistes'. Somit gilt: Maschine versus Geist bzw. System versus Lebenswelt. In Sinne von Jürgen Habermas (1992, 68ff) lassen sich die dabei wirksam werdenden, sich widersprechenden Logiken der Handlungsbestimmung analytisch in *zweckrational* bzw. strategisch (entspricht der System- bzw. Maschinenlogik) versus kommunikativ bzw. *verständigungsorientiert* (entspricht der Subjekt- bzw. Geistlogik) unterscheiden.

Meine These ist nun, dass sich diese Logiken in der jeweiligen Weise, wie sie operieren, zwar diametral gegenüber stehen, dass sie aber auch – *in einer spezifischen Weise miteinander verknüpft* – als sich ergänzende Handlungskoordinationsmodi gesehen werden können, die zusammengedacht, eine größere Tiefenschärfe subjektiver und ökonomischer Orientierung ermöglichen. In der Formel des ‚Tätigseins des Subjekts' weisen Eggert Holling und Peter Kempin schon 1989 auf diese Möglichkeit hin: „Anstelle der Logik des Produktes muss eine Logik des Produzierens treten. Somit eine, die nicht nur das Produkt zu begreifen sucht, sondern die das Verhältnis des produzierenden Subjekts zu seinem Produkt und zu anderen Subjekten umfasst" (Holling/Kempin 1989, S. 203). Optionalität, Sinnbezug und regionale Ausrichtung (siehe die Subjektseite o.g. Widerspruchsfelder) stehen dann nicht zwangsläufig im Gegensatz zu Standardisierungen. Ein produktiver, dialektischer Zusammenhang beider Handlungsweisen ist denkbar. Castells (2003 III, S. 403) schlussfolgert in ähnlicher Richtung: „Meiner Durchsicht unserer Welt zufolge scheint es, dass unsere Gesellschaften durch die Interaktion zwischen dem ‚Netz' und dem ‚Ich' konstituiert werden, zwischen der Netzwerkgesellschaft und der Macht der Identität".

Wege zur Verbesserung der Bildungsqualität

Vorrang von Standardisierungen zielt auf

Vorrang von Lebensinteressen zielt auf

Akzeptanz

Steuerung
durch Reduktion von Komplexität

Sinnbezug
durch Anschluss an Lernperspektive

Orientierung

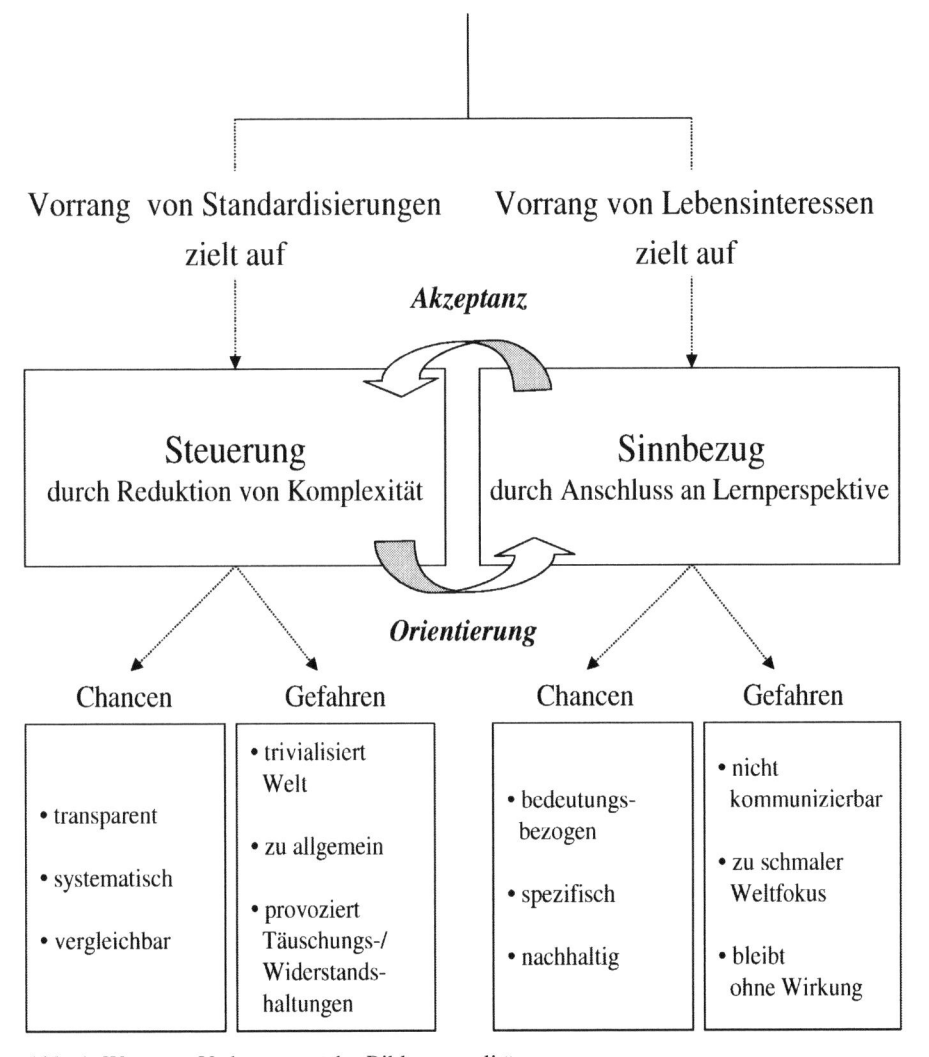

Chancen
- transparent
- systematisch
- vergleichbar

Gefahren
- trivialisiert Welt
- zu allgemein
- provoziert Täuschungs-/Widerstandshaltungen

Chancen
- bedeutungsbezogen
- spezifisch
- nachhaltig

Gefahren
- nicht kommunizierbar
- zu schmaler Weltfokus
- bleibt ohne Wirkung

Abb. 1: Wege zur Verbesserung der Bildungsqualität

Fazit 2

In der Gegenüberstellung von systematischen Elementen der Standardisierungen und korrespondierenden Aspekten der Subjektwissenschaft wurden einerseits deren sich widersprechenden Handlungslogiken offensichtlich, andererseits aber auch Widersprüche innerhalb der jeweiligen Handlungslogik. Standardisierungen innewohnend sind einerseits Steuerungsmotive, die die Funktionalisierung des Bildungsprozesses für ökonomische Zwecke zum Ziel haben. Andererseits ermöglichen sie durch ihre Transparenz, Systematik und Vergleichbarkeit wichtige (bildungspolitische) Orientierungen, weil sie dadurch gesellschaftliche Komplexität reduzieren. Lebensinteressen wiederum ermöglichen einerseits den (kritischen) Aufbau von individuellen Sinnkonzepten, die Handlungsmotive generieren. Andererseits laufen Handlungen, die über Lebensinteressen koordiniert werden, Gefahr, ihre Anschlussfähigkeit einzubüßen und sich damit jeglicher Möglichkeit der Einflussnahme auf externe Abläufe zu berauben. Einerseits bedürfen Standardisierungen, um nicht ins Leere zu laufen, die Akzeptanz ihrer eigentlichen Adressaten (Lernende/Studierende bzw. der Lehrende/Dozierende), um in der Lebenswelt verankert zu werden. Andererseits bedürfen die Lebensinteressen externer Orientierungen, um in Lebensführungen münden zu können. ‚Orientierung' und ‚Akzeptanz' markieren demzufolge Ansatzpunkte, die ein produktives, wechselseitiges Anerkennungsverhältnis der beiden doch so widersprüchlichen Handlungslogiken begründen können. KonstrukteurInnen der Standards als Komplexitätsreduktoren und die AdressatInnen als Sinnkonstitutoren könnten darüber in einen erkenntnisreichen Dialog eintreten.

3. Das Kerngeschäft von Schule neu bestimmen: Vorränge einräumen und Entkoppelungen vornehmen

Wie kann, was sich widerspricht, miteinander in Beziehung gesetzt werden? Um diese Frage beantworten zu können, möchte ich zunächst den Zielkonflikt verdeutlichen, in dem Schule, Handlungsfähigkeit unter Beweis zu stellen hat. Danach konturiere ich Grundzüge einer Lösungsvariante, die Standards und Lebensinteressen so miteinander in Beziehung setzt, dass beide Qualitäten im Laufe der Schulbesuchszeit produktiver zum Tragen kommen als bisher. Dies kann nicht ohne Konsequenzen für die LehrerInnenbildung sein. Schließlich leite ich einen Handlungsentwurf ab, der skizzieren soll, wie sich institutionelles Handeln inhaltlich-methodisch bzw. organisatorisch formieren kann, um dieses neue Verhältnis Wirklichkeit werden zu lassen.

3.1 Der Zielkonflikt und die derzeitige Lösungsvariante

Gerade in der Netzwerkgesellschaft kommt Schule als zuständige Institution für Bildungsfragen eine enorme Bedeutung zu: Bildung wird zum ‚Humankapital' und gerät darüber in den Sog des Verwertungsaspekts. Bildungszeit, Bildungsinhalte, Bildungsprozesse werden zunehmend unter Kosten-Nutzen-Relationen gesehen und bewertet. Die Funktionalisierung der Institution Schule ist somit konkreter denn je. Bernd Hackl (2004) betonte unlängst in einer Auseinandersetzung mit Stefan Blankertz die Gefahr der ‚Verwechslung von Markt und Freiheit'. Die öffentliche Trägerschaft von Schule ist nicht mehr unumstritten; die Privatisierung von Bildung wird offen diskutiert. Die Anforderungen an institutionelles Lernen und Lehren steigen. Insbesondere werden mehr und mehr Nachweise über den Erfolg institutioneller Tätigkeit eingefordert.

Der *Qualitätsbegriff* erhält im Rahmen dieser Diskussionen einen zentralen Stellenwert. Terhart (2000, 814f) unterscheidet einerseits einen Qualitätsbegriff im Sinne einer *objektivierten Bewertung*, andererseits einen in einer *ganzheitlich-ästhetischen* Verwendungsweise. In der objektivierten Form ist Qualität ein extern verabredeter, d.h. dem jeweiligen Situations-Zusammenhang enthobener Gütemaßstab, der auf den offiziellen Zwecksetzungen des jeweiligen Systems (hier des Bildungssystems) basiert und der insofern dann auch als Bezugspunkt für die Ermittlung und ggf. den Vergleich der faktischen Wirkungen dieses Systems herangezogen werden kann. Effektiv bzw. effizient ist dann eine Entwicklung, wenn diese die angestrebten Ziele ‚kostengünstig' bezogen auf das Verhältnis von Aufwand und Ertrag bzw. ‚tatsächlich so wie geplant' bezogen auf das Verhältnis von Absicht und Wirkung vollzogen wurde (Terhart 2000, 812). In seiner ganzheitlich-ästhetischen Form wird Qualität zur Bezeichnung der umfassenden Beschaffenheit bzw. der ganzheitlichen Eigenschaften eines bestimmten Gegenstandes oder Erfahrungsfeldes herangezogen. Diese ganzheitliche Erfahrung ist eng mit der Wirklichkeit des Wahrnehmenden (Lernenden/Lehrenden) gekoppelt. Effektiv bzw. effizient ist in diesem Falle ein Prozess, wenn er den Beteiligten Anschluss an für *sie* bedeutsame Veränderungsmöglichkeiten gemäß *ihrer* Lebensinteressen bietet. Dieses Anschließen bzw. Verändern ist notwendigerweise eine von den Beteiligten intersubjektiv zu klärende bzw. dann aktiv selbst vorzunehmende *intentionale* Handlung. Qualität ist demgemäß ein auf selbstbestimmte konkrete Handlungssituationen bezogener und von der Einschätzung der jeweils involvierten Individuen abhängiger Gütemaßstab.

In beiden Fällen ist ‚Qualität' nicht einem Objekt oder Erfahrungsfeld quasi innewohnende, sondern eine auf einer Beurteilung beruhende zugeschriebene Eigenschaft (vgl. Terhardt 2000, 815). *Qualität ist* damit stets beobachter- bzw. *beurteilerrelativ* und Ergebnis eines Abstimmungsprozesses zwischen den Beteiligten.

Die am Schulprozess Beteiligten sehen sich nun, wenn es darum geht, Qualität nachzuweisen, einem mehrfach *widersprüchlichen Erwartungsdruck* ausgesetzt: Einerseits den Erwartungen aus den strategisch integrierten Handlungszusammenhängen der Gesellschaft (z. B. Selektion, funktionale Qualifikation, Legitimationssicherung, Budgetierung), in denen der objektivierte Qualitätsbegriffs vorherrscht, *und* andererseits den Erwartungen aus den verständigungskoordinierten Handlungsfeldern (z. B. Eigenorientierung, eigenständiges Knüpfen von Solidarnetzen, Verankerung in Zeit-Räumen), in denen der ganzheitlich-ästhetische Qualitätsbegriff Geltung beansprucht. Dieser Funktionswiderspruch treibt Schule in einen *strukturellen Zielkonflikt*: Schule soll durch Qualifikation Unterschiede ausgleichen *und* durch Zertifikatvergabe Unterschiede herstellen. Welche Lösungsvariante zum Zuge kommt, hängt maßgeblich vom *institutionellen Selbstverständnis*, insbesondere vom Grad ihrer Reflexivität ab. Entscheidungsräume sind durchaus vorhanden. Denn Institutionen haben die Möglichkeit, Einflüsse zu kanalisieren: sowohl in die eine, stärker zweckrationale, als auch in die andere, stärker verständigungsorientierte, Richtung (vgl. Habermas 1995 II, 275).

Die *derzeitig institutionell favorisierte Lösungsvariante* diese gegensätzlichen Qualitätsverständnisse in Beziehung zueinander zu setzen, ist die, anhand von Standards, den ‚objektivierten Qualitätsbegriff' kostengünstig, so wie geplant, kontrolliert und flächendeckend zu befördern. Den Adressaten gegenüber wird diese Absicht aber nicht offen vertreten. In den jeweiligen Vermittlungsaktivitäten wird Verständigungsorientierung vorgeben (Einbezug in die Planung, Durchführung und Kontrolle von Lernergebnissen etc.), aber mit zweckrationalen Mitteln (Klassenarbeiten, Vergleichstests, (Nicht-) Versetzung etc.) die vorentschiedenen Ziele durchgesetzt. Dies führt, so meine These, zur einer enormen Verstärkung der Widersprüchlichkeit institutionellen Handelns. Dopple-Bind-Situationen sind an der Tagesordnung: SchülerInnen werden in den Unterichtsprozess einbezogen, aber unter der Maßgabe, die vorgedachten Schritte der LehrerInnen nachzuvollziehen, Wochenplanarbeit sichert SchülerInnen Entscheidungskompetenz zu, aber nur im Rahmen des vorgeplanten Quantums, Selbststeuerung im Lernprozess wird gefördert, aber nur im Rahmen der von den LehrerInnen erwünschten Inhalte etc.. Habermas (1992, 68f) bezeichnet eine derartige Haltung als *latent-strategisch*. Bei dieser Art der Vermittlung von Standardisierungen und Lebensinteressen, besteht die Gefahr, tendenziell institutionelle Glaubwürdigkeit zu verspielen. Sie ist ‚eindimensional' und derart in sich widersprüchlich, dass sie für eine nachhaltige Qualitätsverbesserung nicht ausreicht (vgl. auch Selter 2005, 7).

3.2 Standardisierungen und Lebensinteressen neu in Beziehung setzen

Ich plädiere an dieser Stelle für eine *andere Lösungsvariante*. Diese geht zunächst davon aus, dass die Doppelfunktion von Schule selbst, entsprechend dem gesellschaftlichen Differenzierungsprozess, wie ihn Jürgen Habermas (1995 Bd.II, 229ff) analysiert, der *Entkoppelung* bedarf. Entkoppelung heißt diesbezüglich aber nicht, dass sich die gesellschaftlichen Bereiche gegeneinander abschotten; vielmehr bleiben sie dynamisch miteinander verschränkt. *Entkoppeln heißt* deshalb *nicht abkoppeln*! Keine der beiden Sichtweisen wird ausgeblendet. Die beiden sich widersprechenden Handlungsvarianten, hinter denen wie ausgeführt, zwei konkurrierende Verständnisse von Qualität erkenntnisleitend sind, können meines Erachtens *nicht* gleichzeitig und in der gleichen Gewichtung realisiert werden. Sie können aber dann beide Berücksichtigung finden, wenn sie über systematische *Schwerpunktsetzungen* in Rahmen eines zeitlichen Nacheinanders realisiert werden.

3.2.1 Schwerpunkte setzen

Die hier aus dem Subjektstandpunkt abgeleitete Lösungsvariante geht davon aus, dass – wie oben dargestellt – die Entfaltung von Lern- bzw. Lebensführungskonzepten einer bedeutungsbezogenen Auseinandersetzung mit Bildungsstandards voraus gehen muss. Dieser zeitliche Vorrang liegt in der Art und Weise begründet, wie die Lernenden den Standards Akzeptanz zuerkennen. Akzeptiert werden Standards eher dann, wenn es den Lernenden möglich ist, sie an ihre jeweilige Lebensperspektive und den damit verbundenen Interessenskonstellation anzuschließen, wenn die Lernenden also einen Sinn darin sehen, sich die Bildungsstandards anzueignen. Umgekehrt sind Standards in ihrer ‚offenen' Form aber wichtige Orientierungsdaten, wenn es um den Aufbau von Weltbeziehungen, insbesondere von Berufs- bzw. Studienorientierung geht. Sie ‚verschwinden' deshalb auch nicht aus den ersten Lernjahren. Sie ‚rutschen' lediglich in den Nachrang. Nachrang heißt diesbezüglich: Sie leiten das Lernen nicht federführend an; sie erhalten aber dann Bedeutung für den Lernprozess, wenn sich dies sinnvoller Weise aus den Lernvorhaben ergibt.

Schwerpunkt 1 zeichnet sich dementsprechend dadurch aus, dass die Lern- und Lehrprozesse von den Lebensinteressen der Lernenden her Begründung finden. So begründet sich z. B. der Erwerb der Kulturtechniken (Lesen, Schreiben, Rechnen, Mediengebrauch) in konkreten Handlungsproblematiken der Lernenden. Über selbst bestimmte Projekte werden Lebensweltorientierungen aufgebaut, Solidarnetze bzw. Unterstützungsnetze geknüpft und autobiographische Reflexionen getätigt; Ziel ist die Ausbildung von Lern- bzw. ersten Lebensperspektiven. In Schwerpunkt 1 hat der thematische Bezug Vorrang vor dem operativen bzw. methodischen Bezug. Standards stehen im Nachrang; sie kommen aber dann zum Zuge, wenn es wichtig ist, zu wissen, worauf es ‚in der Erwachsenenwelt ankommt' (aus der Sicht der Erwachsenen). Den Lerngruppen, SchülerInnen wie LehrerInnen also, obliegt es, diese Hinweise mit den Lebens- bzw. Lerninteressen zu vermitteln oder zurückzuweisen.

Als bedeutsam für diese Schwerpunktsetzung erweisen sich die von den Lernenden formulierten *Fragen*. Denn formulieren die Lernenden ihre Frage, legen sie ein Interesse offen, das Teil ihrer Lebensperspektive ist. Mit dieser Offenlegung geben sie Einblick in einen Teil von sich, der ihr Innerstes ausmacht. Hierin liegt m. E. die ‚Intimität' des Lernprozesses begründet, die es gilt, gegen belehrungsstrategische Manipulation zu schützen. Unterscheidende Rückmeldungen, z. B. in Form von Noten oder Notenäquivalenten, sind hier fehl am Platz. An dieser Stelle ist es viel wichtiger, um den Fragefluss und den darin zum Ausdruck gebrachten Vertrauensvorschuss der SchülerInnen aufrechtzuerhalten, dass es zu einer Entsprechung im LehrerInnenhandeln kommt. So erweist sich im Schwerpunkt 1 komplementär zur Notwendigkeit der ‚eigenen Frage' die Notwendigkeit der ‚*eigenen Antwort*' der Lehrenden als unabdingbar, um die Lerndynamik aufrechtzuerhalten. Diese Haltung widerspricht ‚maschineller' Unterrichtssteuerung, weil sie das Anknüpfen der Antworten der Lehrenden an die Fragen der Lernenden erfordert. Dies geht nicht, ohne dass wiederum Lehrende Einblick in ihre Sinnstrukturen gewähren. Die FragestellerInnen wollen, bezogen auf ihre Lerninteressen, eine Stellungnahme, eine Resonanz, aus der deutlich wird, wie ihre LehrerInnen darüber denken und vor allem, warum sie so denken. Hinter dem aktiven Auf-Suchen einer Lehrperson steht also nicht die Suche nach einer Person, die sich in distanzierter Weise hinter sachstrukturellen oder normativen Sichtweisen versteckt, vielmehr suchen Lernende eine Person, die sich in ihrer Einschätzung des bisherigen Lernverlaufs, zu erkennen geben. Dieser *kooperative Selbstverständigungsprozess* (vgl. Rihm 2003, 370f) ist kennzeichnend für den Schwerpunkt 1. Standards werden dabei aktiv von den Lernenden als Orientierungen für Sinnkonzepte wahrgenommen und gegebenenfalls übernommen und in den jeweiligen Lebensperspektiven verankert (oder eben zurückgewiesen); regionale und globale Gesichtspunkte werden demgemäß diskursiv verhandelt.

Schwerpunkt 2 zeichnet sich im Unterschied dazu dadurch aus, dass Standardisierungen die Lernprozesse begründen und als Zielvorgaben den Lernprozess auch anleiten. Es geht vorrangig um funktionalen Kompetenzerwerb hinsichtlich einer möglichen Berufs- bzw. Studienperspektive. Die Lebensinteressen sind es jetzt, die als offener, dynamischer, angebotsorientierter Referenzrahmen fungieren. Dieser Rahmen hilft, Kompetenzen in perspektivbasierten Interessen der Lernenden zu spiegeln und darüber eine größere Realitätsnähe sowie eine nachhaltigere Akzeptanz der Bildungsziele zu erreichen, als dies bisher der Fall ist. Auf der Basis der in Schwerpunkt 1 erworbenen lebensweltlichen Orientierungen kann nun ausgerichtet auf eine Berufs- bzw. Studienperspektive der bewusste Aufbau von Handlungskompetenzen anvisiert werden. Angebots- und projektorientierte Lernverfahren bringen die Lernenden miteinander ins Spiel bzw. fördern die Selbststeuerung beim Lernen. Präsentationsverfahren sorgen für den notwendigen

Wissenstransfer innerhalb der Lerngruppe. Entscheidungsfreiheit und (Mit-) Verantwortung im Lernprozesses spielen eine wichtige Rolle. Fördernde Rückmeldesysteme, die sich insbesondere auch auf die Qualität der Lernprozesse beziehen, helfen Blockierungen zu erkennen und Unterstützungen passgenauer anzuschließen. Immer wieder kommt es zu Lernprozessphasen, in denen die Lernenden ihr Tun auf dem Hintergrund ihrer Lebensinteressen reflektieren und die Standards auf ihre ‚Perspektivtauglichkeit' kritisch überprüfen – gegebenenfalls erweitern, ergänzen, abändern. Unterscheidende Zertifikate stehen eher am Ende als zu Beginn dieser Schwerpunktphase. Auch bei diesem Schwerpunkt stören Belehrungshaltungen. LehrerInnen fungieren hier als Moderatoren bzw. als Lernbegleiter, die ‚offene' Lernarrangements schaffen, die die Lernenden ‚zusammenbringen' und deren Ausgestaltung sie im Rahmen der Problemstellung den SchülerInnen zunächst selbst überlassen. Weitere Eingriffe begründen sich im Lernverlauf selbst. Insgesamt hat dieser Schwerpunkt den Charakter eines *Kooperativen Prozesses zum Zwecke des Kompetenzerwerbs* und darüber der Qualifizierung für Beruf bzw. Studium. Dem vorherrschenden Denken, das die Leistung nur dann anerkennt, wenn sie individuell zuzurechnen, z. B. über Klassenarbeiten bzw. zentralen Tests ist, steht eine lösungsbezogene Variante von Lernerfolg gegenüber, die durch das Zusammenwirken ‚der Geister' und die im Prozess wohl begründete situationsspezifische Inanspruchnahme von Unterstützungssystemen gekennzeichnet ist.

3.2.2 Konsequenzen für die LehrerInnenbildung

Diese Schwerpunktbildungen wirken unweigerlich auf die *LehrerInnenausbildung* zurück. Belehrungshaltungen, die sich durch ein erwartetes lehrergeplantes, -gesteuertes und -kontrolliertes Nachvollziehen des vorausgewählten ‚Stoffes' auszeichnen, sind im Rahmen beider Schwerpunktbildungen nicht hilfreich. *Umorientierungen* sind notwendig, die meist im Gegensatz zu dem stehen, was die StudentInnen selbst (nicht) in der Schule erlebt haben: im Selbstverständnis, im Lern-LehrVerhältnis, im Professionalitätsverständnis, in der Arbeit in den Gremien der Schule und im Engagement im Rahmen des Schullebens.

Bezogen auf sich selbst geht es zunächst darum, ein autobiographisches Verstehen der ‚eigenen Gewordenheit' zu entwickeln. Die Rekonstruktion der Motive steht dabei im Mittelpunkt, die zum Berufswunsch führten bzw. die die bisherige Berufsperspektive bestimmen – immer auf dem Hintergrund der jeweils erlebten Schulzeit und der dabei herrschenden Kontextbedingungen. Im Verhältnis zu den SchülerInnen bedeutet dies u.a., aktives Beobachten, das Beantworten von Initiativen, das Wahrnehmen von Lernmöglichkeiten, das nicht unterscheidende, qualitative Rückmelden etc. einzuüben. Vor allem ‚offene' Projekte mit den SchülerInnen zusammen zu konzipieren, sich selbst in den Nachrang des Unterrichtsgeschehens zu entlassen und begründet den SchülerInnen (zunächst) den Vorrang einzuräumen, stellt viele LeherInnen und StudentInnen vor eine schwierige Situation. Selbst erfahren in einer Lehrhaltung, die ihnen das Belehren nahe legte, nun darauf zu vertrauen, dass Schüler verantwortlich mit den Dingen des Lernens umgehen, ist keine leichte Übung. Bezogen auf die eigene Professionalisierung heißt dies insbesondere, sich selbst kooperativ handelnd zu erleben, selbst Unterstützungssysteme in Anspruch zu nehmen bzw. diese einzufordern, das eigene Handeln und das der Lernenden als situationsgebunden zu begreifen und reflexiv damit umgehen zu können (vgl. zur ‚Reflexiven Professionalisierung' auch Häcker/Rihm 2005). Für die Gremienarbeit ist es z. B. unerlässlich, eigene Standpunkte formulieren und vertreten und die dazu notwendigen Tischvorlagen erstellen zu können. Im Bereich Schulleben kann es nicht nur um die Gestaltung von Schulfeiern gehen; hier stehen Projekttage, Pädagogische Tage, die Organisation und Moderation öffentlicher Foren etc. im Mittelpunkt, die die Aktivitäten im Schwerpunkt1 und 2 ergänzen, abstützen oder vorantreiben.

Inwieweit die oben skizzierten ‚Modularisierungen' in der ihnen eigenen additiven Konzeption diesen Anspruch an LehrerInnenbildung einlösen können, muss genauer überprüft werden. In den Modulen sind zwar einige der genannten Aspekte berücksichtigt. In der Umsetzung jedoch droht die ‚Beliebigkeit'. Werden biographische Rekonstruktionen z. B. nach dem einmaligen Besuch eines Seminars mit der Ausstellung eines Leistungsscheines als abgeschlossen anerkannt, so ist damit nur wenig über die Nachhaltigkeit der Erkenntnisse ausgesagt. Rekonstruktionen dieser Art bedürfen aber der Konstanz und der vielfältigen Spiegelungen, um sie für die eigene Berufsbiographie fruchtbar zu machen. Eigene Erfahrungen an der Hochschule zeigen, dass es in der Frühphase der Umstellung auf Module, auch im Studienprozess zu einer Vereinseitigung durch die Standardisierungen kommt. Die perspektivbezogene, kontinuierliche Reflexion konkurriert mit der formalen, möglichst zügigen ‚Abarbeitung' von Modulen. Dies steht zwar in Einklang mit der derzeit vorherrschenden Tendenz, Bildungszeit so weit wie möglich zu verkürzen, um die Lebensarbeitszeit entsprechend zu verlängern, steht aber im Widerspruch zu den Qualitätsanforderungen an die LehrerInnenbildung.

3.3 Entkoppeln, was sich widerspricht und doch zusammengehört

Was zusammengehört und sich doch widerspricht bedarf eines Nacheinanders. Die Schwerpunktsetzungen ziehen eine organisatorische Entkoppelung der Schulzeit nach sich, weil deutlich werden muss, wann der Wechsel in den Vorrang bzw. in den Nachrang mit all seinen Konsequenzen zu erfolgen hat. Die Schulzeit splitte ich deshalb entsprechend der sie jeweils strukturierenden Schwerpunktsetzung in ihrer Funktionen auf *zwei* Bildungsphasen auf. Jede der Phasen verfolgt vorrangig jeweils einen der beiden Bezüge, ohne den jeweils anderen auszublenden. Schwerpunkt 1, der den Vorrang des Subjektbezugs (=Lebensinteressen) *vor* dem Systembezug (=Standardisierungen) vorsieht, bezieht sich auf die Eingangsphase der gesamten Schulzeit (im Weiteren mit Phase 1) bezeichnet. Schwerpunkt 2, der den Vorrang des Systembezugs *vor* dem Subjektbezug behauptet, bezieht sich auf die Endphase der gesamten Schulzeit (im Weiteren mit Phase 2 bezeichnet)[6].

Phase 1 umfasst die ersten 6 bis 8 Schuljahre. Sie ist als eine ‚Schule für alle' zu konzipieren. Die Eingangsphase ist wie die Abschlussphase flexibel – entsprechend dem Stand der Lernentwicklung. Die Lerngruppen sind dementsprechend altersgemischt. Standardisierungen (insbesondere der Erwerb von Kulturtechniken wie das Lesen, Schreiben, Rechnen, der Mediengebrauch etc.) werden zunächst über die Realisierung selbstbestimmter Lernvorhaben im Rahmen einer Alltagsproblematik durch die Lernenden selbst zum Thema – und werden nur dann durch Lehrer angeboten, wenn keine Initiativen der Schüler vorliegen. Über eine Lernkultur, die auf Initiativen und Resonanzen, auf Unterstützungen und Förderungen, auf Präsentation und erfahrbare Einflussnahme auf Abläufe der konkreten Lebenswelt baut, werden Stellungnahmen zur Tagesordnung, über die die SchülerInnen sukzessive zur Einnahme von unverwechselbaren und doch verhandelbaren Standpunkten gelangen. Die wichtigen Fragen bzgl. der Lernleistungen werden unmittelbar mit der Qualität der Unterstützungssysteme diskutiert – sowohl die der SchülerInnen, wie auch die der Lehrer. Kooperatives Erforschen der Lebenswelt wie Einzelprojekte prägen die Lern-Lehrprozesse. Phase 1 würde mit einem *individuellen Qualifikationsprofil* auf der Grundlage eines auf die (Lern-)Entwicklung bezogenen Portfolios[7] abschließen, das wiederum Grundlage einer Eingangsberatung von Phase 2 sein könnte. Zur Abschlussberatung bzw. zum Abschlusskolloquium müssen sich die Absolventen anmelden.

Phase 2 umfasst die sich an Phase 1 anschließenden 4-6 Schuljahre. Wichtig erscheint mir dabei, dass alle SchülerInnen der Phase 1 das *erste* Jahr noch zusammen eine Lerngruppe bilden. Diese projektorientierte Erfahrungszeit kann als Fundamentum gelten, bezogen auf die Entscheidung, ob die Lernenden ihre weiteren Lernaktivitäten zur Qualifizierung auf einen Beruf oder auf ein Studium hin spezifizieren. Grundlage sind das Entwicklungsportfolio aus Phase1 *und* die Erkenntnisse dieses gemeinsamen Jahres. Der Austausch der Begründungen für die jeweiligen Ausbildungsprioritäten ergänzt etwa durch Berichte ‚Ehemaliger', erscheint mir dabei *der* zentrale Aspekt zu sein, um eine in der Lebensperspektive verankerte Entscheidung treffen zu können. Danach ist verbindlich, in welche Richtung die weitere schulische Bildung gehen wird: Berufs- oder Studienvorbereitung. Im zweiten Teil der Phase 2 ist es sinnvoll, *externe* Beratung bzw. Kompetenz für den Lerngruppenprozess nutzbar zu machen. Denkbar wäre z. B., dass in dieser Phase jeweils VertreterInnen aus den Betrieben bzw. aus den Hochschulen die Aneignung bzw. Vermittlung der bereichsspezifischen Kompetenzen unterstützen. Dies hätte wiederum den Vorteil, dass alle Beteiligten sozusagen über das Know-how der Fachleute, aus ‚erster Hand' also, einen engeren Kontakt zu den späteren Berufs- bzw. Studienfeldern hätten, als dies derzeit möglich ist. *Öffentliche Foren*, auf denen VertreterInnen aus den jeweiligen gesellschaftlichen Sektoren gesamtgesellschaftliche Themen diskutieren, fördern die Erkenntnisprozesse sowohl der SchülerInnen, der LehrerInnen als auch der Eltern (Schule als Wissensforum siehe Rihm 2003, 376f). Am Ende von Phase 2 kommt es über sog. Showcase-Portfolios zu einem Nachweisprozess über die getroffenen Schwerpunktsetzungen, die erworbenen Qualifikationen und den dabei entfalteten Perspektiven bzgl. Berufsvorbereitung bzw. Studienberechtigung, an dessen Ende die Zertifikatvergabe steht. Dazu müssen sich die AbsolventInnen, wie in Phase 1 anmelden, so dass auch hier kein Automatismus vorliegt.

Kennzeichen beider Phasen ist neben der klaren Konturierung über die jeweiligen Vor- und Nachränge, die *zeitliche Flexibilität*. Nach diesem Vorschlag kann die gesamte Schulbesuchszeit bis zu 4 Jahren länger oder kürzer sein. Abhängig ist dies von den Lernbedürfnissen und den Entscheidungen der Lernenden. Dies ist möglich, weil Phase1 Angebotscharakter hat, also prädestiniert ist, individuelle Profile zu ermöglichen, und in Phase 2 durch Standards ein transparentes Anforderungsprofil vorliegt, das SchnelllernerInnen zügiger abarbeiten können als SchülerInnen mit Lernschwierigkeiten. Durch die Abgegrenztheit von Phase 1 (‚Abschlusskolloquien') und den strukturellen Schwerpunktsetzungen wird einem zu frühen ‚Durchschlagen' systembezogener Anforderungen (hier: funktionale Qualifizierung zum Zwecke der Auslese und Allokation) bis in die Grund- bzw. Eingangsschulzeit hinein vorgebeugt. Das Zweiphasen-Schulzeitmodell setzt damit aus meiner Sicht Standardisierungen und Lebensinteressen in einer Weise zueinander in Beziehung, die keine der beiden Wege, Bildungsqualität zu verbessern, ausblendet, vielmehr den spezifischen Wert jedes Weges betont und ihm einen bedeutsamen Platz zuweist.

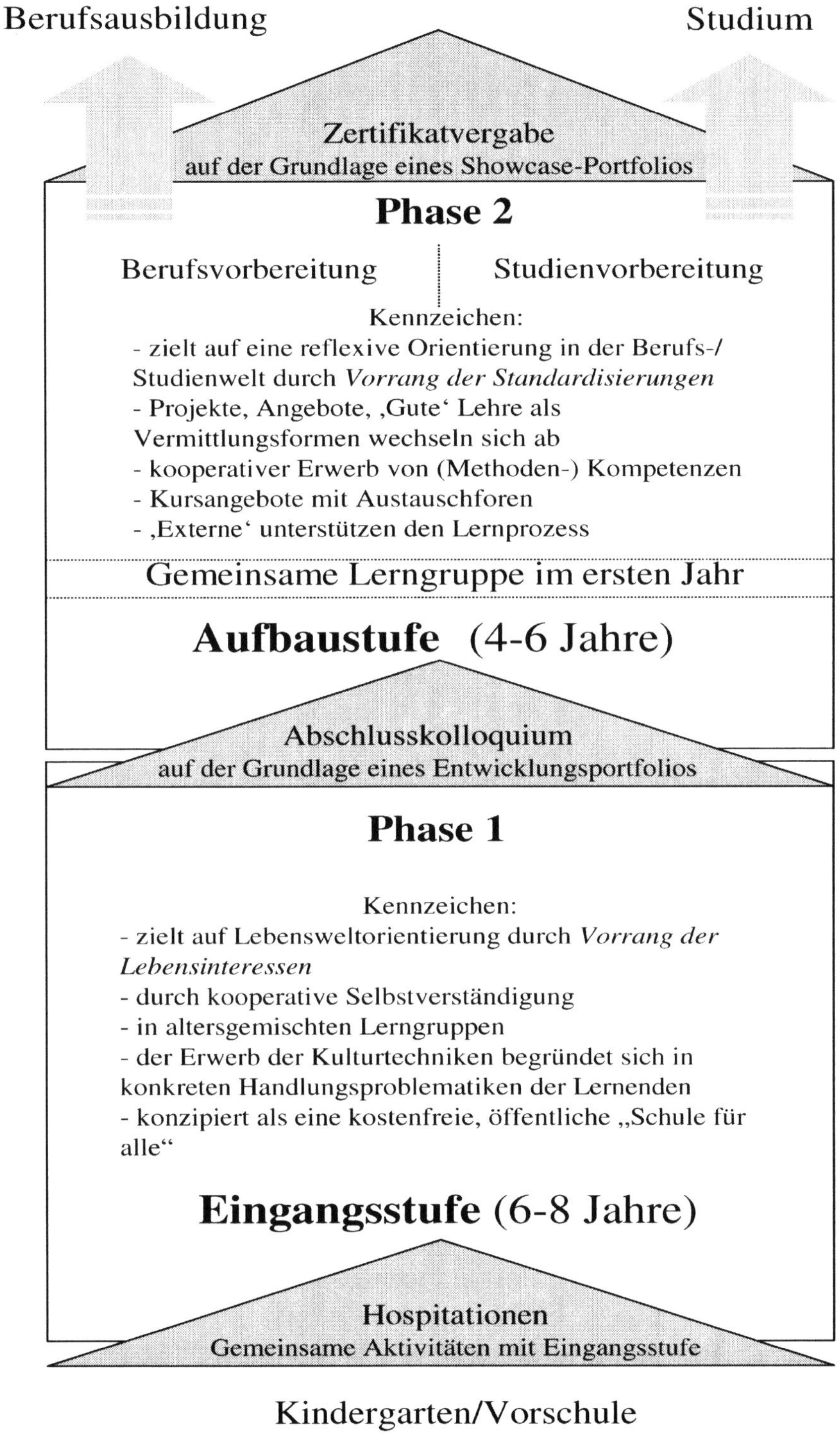

Entkoppelung tut Not 213

Berufsausbildung · Studium

Zertifikatvergabe
auf der Grundlage eines Showcase-Portfolios

Phase 2

Berufsvorbereitung | Studienvorbereitung

Kennzeichen:
- zielt auf eine reflexive Orientierung in der Berufs-/ Studienwelt durch *Vorrang der Standardisierungen*
- Projekte, Angebote, ‚Gute' Lehre als Vermittlungsformen wechseln sich ab
- kooperativer Erwerb von (Methoden-) Kompetenzen
- Kursangebote mit Austauschforen
- ‚Externe' unterstützen den Lernprozess

Gemeinsame Lerngruppe im ersten Jahr

Aufbaustufe (4-6 Jahre)

Abschlusskolloquium
auf der Grundlage eines Entwicklungsportfolios

Phase 1

Kennzeichen:
- zielt auf Lebensweltorientierung durch *Vorrang der Lebensinteressen*
- durch kooperative Selbstverständigung
- in altersgemischten Lerngruppen
- der Erwerb der Kulturtechniken begründet sich in konkreten Handlungsproblematiken der Lernenden
- konzipiert als eine kostenfreie, öffentliche „Schule für alle"

Eingangsstufe (6-8 Jahre)

Hospitationen
Gemeinsame Aktivitäten mit Eingangsstufe

Kindergarten/Vorschule

Abb. 2: Das Zweiphasen-Schulzeitmodell

Fazit 3

Der derzeitige Versuch, den Zielkonflikt aufzulösen, dem Schule sich in verschärfter Form, besser gesagt in globalisierter Form, zu stellen hat, ist in besonderem Maße widersprüchlich. Eine in ihrer ‚latent-strategischen' Umsetzungsform gefangene Bildungsstrategie macht sich selbst über ihre Nebenfolgen zum Thema. Daher die zunehmende Kritik. Eine alternative institutionelle Lösungsvariante bedarf, will man sie in den Handlungslogiken ‚Standardisierung' und ‚Lebensinteressen' gründen, einer systematischen und strukturellen Entkoppelung der Schulbesuchszeit. Entkoppeln bedeutet aber nicht abkoppeln. Schwerpunktsetzungen i. S. von zeitlichen Vorrängen bzw. Nachrängen, in denen jeweils der einen oder der anderen Art und Weise Lern-/Lehrhandlungen koordiniert werden, sichern den Bestand beider Handlungsmöglichkeiten. Phase 1 hat als Schwerpunkt den Aufbau von Lebensweltorientierungen. Im Zentrum von Phase 2 steht die Qualifikation für die Berufsausbildung bzw. für die Vorbereitung auf das Studium. Jede der Handlungslogiken kann zum ‚offenen' Referenzrahmen der jeweils anderen werden. Die zwei Phasen der Schulbesuchszeit haben klare Zuordnungen und Konturen. Der Gefahr der Einseitigkeit bzw. Eindimensionalität im Bemühen, die Bildungsqualität zu steigern, wird dadurch entgegengewirkt. Ein zentrales Strukturelement ist die hohe zeitliche Flexibilität, die auf die besonderen Bedürfnisse von schnelllernenden SchülerInnen bzw. SchülerInnen mit Lernschwierigkeiten Rücksicht nimmt. Qualitative Rückmelde- und Unterstützungssysteme bilden sozusagen das Rückgrat dieses Entwurfs.

Resumee

Im Rahmen der Netzwerkgesellschaft wird Wissen zu einer basalen Ressource, die Frage der möglichst effektiven bzw. effizienten Wissenserzeugung zu einem Politikum. Im Zuge internationaler Studien wird ein angelsächsisches Pragmatikkonzept befördert, das einem bundesdeutschen Bildungsverständnis zunächst unvermittelt gegenüber steht. Standardisierungen (Bildungsstandards im Bereich Schule und Module im Bereich LehrerInnenausbildung) werden als die vermeintlichen Zauberformeln zur Steigerung von Bildungsqualität auserkoren. Blickt man aber vom Subjektstandpunkt auf diesen Ansatz, werden (Selbst-) Widersprüchlichkeiten deutlich.

Standardisierungen geben einerseits wertvolle Orientierung für das Lernhandeln, sie steuern aber auch den Lernprozess in eine spezifische Richtung, weil sie zweckrational begründet sind. In ihrer Steuerungsfunktion versuchen sie, den Lernprozess hinsichtlich ökonomischer Belange zu formieren. Lebensinteressen dagegen verfolgen über Verständigungshandeln Sinn zu generieren, also das Verhältnis zu klären, in welchem Bedeutungsverhältnis das jeweilige Wissen zur eigenen Lebensführung und dem eigenen Lebenskontext steht. Sie nehmen also offen ausgesprochen oder insgeheim Stellung zu den Wissensanforderungen und bewerten sie. Versagen die Lernenden den Anforderungen ihre Akzeptanz, so stehen die Standardisierungen aber auf tönernen Füßen. Akzeptanz kommt jedoch nur zustande, wenn die Adressaten die Standards an ihre Lern- bzw. Lebensperspektiven anschließen können. Damit die Entwicklung einer eigenen Lebensführung aber nicht Gefahr läuft, sich in den Winkeln der eigenen Welt zu verirren, bedürfen Individuen immer auch externer Orientierungen, wie sie über die Standards möglich werden. Standardisierungen und Lebensinteressen sind also dialektisch miteinander verschränkt und zu verschränken. Sie sind so miteinander in Beziehung zu setzen, dass sie jeweils der (offene) Referenzrahmen des anderen sind. Dieser produktive Bezug wurde hier nicht durch eine Art ‚Verschmelzung' bzw. ‚gleichzeitiger und gleichwertiger Gabe' von beiden Varianten versucht herzustellen, sondern durch qualitative Schwerpunktsetzungen, die zeitlich im Sinne von Vorrängen und Nachrängen geordnet sind. Das dadurch sich ergebende Zwei-Phasen-Schulzeitmodell muss flankiert werden durch differenzierte Rückmelde- und Unterstützungssysteme. So gesehen hat das Selektionsprinzip ausgedient und ist zu ersetzen durch das Förderprinzip!

Dies hat Konsequenzen für die Professionalisierung von LehrerInnen. Der Versuch, diese über Modularisierungen zu bewerkstelligen stößt auf eine ähnliche Problematik wie im Falle der Bildungsstandards. Die Ausbildung entsprechender Lebens- bzw. Berufsführungskonzepte endet in wenig nachhaltigen Formalisierungen, kommt es nicht auch hier zu einer Vermittlung von Wissensaufbau und Sinnkonstitution. Gelingt dieser Versuch, so kann LehrerInnenbildung in der Tat (wieder) innovativer Faktor im Bemühen sein, Bildungsqualität zu verbessern. Dann gelingt der Sprung: Von PISA nach Bologna – und umgekehrt (vgl. Rehm 2005).

Anmerkungen

[1] Insbesondere: TIMSS (Third International Mathematics and Science Study); PISA (Programme for International Student Assessment); IGLU (Internationale Grundschul-Lese-Untersuchung); DESI (Deutsch Englisch Schülerleistungen International)

[2] OECD (Organisation for Economic Co-Operation and Development) mit Hauptsitz in Paris

[3] IQB (Institut zur Qualitätssicherung im Bildungswesen an der Humboldt-Universität Berlin. Homepage: www.iqb.hu-berlin.de

[4] Damit steht dieser Ansatz aber im Gegensatz zu Bildungskonzepten kontinentaleuropäischer Prägung (etwa Klafki oder Flitner), wo es um inhaltlich-thematische Gesichtspunkte geht.

[5] Ob dieser Kompetenzerwerb gelingt oder nicht, ist dabei auch eine Frage der Lernumgebung. Die Qualität der Unterstützungen spielt dabei ein wichtige Rolle. Kompetenzen sind demzufolge unter subjekttheoretischen Gesichtspunkten aktiv auszubildende und situierte, also in Situationen „eingelassene" Fähigkeiten.

⁶ Parallelen und damit auch Anknüpfungsmöglichkeiten zu diesem Konzept sehe ich u.a. auch im „Vorschlag zur Neugestaltung des Bildungssystems" des baden-württembergischen Handwerktages (Demmer 2002)

⁷ Zu „Portfolio" als alternativem Qualifikationsnachweis Häcker (2005) und Rihm (2004)

Literatur

Arnold, R. (2005). Die PISA-Lüge. Die Widererstarkung mechanistisch-linearer Pädagogik und ihrer Pädagogik. In Becker, G. u.a. (Hg.), Standards. *Friedrich Jahresheft 23/2005*, S. 65-68.

Boenicke, R./Gerstner, H.-P./Tschira, A. (Hg.) (2004). Lernen und Leistung. Vom Sinn und Unsinn heutiger Schulsysteme. Darmstadt: Wissenschaftliche Buchgesellschaft.

Castells, M. (2003). Das Informationszeitalter. Bd. I: der Aufstieg der Netzwerkgesellschaft; Bd. II: Die Macht der Identität. Band III: Jahrtausendwende. Leverkusen: Leske & Budrich.

Demmer, M. (2002). Wirtschaft stellt Schulstruktur infrage. Abkehr von selektiver Grundphilosophie. *E&W 9/2002*, S. 19-21.

Dumke, J./Häcker, Th. (2003). Standards, die Schüler entwickeln? *Lernende Schule 24/2003*, S. 48-53.

Holling, E./Kempin, P. (1989). Identität, Geist und Maschine. Hamburg: Rowohlt.

Förster, H. von (1996). Lethologie. In Voß, R. (Hg.), Schule neu erfinden. Neuwied/Kriftel: Luchterhand, S. 14-32.

Fuchs, H.-W. (2003). Auf dem Weg zu einem Weltcurriculum? – Zum Grundbildungskonzept von PISA und der Aufgabenzuweisung an die Schule. *ZfP 2/2003*, S. 161-177.

Gorz, A. (2004). Wissen, Wert und Kapital. Zur Kritik der Wissensökonomie. Zürich: Rotpunktverlag.

Gruschka, A. u.a. (2005). Das Bildungswesen ist kein Wirtschaftsbetrieb. Fünf Einsprüche gegen die technokratische Umsteuerung des Bildungswesens. *Forschung und Lehre 9/2005*, S. 480-483.

Habermas, J. (1995). Theorie des Kommunikativen Handelns. Taschenbuchausgabe. 2 Bde.. Frankfurt: Suhrkamp.

Habermas, J. (1992). Nachmetaphysisches Denken. Taschenbuchausgabe. Frankfurt: Suhrkamp.

Häcker, Th. (2005). Mit der Portfoliomethode den Unterricht verändern. In *Pädagogik 3/2005*, S. 13-19.

Häcker, Th./Rihm, Th. (2005). Professionelles Lehrer(innen)handeln – Plädoyer für eine situationsbezogene Wende. In Carlsburg, G.-B. von/ Musteikene, I. (Hg.), Bildungsreform als Lebensreform. Frankfurt: Peter Lang, S. 359-380.

Hackl, B. (2004). Eyes wide shut. In *Pädagogische Korrespondenz Heft31/2004*, S. 96-100.

Herrmann, U. (2004). Alternativen zum Schwindel mit ‚Bildungsstandards' – Ein Zehn-Punkte-Programm. *DDS 2/2004*, S. 134-139.

Hofmeister, A. (2003). Perspektiven und Probleme eines subjektwissenschaftlichen Bildungsbegriffs. In Rihm, Th. (Hg.), Schulentwicklung durch Lerngruppen. a.a.O., S. 121-134.

Holzkamp, K. (2004). Wider den Lehr-Lern-Kurzschluss. Interview zum Thema Lernen. In Faulstich, P./Ludwig, J. (Hg.), Expansives Lernen. Baltmannsweiler: Schneider, S. 29-39.

Holtz, K.-H. (2005). Grundlagen und Voraussetzungen einer Kompetenz-Diagnostik. In *Perspektiven 69/2005*, S. 21-32.

Hönigsberger, H./Volkholz, S./Poltermann, A. (2004). Empfehlung1: Bildungsfinanzierung in der Wissensgesellschaft. In Heinrich-Böll-Stiftung (Hg.), Selbstständig lernen. Bildung stärkt Zivilgesellschaft. Weinheim/Basel: Beltz, S. 17-45.

Ingenkamp, K. (2002). Die veröffentlichte Reaktion auf PISA: Ein deutsches Trauerspiel. In *Empirische Pädagogik 16*, S. 409-418.

Klös, H.-P./Weiß, R. (Hg.) (2003). Bildungs-Benchmarking Deutschland – Was macht ein effizientes Bildungssystem in Deutschland aus? Köln: Deutscher Institutsverlag.

Klieme, E. u.a. (2003). Zur Entwicklung nationaler Bildungsstandards – eine Expertise. Frankfurt: DIPF.

Klieme, E. (2004). Standards vorgeben? In *Pädagogik 3/2004*, Themenheft ‚Standardsicherung konkret', S. 50.

Kuper, H. (2002). Stichwort: Qualität im Bildungssystem. *ZfE 4/2002*, S. 533-552.

Lemmermöhle, D./Schellack, A. (2004). Modularisierung – Zauberformel für die Lehrerbildung. In *journal für lehrerinnen und lehrerbildung 2/2004*, S. 7-15.

Oelkers, J. (2005).Von Zielen zu Standards. In Becker, G. u.a. (Hg.), Standards. *Friedrich Jahresheft 23/2005*, S. 18-21.

Rehm, M. (2005). Der Sprung von PISA nach Bologna – und umgekehrt – wie eine Kluft entsteht. In *Informationsschrift* des IfW an der Pädagogischen Hochschule Heidelberg *Nr. 68*, S. 14-23.

Rihm, Th. (Hg.) (2006). Schulentwicklung durch Lerngruppen. Vom Subjektstandpunkt ausgehen. 2. überarbeitete und ergänzte Auflage. Wiesbaden: Verlag für Sozialwissenschaften. Im Druck.

Rihm, Th. (2004). Portfolio als Medium einer neuen Lernkultur? In *Informationsschrift* des IfW an der Pädagogischen Hochschule Heidelberg *Nr. 67*, S. 13-31. Download: www.ph-heidelberg.de/org/suschu

Rihm, Th. (2003). Schule als Ort kooperativer Selbstverständigung entwickeln. In Rihm Th. (Hg.), Schulentwicklung durch Lerngruppen. a.a.O., S. 351-386.

Schleicher, Andreas (2004). Deutschland im internationalen Bildungswettbewerb. In Fitzner (Hg.), Bildungsstandards. Internationale Erfahrungen – Schulentwicklung – Bildungsreform. Bad Boll: edition akademie 7, S. 277-286.

Scheunpflug, A. (2003). Stichwort: Globalisierung und Erziehungswissenschaft. *ZfP 2/2003*, S. 159-172.

Selter, Chr. (2005). Unterrichtsentwicklung: durch Orientierung an Vorgaben und an Ergebnissen, aber primär durch qualitätvolle Lehr-/ Lernprozesse. *Infoschrift* des IfW an der Pädagogischen Hochschule Heidelberg *Nr. 68*, S. 5-13.

Spinner, K.H. (2005). Der standardisierte Schüler. In Becker, G. u.a. (Hg.), Standards. *Friedrich Jahresheft 23/2005*, S. 88-92.

Terhard, E. (2000). Qualität und Qualitätssicherung im Schulsystem. *ZfP 6/2000*, S. 809-830.

Wulff, E./Rihm, Th. (2003). Sinnkonstitution in Bedeutungen: Wie kommt das Subjekt zur Welt? In Rihm, Th. (Hg.), Schulentwicklung durch Lerngruppen. a.a. O., S. 97-110.

Kurt Aurin

Die gute Schule – Herausforderung und Chance

Einleitung

In der Vortrags- und Diskussionsreihe des 7. Heidelberger Dienstagsseminars sind unter dem Motto „Schule entwickeln..." wichtige Sachverhalte behandelt worden – wie:

- die administrativen Bemühungen um die Weiterentwicklung der Schulen,
- die Organisation der Schule,
- Lernkonzepte und Curricula,
- neue Unterrichtskonzepte,
- kooperative Lernformen,
- differenzielle Aspekte wie die geschlechtsspezifische Förderung.

Alle bislang behandelten Bereiche fließen in das heutige Thema „Die gute Schule..." ein. Denn schließlich ist sie das Ziel vielfältiger Bemühungen in den genannten Aufgabengebieten, und gewiss haben die Veranstalter in kluger Absicht das Thema „Gute Schule..." für die Abschlussveranstaltung ihrer Reihe ins Auge gefasst.

Zunächst zwei Vorbemerkungen

Seitdem es in institutioneller Form Schule gibt, zieht sich die Aufgabe ihrer bestmöglichen Gestaltung durch die Jahrhunderte hindurch. Vom Mittelalter bis heute haben sich immer wieder namenhafte Persönlichkeiten ihrer Zeit damit beschäftigt, von Ludwig von Vives über Johann Amos Comenius bis hin zu den Reformern unserer Zeit. – *Scola semper reformanda*! – Dabei wurde von unterschiedlichen gesellschaftlichen und anthropologischen Vorstellungen ausgegangen und sowohl hinsichtlich der Zielsetzungen als auch der Mittel und Wege wurden unterschiedliche Schwerpunkte gesetzt. Ebenso waren die Ansatzpunkte der Lösungen für Lehrer, für Schüler, für den Lehrplan, für Unterrichtsinhalte, -ziele, -methoden, -organisation und für die Schulverfassung, verschieden.

Schule kann als soziales Handlungssystem begriffen werden, dessen Aufgaben und Ziele in der Bildung und Erziehung der heranwachsenden Generation bestehen. Dieses System steht einerseits unter staatlicher Verantwortung; andererseits steht es in Spannung zur pädagogischen Verantwortung der in Schulen Handelnden. Denn dieses Handeln erfordert nicht nur Einsicht in notwendige staatliche Ziel- und Realisierungsvorgaben, sondern ebenso – wie die Arbeit in allen kulturellen Einrichtungen – Freiheit der Gestaltung, das heißt verantwortlich gehandhabte Autonomie.

Folgende Ebenen schulplanerisch relevanten und schulisch konkreten Handelns können unterschieden werden:

- die legislative Ebene (Gesetzgeber/ Parlament)
- die exekutiven Planungs-, Unterstützungs-, Beratungs- und Aufsichts ebenen (zuständige Ministerien, Oberschul- und Kreisschulämter, kommunale Schulabteilungen oder -referate)
- die Realisierungsebene:
    o Schulleitungsebene (Schul- und Gesamtlehrerkonferenzen)
    o Ebenen der Schul-, Jahrgangsstufen und Fächerbereiche und ihre Konferenzen
    o Ebenen der Schulklassen und der Unterrichts- und Lerngruppen und ihre Konferenzen

Im Folgenden konzentriere ich mich auf die zuletzt aufgeführten Ebenen, auf denen Schule konkret verwirklicht wird, – Ebenen, auf denen die oft fast sisyphushaften Anstrengungen unternommen werden, eine möglichst gute, qualitativ anspruchsvolle Schule zu schaffen. Dabei stütze ich meine Ausführungen auf internationale, vorwiegend anglo-amerikanische Befunde und Ergebnisse eigener Forschungen und die dabei gemachten Erfahrungen (u.a. Purkey & Smith 1985; Rutter 1976, 1983; Lightfoot 1983; Aurin 1987, 1990, 1993, 1994, 2001).

1. Die Herausforderungen unserer Zeit an Schulen

Worin bestehen nun die besonderen Herausforderungen, in die unsere Schulen gegenwärtig gestellt sind? Es sind die Zeitentwicklungen und die mit ihnen verbundenen gesellschaftlichen Veränderungen und Auswirkungen auf die Institution Schule; nicht zuletzt sind es auch die Veränderungen und Probleme, die Schulen und Schulsysteme sich selber bereitet haben. Sie sind Ihnen allen bekannt; daher brauche ich die wichtigsten von ihnen hier nur stichwortartig anzusprechen:
- Das sind vor allem die Modernisierungs- und Liberalisierungsprozesse mit ihren Folgen zunehmender Individualisierung, Pluralisierung und Wertverlagerungen sowie entsprechenden Orientierungsschwierigkeiten der Menschen, des fehlenden Zusammenhalts und Rückhalts in Familien, von gewachsenen Ansprüchen und mangelnder Solidarität.
- Es ist das zunehmende Bewusstwerden der Auswirkungen einer schon längst bestehenden Risiko-Gesellschaft mit ihren Folgen der Verunsicherung, der ungewisser werdenden Zukunft und ungewohnten Verzichtsanforderungen.

– Es sind die auf beschleunigten wissenschaftlichen und technologischen Entwicklungen beruhenden Veränderungen und ihre Folgen in allen Lebensbereichen, hauptsächlich in der Wirtschafts- und Arbeitswelt hinsichtlich Arbeitsorganisation, Rationalisierung und Produktion.
– Von eingreifender Bedeutung sind ebenso die Prozesse der Globalisierung, der mit ihnen einhergehende verschärfte Wettbewerb und die Auswirkungen auf die Wirtschaftsstruktur, den Handel und Arbeitsmarkt.
– Nicht minder von Bedeutung sind die Vorgänge zunehmender Europäisierung, u.a. durch Osterweiterung sowie die noch nicht abgeschlossenen Prozesse der inneren Wiedervereinigung.
– Und nicht zuletzt sind es die Herausforderungen, die mit noch unzureichend bewältigten Problemen unseres Bildungssystems zusammenhängen; im Schulbereich sind es – mag man auch noch so berechtigte Kritik an den TIMS- und PISA- Studien vorbringen – Schwächen, auf die vor allem die genannten Studien Hinweise geben.

Den aufgeführten Spannungs- und Problemfeldern mit ihren Herausforderungen kann sich keine unserer Schulen entziehen. Wenn sie unsere Jugend auf ihr künftiges Leben vorbereiten und dafür angemessen rüsten wollen, bedarf es einer besonderen Qualität der Schularbeit, einer exzellenten, bescheidener gesagt, einer guten Schule. Sie zu schaffen ist unsere Chance!

2. Die „gute Schule" – wichtige zentrale Prozesse

Was ist nun eine gute Schule? Wodurch zeichnet sie sich aus? Was fördert ihre unterrichtliche und erzieherische Wirksamkeit? Und wie kommt eine gute Schule zustande?

Ich versuche darauf Antworten zu geben, indem ich auf jene zentrale Prozesse näher eingehe, die sich im Inneren jeder Schule vollziehen und durch die ihr Geschehen und Leben gesteuert und gestaltet werden. Diese Prozesse sind:

– Das Sich-klar-werden über die Schulziele, insbesondere über die speziellen Schwerpunkte und Formen der Gestaltung des pädagogischen Geschehens.
– Die Kooperation innerhalb des Kollegiums, mit den Schülern und Lehrern, Gedankenaustausch, gegenseitiges Verstehen und Entstehen von Vertrauen eingeschlossen,
– Kooperative Steuerung des Schulgeschehens bei Förderung von Initiative, Engagement und Eigenverantwortung sowie eines entsprechenden pädagogischen Ethos.

Das sind an sich selbstverständliche, jederman einsichtige Vorgänge und Sachverhalte, doch im Schulalltag sieht es oft anders aus, und den Bemühungen, diese drei zentralen Prozesse erfolgreich zu bewerkstelligen, stehen oft einige Schwierigkeiten im Wege. Zielklarheit, Kooperation und Steuerung hängen eng miteinander zusammen; sie können ohne eine entsprechende Grundeinstellung der an Schule Beteiligten und nicht ohne Einvernehmen, nicht ohne Konsens, herbeigeführt und realisiert werden.

2.1 Herbeiführung von Zielklarheit und Konsens

Nicht ganz zu unrecht wird, was die Ziele einer Schule und die Klarheit über sie betrifft, eingewendet werden können: Wozu überhaupt Zieldiskussionen? Schließlich sind doch die Ziele von Schule in Länderverfassungen und Schulgesetzen festgelegt! Wozu also noch einen Konsens darüber?! Was jedoch die für alle Lehrer, Eltern und Schüler verbindlich festgelegten Schulziele für die Gestaltung des Schulalltags für die Praxis bedeutet, das bedarf der näheren Klärung und gegenseitigen Verständigung. Denn was ist zum Beispiel unter einer Erziehung zur Wahrnehmung der Rechte und Pflichten als Bürger eines demokratischen Gemeinwesens zu verstehen, – was unter Förderung europäischen Bewusstseins, was unter Erziehung zu gegenseitiger Achtung, Toleranz und Fairness? Und Klärungen darüber sind gerade auch im Hinblick auf die einer Schule anvertrauten Schüler und deren Erfahrungen sowie auch im Hinblick auf die Erziehungsvorstellungen der Eltern erforderlich.

Auch können die einzelnen Schulen hinsichtlich der allgemeinen Ziele unterschiedliche Akzente setzen, – ja sie sollten es sogar: So wird zum Beispiel eine Grund- und Hauptschule, in deren großstädtischem Einzugsbereich Viertel mit sozialen Brennpunkten liegen, Ziele der sozialen Integration und individuellen Förderung von Problemkindern besonders betonen. Hingegen werden Grund- und Hauptschulen, die im ländlichen Raum und Grenzgebiet zu Frankreich ihren Standort haben, Akzente stärker auf die Sprach- und Fremdsprachenförderung, die Kommunikation und interkulturelle Verständigung setzen.

Auch können sich in Schulen Akzentverlagerungen durch besondere Ereignissen ergeben, zum Beispiel durch bei Schülern verstärkt aufkommende Aggressivitäten – oder durch wiederholtes Auftreten von Mobbing – und Akzentsetzungen ergeben sich auch aus der Tradition einer Schule, ihrer lebendigen Weiterentwicklung, den Interessen und besonderen Fähigkeiten ihrer Lehrerschaft sowie ebenso aus dem Engagement von Schülern und Eltern.

Um zur Klärung der Zielausrichtung einer Schule zu gelangen und der Findung eines entsprechendem Konsens über sie, bedarf es des Abwägens von Argumenten, der Erörterung von Schwerpunktbildungen und deren Erfordernisse sowie des gedanklichen Ringens um das erforderliche Einvernehmen. Dieses verleiht dem erzieherischen und unterrichtlichen Handeln die gemeinsame Orientierung. Es sichert gewissermaßen das Ziehen an einem Strang. Dem Konsens kommt somit eine Schlüsselfunktion zu. Er ist eine Form der Legitimation der allgemeinen Richtung des pädagogischen Vorgehens im Unterricht sowie der Mitwirkung bei der Gestaltung des Schullebens im ganzen. Natürlich sind auch kollegiale Vereinbarungen über das methodische Vorgehen erforderlich; andererseits – und das berührt die so genannte Methodenfreiheit des Lehrers – sind bei gleicher, einvernehmlicher Zielorientierung unterschiedliche methodische Vorgehensweisen nicht nur möglich, sondern auch erwünscht, wenn unterrichtlicher Uniformität gewehrt und das Aufkommen von Routine vermieden werden soll.

Der Konsens in Schulen sollte sich aber nicht nur auf die allgemeinen und besonderen Ziele, die Schwerpunkte einer Schule erstrecken, sondern ebenso auf zentrale pädagogische Sachverhalte wie Schulleben, Schulqualität, auf das Verständnis von Begabung, von Leistung und auf Erziehungserfordernisse wie kameradschaftliches, faires und redliches Verhalten, Abbau von Vorurteilen und Voreingenommenheiten unter Schülern.

Da dem Konsens, wie herausgestellt, eine Schlüsselfunktion zukommt, ist es zu dessen differenzierterem und wirklichkeitsgerechterem Verständnis angezeigt, auf seine Besonderheiten und Fehlformen etwas näher einzugehen.

2.2 Eigenart und Probleme des Konsenses

Pädagogischer Konsens ist im Alltag von Schulen keineswegs in Gänze gegeben; er kann weder bei allen Lehrerinnen und Lehrer, noch in allen Fragen und hinsichtlich aller Problembereiche erzielt werden. Entscheidend ist einerseits, dass er mehrheitlich getragen wird und dass die ihm nicht im jedem Punkt zustimmenden Mitglieder eines Kollegiums das gefundene Einvernehmen tolerieren, andererseits, dass die den Konsens tragende Mehrheit sich der sachlichen Berechtigung abweichender Auffassungen anderer bewusst ist und ihnen auch Rechnung trägt, zum Beispiel dort, wo es in Problemsituationen und besonders gelagerten Fällen angezeigt ist.

Stärke und Tragfähigkeit eines Konsenses hängen aber nicht nur von der Mehrheit ab, sondern ebenso von der Reflexion darüber, in wie weit es den einzelnen, den konsenstragenden Mitgliedern einer Gruppe bewusst ist, dass ihre Vorstellungen, Sichtweisen und Handlungsgrundsätze von den jeweils anderen Mitgliedern geteilt oder auch nicht oder nicht ganz geteilt werden. Zum Beispiel: Der Lehrer Gotthilf Unverzagt ist der Auffassung, dass ein lebendiges Schulleben sich auf den Unterricht und auch auf die Persönlichkeitsentwicklung von Schülern positiv auswirken kann. Es ist ihm bewusst, dass die Mehrheit seiner Kolleginnen und Kollegen diese Auffassung teilt. Das wird als reflexive Koorientierung bezeichnet (...ausführlich dazu: Siegrist 1970).

Die gute Schule – Herausforderung und Chance

Diese ist noch weitgehender, wenn ein Gruppenmitglied – in unserem Falle eine Lehrerin oder ein Lehrer – nicht nur sich dessen bewusst ist, dass seine Meinung oder Auffassung über einen Sachverhalt mit der der anderen Gruppen- oder Kollegiumsmitglieder übereinstimmt, sondern dass er ebenfalls weiß, wie die anderen seine Auffassung wahrnehmen, diese teilen oder nicht teilen. Zum Beispiel: Der Lehrer Friedbert Helfrich, der vor zwei Jahren neu in ein Kollegium gekommen ist, hat zum Schuljahresbeginn eine als schwierig eingeschätzte Klasse als Klassenlehrer erhalten. Er weiß um die Meinung seiner Kolleginnen und Kollegen, dass es gerecht und billig ist, wenn er als Jüngster die schwierige Klasse übernehmen soll. Er teilt ihre Auffassung. Der Lehrer Friedbert Helfrich ist sich aber auch bewusst, dass die Mehrheit seiner Kolleginnen und Kollegen um seine Ansicht weiß, dass er sich keineswegs darin sicher ist, die neue Klasse in den Griff zu bekommen. Ein Teil der Kollegen hofft, dass ihm das doch gelingen möge, der andere Teil bleibt darin skeptisch.

Naive Annahmen über gemeinsame Vorstellungen und Sichtweisen, ein mehr vermuteter Konsens in Kollegien oder zwischen Lehrer- und Elternschaft geben keine verlässliche Orientierung für gemeinsames Handeln. Erst die reflexive Koorientierung konstituiert den Konsens und macht ihn tragfähig.

Insofern hängt der Konsens von der Dauer und Dichte der Interaktion innerhalb von Gruppen und deren jeweiligen sozialen Beziehungen ab, man könnte auch sagen, von der in Kollegien praktizierten Kollegialität. In diesem Zusammenhang erweist sich auch die Bedeutung von Konflikten und Dissens für die auf reflexiver Koorientierung beruhende Konsensbildung. Dort nämlich, wo auf Grund von Problemspannungen konfliktreiche Auseinandersetzungen in Kollegien stattfanden und durchgestanden wurden, war der Grad reflexiver Koorientierung höher als an Schulen, in denen es weniger oder kaum Auseinandersetzungen gegeben hatte. Konflikthaltige Auseinandersetzungen entstanden zum Beispiel über die Berücksichtigung ökologischer Aspekte in allen Unterrichtsfächern, über Formen selbstbestimmten Lernens, über therapieorientierte Schularbeit in Kleingruppen und die Art von Projekten (Aurin 1993, S.287, 404 u. 1994, S. 51f., S. 110-112).

In Auseinandersetzungen mit jeweils anderen Meinungen und Auffassungen lernt man seine Kolleginnen und Kollegen besser kennen; man gewinnt über ihre Einstellungen und Orientierungen ein differenzierteres Wissen. Insofern wird die Einsicht des amerikanischen Soziologen Coser verständlich: „Der Konflikt vereint" (Coser 1965). Natürlich bringt der Konflikt die Menschen auseinander, freilich auch nicht in jedem Fall; aber er führt sie ebenso zusammen, allerdings zu oft heftigen Auseinandersetzungen. In diesen werden sie veranlasst, ihre eigenen Vorstellungen zu klären, sie besser zu begründen und überzeugender darzulegen und sich mit der Gegenposition intensiver zu befassen. Damit wird die Auseinandersetzung oder die Problemdiskussion auf eine andere Stufe gehoben, womit Annäherungen möglich sind und Konfliktlösungen greifbar werden. Dissens und Konflikt sind bei komplexen, in polaren Spannungen stehenden Aufgaben und Problemen zu Konsens die andere, ergänzende Seite.

Ferner ist es angezeigt, noch auf zwei Fehlformen des Konsenses kurz einzugehen, die hie und da auch in Schulen anzutreffen sind. So tritt gelegentlich bei Teilen des Lehrerkollegiums eine Form des Konsenses auf, die sich als eine Art Puffer gegenüber Neuerungen auswirkt und als „blockierender Konsens" bezeichnet werden kann. Äußerungen wie z. B. „Das haben wir doch schon einmal gehabt! Wozu ein Programm? Wir haben doch schon Programm genug! Das ist nichts Neues! Wozu der Aufwand? Das bringt nur wieder Mehrbelastung und Unruhe!" sind dafür charakteristisch. Man braucht sich eben nicht umzustellen; es bleibt beim Gewohnten.

Aus etwas anderen Wurzeln erwächst ein meist in Form stillschweigenden Einvernehmens bestehender Konsens darüber, „sich gegenseitig möglichst in Ruhe zu lassen", „nicht in die Arbeit anderer hineinzureden". Dahinter steht die Angst, in der eigenen Tätigkeit eingeengt und kontrolliert zu werden, und die Befürchtung, sich eine Blöße zu geben. Schulforscher der USA bezeichnen das als einen von Hands-off-Normen geleiteten Konsens. Dieser hat eine gegenseitige Schutzfunktion. Doch werden damit berechtigte Einwände ignoriert, und Kritik gegenüber problematischen Vorgehen wird nicht zugelassen, meist zum Nachteil der Schüler. Aussprachen und klärende Diskussionen werden infolge eines einseitigen Verständnisses von Kollegialität von vornherein unterbunden.

2.3 Zur Bedeutung von Kooperation

Die Herbeiführung von Konsens erfordert Kooperation und fördert wiederum diese. Entscheidende Mittel oder auch Wege der Kooperation in Schulen sind vor allem die verschiedenen Konferenzen. Durch sie erfolgen Mitteilungen und Informationen und - was noch weit wichtiger ist - Sach- und Problemklärungen, Abstimmungen und Verständigungen; und durch sie und mit ihnen vollzieht sich die Steuerung einer Schule. Da nun in Konferenzen nicht alle Bedenken ausgeräumt werden können, sind Verständigungen in Einzelgesprächen, in mehr informellen Kontakten, erforderlich. Diese erfolgen meist innerhalb der Schule und oft auch außerhalb ihrer und telefonisch. Natürlich braucht man sowohl für Konferenzen als auch für informelle Gespräche Zeit bzw. man muss sich Zeit dafür nehmen. Und das fällt oft schwer im Schulalltag, in dem Lehrer vielfältigen und oft auch neuen Anforderungen ausgesetzt sind.

Doch sollten wir uns hier nicht von der Einsicht Jean Jacques Rousseaus leiten lassen: „Man muss in der Erziehung Zeit verlieren, um Zeit zu gewinnen." Denn Zeit, die klärenden Gesprächen und gegenseitigem Verstehen dient, hilft in der Folge, eben weil etwas geklärt, ein besonderes Verständnis herbeigeführt und vielleicht sogar etwas Vertrauen geschaffen wurde, Barrieren und Hemmnisse zu beseitigen und damit Zeit zu sparen.

Schwierigkeiten scheinen auch darin zu bestehen, dass Lehrerkonferenzen zu sehr mit Verwaltungsangelegenheiten und Erlassmitteilungen und deren Erläuterungen ausgefüllt sind; es bleibt daher nur wenig Zeit für die Erörterung anstehender pädagogischer Probleme. Sicher ist hier, wie das ja schon vielfach geschieht, die Trennung von Konferenzen mit organisatorisch-administrativen Aufgaben und solchen mit pädagogischen Anliegen sinnvoll.

Zudem gibt es nach wie vor im „System Schule", in ihrer Organisation, liegende Sachverhalte, die die Kooperation und Kommunikation innerhalb der Lehrerschaft erschweren. So sind von der nordamerikanischen Forschung Hochschulen und dann auch Schulen hinsichtlich ihrer meist sehr vielen Untereinheiten wie Lehr-, Fächerbereiche und „Klassen" als „loosely coupled system", als in sich nur lose verbundenes System, charakterisiert worden. Das hängt vor allem mit ihrer zellularen Struktur zusammen. Wenn nach dem Klingeln, das das Ende der Pause anzeigt, der Lehrer die Tür des Klassenzimmers hinter sich schließt, ist er allein, von anderen Lehrern getrennt. Das geschieht vier bis fünf mal am Tag. Lehrer sind an isolierten Arbeitsplätzen tätig, die der Evaluation schwer zugänglich sind. Aus diesem Grunde sind z. B. statt Verordnungen auf Konsens beruhende Vereinbarungen der Lehrer untereinander angezeigt, welche Fächerstandards zum Ende eines Schuljahrs erreicht und eingehalten werden sollten, um hierdurch Schulqualität sichern zu helfen. Wohl haben die nur losen Verknüpfungen, die zwischen den Handlungseinheiten (Schulklassen) und -ebenen (Jahrgangsstufen/Schulbereichen) bestehen, gewisse Vorteile! Sie verschaffen Lehrern einen relativ hohen Grad an Unabhängigkeit und ermöglichen ihnen flexibles Reagieren. Andererseits scheint die nur lose Systemverknüpfung in Verbindung mit der Methodenfreiheit, die jeden Lehrer in der Gestaltung seines Unterrichts hat, einer individualistischen Einstellung Vorschub zu leisten. Diese kann sich auf die Kooperation nachteilig auswirken: Das selbstverständliche Aufeinander – Zugehen wird erschwert, und leicht werden Spannungen hervorgerufen, die die Kommunikation beinträchtigen oder gar unmöglich machen. (Zum „Lehrerindividualismus" siehe vor allem Leschinsky 1985, S. 225ff.)

Es kommt daher darauf an, dass sich Lehrerinnen und Lehrer der aufgezeigten Kooperationshindernisse bewusst sind und ihnen zu begegnen suchen. Das gilt vor allem für diejenigen unter ihnen, die innerhalb des Kollegiums verantwortliche Positionen einnehmen und wichtige Funktionen ausüben.

Es dürfte deutlich geworden sein:

1. Durch gute Zusammenarbeit werden gegenseitiger Erfahrungs- und Gedankenaustausch und ein besseres Verständnis füreinander gefördert, womit auch die Konsensfindung erleichtert wird.

2. Durch Kooperation können in Schulen immer wieder auftauchende Alltagsschwierigkeiten wirksam bewältigt werden, und die größeren Probleme, wie die Weiterentwicklung einer Schule oder eine wirksamere Qualitätssicherung der Schularbeit, lassen sich leichter lösen. Ebenso kann den Auswirkungen der eingangs dargelegten Zeitveränderungen und gesellschaftlichen Verwerfungen besser begegnet und gewehrt werden.

2.4 Kooperative Steuerung von Schulen

Der dritte zentrale Prozess, durch den die Funktionsfähigkeit des Systems Schule und ebenso ihre Qualität gesichert werden, besteht in einer entsprechenden Steuerung, in einer klugen Konzertierung ihres pädagogischen Geschehens. Auch das geschieht nicht selbstläufig und nicht nur allein durch den Schulleiter, obwohl ihm hier die Gesamtverantwortung zukommt. Zum Einen sind sinnvolle Abstimmungen der Lehrer untereinander in den Klassen- und Fächerkonferenzen erforderlich, durch die das pädagogische Geschehen in den einzelnen Schulklassen mitgesteuert wird. Zum Anderen wirken sich Abstimmungen mit den Eltern gleichfalls steuernd auf den Schulalltag aus; das geschieht sowohl über und durch die Zusammenkünfte in den einzelnen Klassenpflegschaften als auch über und durch die Schulkonferenzen und deren Rückkopplung mit den Lehrer- Schulstufen- und Fächerbereichskonferenzen. Das sollte eigentlich so sein, zumindest ist dies zu hoffen.

Von ausschlaggebender Bedeutung sind jedoch, was den Schulleiter betrifft, seine Persönlichkeit, sein Führungsstil und Führungsgeschick. Natürlich kommt es auch auf die Unterstützung des Schulleiters durch seine engeren Mitarbeiter, den Konrektor, Fachvertreter und andere Schlüsselpersonen eines Kollegiums an.

Hinsichtlich des Führungsstils ist eine an demokratischen Grundprinzipien sich orientierende kooperative Leitung der Schule gefordert. Diese findet letztlich auch darin ihre Begründung, dass, wie eingangs herausgestellt, pädagogisches Handeln nicht von vornherein festgelegt und nicht im einzelnen verordnet werden kann. Dabei gehört es zu den zentralen Aufgaben des Schulleiters bzw. auch des Schulleitungsteams, immer wieder pädagogischen Konsens hinsichtlich der Ausrichtung ihrer Schule und ihrer konkreten Gestaltung herbeizuführen, Konsens zu entwickeln, zu erhalten und zu pflegen.

Darin stimmen anglo-amerikanische und deutsche Schulforscher überein: Der Schulleiter ist Motor der Konsensbildung. Das schließt keineswegs aus, dass aus Kollegium, Eltern- und Schülerschaft kommende Initiativen ergriffen werden, die die Herbeiführung von Konsens oder dessen Erweiterung oder gar Neuformulierung betreffen. Damit vollzieht sich eine Formung des Konsenses „von unten" (Etzioni 1975, S. 480). Es versteht sich von selbst, dass der Schulleiter und seine engeren Mitarbeiter die pädagogischen Vorstellungen innerhalb ihres Kollegiums kennen sollten, sowohl die unterschiedlichen Auffassungen und stark voneinander abweichenden Sichtweisen, als auch das allen Lehrern gemeinsame. Dies alles erfährt er jedoch nicht nur in Konferenzen, sondern besonders in Einzelgesprächen, indem er sich um seine Kolleginnen und Kollegen kümmert und um ihre Sorgen und Probleme weiß, die sie beschäftigen.

Eine zielgerechte, erfolgreiche Steuerung einer Schule und ihres vielseitigen Geschehens zeigt sich vor allem darin,
1. ... dass der Schulleiter stets die Einhaltung der Schwerpunkte in der Gestaltung seiner Schule – ihr Profil – im Auge hat,
2. ... dass er um eine wirksame Vernetzung der Handlungsebenen und -bereiche seiner Schule Sorge trägt,
3. ... dass er den sich im Schulalltag ergebenden unterschiedlichen und oft unerwarteten Situationen angemessen zu begegnen, und das Geschehen in der Schule entsprechend zu lenken weiß (situational leadership),
4. ... und dass er die Stärken seine Kolleginnen und Kollegen kennt, diesen bei der Überantwortung der verschiedenartigen schulischen Aufgaben Rechnung trägt und dass er die Entwicklung seiner Kolleginnen und Kollegen zu fördern vermag.
5. ... dass die Schulleitung Führungsgeschick besitzt, Stellungnahmen und Äußerungen zu sondieren und zu klären weiß, dass sie sich mit berechtigten Einwänden auseinandersetzt und Gemeinsamkeiten bewusst zu machen vermag und immer wieder dazu in der Lage ist, zur Verständigung und zum Konsens hinzuführen. Der Schulleiter muss zur Konsensbildung mobilisieren, aber auch Konsensinitiativen aufgreifen und Konsens formen können.
6. ... dass die Lehrerinnen und Lehrer einer Schule zwar zuvörderst die Unterricht- und Erziehungsarbeit in ihren Klassen im Auge haben, aber sich auch für das Ganze des Schulgeschehens verantwortlich fühlen und sich an seiner Gestaltung engagieren, am Schulleben mit seinen außerunterrichtlichen Aktivitäten, an Spielen, an Festen und Feiern und an Partnerschaftsbegegnungen.

3. Pädagogisches Handeln motivierende konsensuelle Inhalte

Was motiviert Lehrerinnen und Lehrer in ihren pädagogischen Bemühungen? Hier ist vor allem das Einvernehmen über folgende Inhalte von entscheidender Bedeutung:
1. Einvernehmen über die Förderung einer Atmosphäre, die bestimmt ist von gegenseitigen Vertrauen – Vertrauen zwischen Lehrern und Schülern, zwischen Eltern- und Lehrerschaft wie auch innerhalb der Lehrerschaft. Damit eingeschlossen sind gegenseitige Achtung und Annerkennung und

Verständigung. Natürlich werden Lehrer durch die Erfolge ihrer Unterrichtsarbeit und durch die Fortschritte ihrer Schüler motiviert. Jedoch von nicht minderer Bedeutung ist es, wenn sie sich vom Vertrauen ihrer Schüler, den Eltern und ebenso vom Vertrauen ihrer Kolleginnen und Kollegen getragen fühlen.
2. Ferner ist Konsens hinsichtlich anspornender, anspruchsvoller Erwartungen erforderlich – Erwartungen der Schulleitungen und Lehrerschaften sowohl hinsichtlich qualitätsvollen Unterrichts als auch im Hinblick auf die Anforderungen an Schüler und ihre Förderung, d.h. der Unterrichtsziele und Inhalte, die von Schülern erreicht und beherrscht werden sollen, ohne sie zu überfordern, - und nicht zuletzt Erwartungen gegenüber den Eltern hinsichtlich der Zusammenarbeit in Erziehungsfragen, der motivationalen Unterstützung der schulischen Bildungsbemühungen ihrer Kinder und des emotionalen Rückhalts, dessen Kinder und auch Jugendliche bei ihren schulischen Lernanstrengungen bedürfen.
3. Schließlich Übereinstimmung darüber, die Eigenverantwortung jeden Lehrers für seine Klasse und seinen Unterricht und ebenso die Mitverantwortung für die Schule als Ganzes zu fördern und vor allem bei den ihnen anvertrauten Schülern die Verantwortung für das eigene Lernen. Das schließt die Förderung von Initiative, Selbstkontrolle, kritischer Reflexion des Lernens und die Hilfe zur Selbsthilfe ein.

Damit sind zwar keineswegs alle, jedoch entscheidende geistig-ethische Antriebe und – wenn man das einmal so sagen darf – Transportbänder pädagogischen Handelns herausgestellt worden, die einer qualitätsvollen Gestaltung von Schulen zugrunde liegen und sie voranbringen. Die englischen Schulforscher Michael Rutter und Mitarbeiter, haben sie in ihrem Bericht „Fifteen Thousand Hours" als pädagogisches Ethos herausgestellt, das als handlungsrelevanter gemeinsamer Faktor – als Basiskonsens – der Gestaltung erfolgreich arbeitender Schulen zugrunde liegt (Rutter et al. 1976).

4. Das Konzept der Schulkultur – Charakteristikum guter Schulen

Fazit: Die Ausbildung der dargelegten Elemente pädagogischen Konsenses und das Gelingen der zuvor erörterten drei zentralen Prozesse sind für das geglückte Zustandekommen einer jeden Schule und insbesondere der guten Schule entscheidend. Vorausgesetzt, dass diese Prozesse auf allen miteinander verknüpften Ebenen und Bereichen einer Schule wirksam sind, führen sie zu einer signifikanten Stimmigkeit des Schulgeschehens. Diese kann als die Kultur einer Schule bezeichnet werden.

Systemtheoretisch ausgedrückt: Die Impulse, die von den verschiedenen miteinander vernetzten schulischen Gestaltungsebenen und -bereichen aus-

Die gute Schule – Herausforderung und Chance 229

gehen, dienen der Förderung der Schüler in ihren einzelnen Klassen, Lerngruppen und anderen Erfahrungsfeldern des Schullebens und stehen zueinander in entsprechenden Wirkungszusammenhängen. Lehrerinnen und Lehrer wissen über Konsensfindungsprozesse, Erfahrungsaustausch und gegenseitige Verständigung – durch Kooperation -, was von ihnen erwartet wird und sie haben reflektieren gelernt, was Schüler, Eltern und ebenso ihre Kolleginnen und Kollegen von ihnen erwarten können und was sie wiederum von Schülern und Eltern erwarten dürfen. Und natürlich auch, womit sie nicht unbedingt rechnen können. Das wiederum wirkt sich auf ihre erzieherischen Bemühungen und didaktisch-methodische Arbeit im Unterricht aus und kann dessen Qualität fördern. Die konkreten Lehr- und Lernprozesse von Lehrern und Schülern sind so in vorausgehende Abstimmungs-, Steuerungs- und Wirkungszusammenhänge (s. Abb. 1) eingebettet.

Gewiss ist es nicht von der Hand zu weisen, dass in gehaltvollen Handlungszusammenhängen – in der Kultur einer Schule – die Lehr- und Lernprozesse hinsichtlich der Persönlichkeitsförderung von Schülern von nachhaltigerer Wirkung sind als in Schulen, in denen es nicht oder nur wenig gelingt, eine pädagogische Kultur zu entwickeln. Zwar sollte der Schulleiter wohl auch ein guter Manager, aber in erster Linie Förderer der pädagogischen Kultur sein.

Damit werden zunehmend die Chancen verbessert, dass die eingangs erwähnten, im Hinblick auf die problematischen Zeiteinflüsse zu fördernden Verhaltensweisen besser als bisher beachtet und entsprechend gefördert werden.
– Verhaltensweisen wie Solidarität, Fairness, Kooperation, Eigenverantwortung,
– Wissen aktivieren und es kreativ einsetzen können,
– weltoffen zu sein und europäisch denken zu lernen
– persönlichkeitseigenschaften wie Eigenverantwortung, Initiative und Selbstkontrolle.

5. Die Unzulänglichkeit mancher Reaktionen auf die PISA – Studien und realistische Einsichten über gute Schulen

Angesichts der Komplexität des Systems Schule und seiner differenzierten Wirkungsstrukturen ist an so mancher Reaktion von Politikern und auch von Journalisten auf die Ergebnisse von PISA I und ebenso auf PISA II Kritik zu üben. Weder allein die Ganztagsschule noch die organisatorische Verfassung des Schulsystems (gegliedert/integriert), noch allein die Festlegung von Leistungsstandards durch KMK und Schulministerien stellen zur Behebung der derzeitigen Defizite und Probleme unserer Schulen zureichende Lösungen dar.

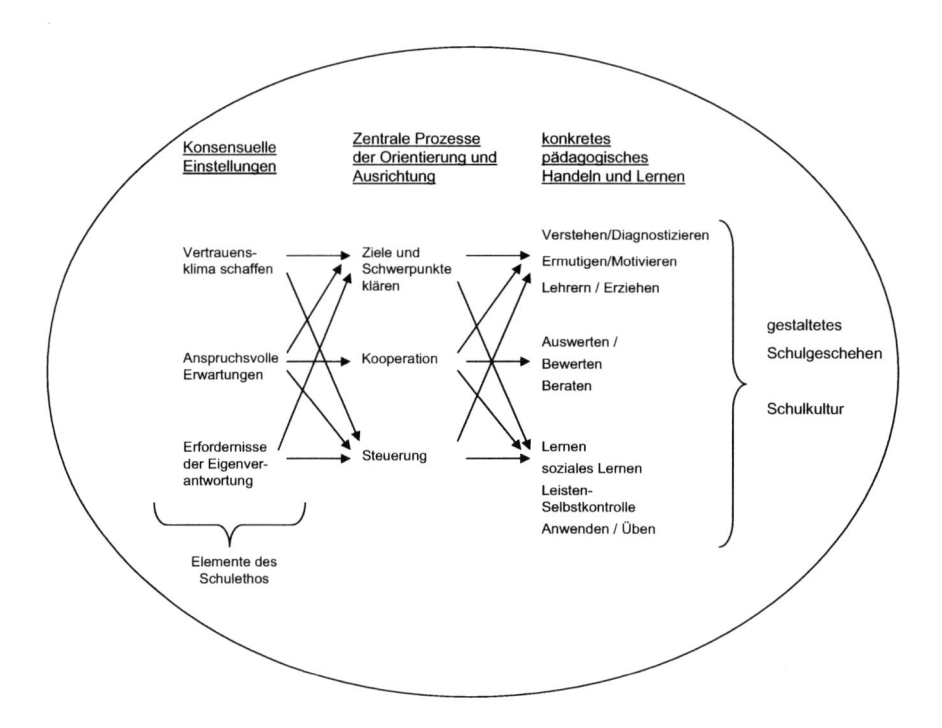

Abb. 1: Grundlegende Handlungs- und Wirkungszusammenhänge des sozialen Systems „Schule" [1]

Auch ist es die Frage, ob sich überhaupt auf Grund der Befunde von PISA die Ursachen der Schwachstellen unserer Schulen unmittelbar und zutreffend erschließen lassen. Hier dürften doch berechtigte Zweifel bestehen. Wohl liefern die PISA-Studien wichtige Hinweise, z. B. auf Zusammenhänge zwischen den Leistungen der Schulen mit bestimmten Merkmalen von Schülern. So sind, wie einer meiner früheren Mitarbeiter in Reanalysen der PISA-Daten ermittelt hat, unter anderem folgende Sachverhalte von Bedeutung.

Ein weit größerer Anteil der Durchschnittsleistungen in Mathematik von Klassen deutscher Schulen kann auf Unterschiede zwischen den verschiedenen Schulen zurückgeführt werden als auf Unterschiede zwischen Klassen ein- und derselben Schule. Ein Hinweis auf die pädagogische Bedeutung der einzelnen Schule!

Hinsichtlich des aufgezeigten Zusammenhangs haben vor allem soziale Hintergrundvariablen (die soziale Zusammensetzung der Elternschaft/das soziale Umfeld einer Schule) einen hohen Erklärungswert für die Leistungsvarianz. Das ist ein entscheidender Hinweis auf die Notwendigkeit, Eltern für die Unterstützung der Bildungsbemühungen ihrer Kinder zu gewinnen und Kindern darin Rückhalt zu sein. Ferner zeigte sich, dass die Kooperation innerhalb der Lehrerschaft einer Schule und die an ihr vorherrschende Leistungsorientierung die durchschnittlichen Schülerleistungen positiv beeinflussen (Analyse der PISA-Befunde, Eckert 2004, S. 21-24; siehe auch Eigler 2004, S. 27-62)

Allerdings wusste man Einiges in dieser Richtung schon früher. Denn es war ja ein wichtiges Ergebnis der Schulvergleichsuntersuchungen der 70er und 80er Jahre, dass die Leistungsunterschiede zwischen den Schülern aus den Schulen beider Schulsysteme (gegliedert/integriert) größer waren als die zwischen den Schülern der beiden Schulsysteme insgesamt (Aurin 1987, S. 183-185). Es kommt also auf die einzelne Schule an, wie sie gestaltet und gesteuert wird und wie die Lehrer ihr Handwerk verstehen und sich engagieren.

Daher bedarf es, will man Schulen verbessern oder gar reformieren, entsprechend komplexer, die Basis konkreten schulischen Handelns erfassender differenzierter und zugleich ganzheitlicher Ansätze wie sie mit dem Konzept der „guten Schule" und der „Schulkultur" vorliegen. Aus der Hüfte abgegebene Schnellschüsse mancher Politiker treffen nicht den Kern des Systems Schule.

Lassen Sie mich zum Schluss noch drei wichtige Einsichten nennen, die die „gute Schule" und ihre Entwicklung betreffen. Sie stammen von einer Schulforscherin der USA, die auf Grund eines intensiven Studiums von „excellent schools" feststellte:

Es gibt gute Schulen – auch unter ungünstigen Bedingungen, z. B. Schulen, zu deren Einzugsbereich ein Slum-Gebiet – wir würden sagen ein sozialer Brennpunkt – gehört.

Es gibt keine Einheitslösung und auch kein Patentrezept für eine gute Schule. In der Ausgestaltung ihres Geschehens können gute Schulen eine unterschiedliche Physiognomie annehmen, wir würden sagen, ein unterschiedliches Profil entwickeln.

Keine der von der US-Forscherin untersuchten guten Schulen war perfekt; vielmehr wiesen sie in dem einen oder anderen Bereich gewisse Schwächen auf. Doch die guten Schulen unterschieden sich von anderen darin, dass sie sich ihrer Mängel und Probleme bewusst waren und daran arbeiteten, Lösungen dafür zu finden (Lightfoot 1983).

Es gilt also immer wieder zu lernen, mit dem System Schule zurecht zu kommen, einem System, das sich schwerlich in allen Bereichen und in jeder Hinsicht perfektionieren lässt und dessen Teil wir als Lehrerinnen und Lehrer selbst sind. Es gilt zu lernen, das Imperfektum Schule mit seinen Herausforderungen stets aufs Neue auf uns zu nehmen und seine Chancen zu nutzen. Schulen, die dem zu entsprechen suchen, sind unterwegs, dem Anspruch gerecht zu werden, eine gute Schule zu sein.

Anmerkungen

[1] In der Darstellung bezieht sich ein Teil der Einstellungen und zentralen Prozesse (Spalten 1 und 2) nicht nur auf die Lehrerinnen und Lehrer, sondern ebenso auf die Akteure: Schülerinnen und Schüler, Eltern sowie die Mehrzahl der Handlungs- und Lernvorgänge (Spalte 3), sowohl auf Lehrerinnen und Lehrer als auch auf Schülerinnen und Schüler. Ferner erstrecken sich die Auswirkungen der Einstellungen und zentralen Prozesse auf alle drei Prozesse sowie alle pädagogischen Handlungen und Lernprozesse, nicht nur in Richtung der Pfeile.

Literatur

Aurin, K. (1987). Wichtigste Ergebnistendenzen der neuesten Schulvergleichsuntersuchungen. In: Aurin, K. (Hrsg.). *Schulvergleich in der Diskussion.* Stuttgart: Klett-Verlag, S. 171-189.

Aurin, K. (Hrsg) (1993). *Auffassung von Schule und pädagogischer Konsens.* Stuttgart: Metzler und Poeschel-Verlag.

Aurin, K. (Hrsg) (1999). *Gute Schulen – worauf beruht ihre Wirksamkeit?* Bad Heilbrunn: Klinkhardt-Verlag.

Aurin, K. (1994). *Gemeinsam Schule machen – Schüler, Lehrer, Eltern – ist Konsens möglich?* Stuttgart: Klett-Cotta-Verlag.

Aurin, K. (2001). Die „gute Schule". In: Sächs. Staatsministerium für Kultus (Hrsg.). *Nachdenken über Schule,* S. 21-31.

Coser, L.A.(1965). *Theorie sozialer Konflikte.* Neuwied/ Rh./ Berlin: Luchterhand-Verlag.

Eckert, Th. (2004). Sekundäranalysen mit Befunden aus TIMSS und PISA – Möglichkeiten und Grenzen. In: Schwarz, B./ Eckert, Th. (Hrsg). *Erziehung und Bildung nach TIMSS und PISA.* Frankfurt: Lang-Verlag, S. 13-26.

Eigler, G. (2004). Lesen jenseits von PISA – Beobachtungen. In: Schwarz, B./Eckert, Th. (Hrsg). *Erziehung und Bildung nach TIMSS und PISA,* a.a.O.

Etzioni, A. (1975). *Die aktive Gesellschaft, eine Theorie gesellschaftlicher und politischer Prozesse.* Opladen: Westdeutscher-Verlag.

Lightfoot, S.L. (1983). *The Good Highschool – Portraits of Character and Culture.* New York: Basic Books.

Autorenverzeichnis

Aurin, Kurt, Prof. Dr. Dr. h.c., Albert-Ludwig-Universität Freiburg.

Block, Klaus-Dieter, Student der Pädagogischen Hochschule Heidelberg.

Boenicke, Rose, Prof. Dr., Ruprecht-Karls-Universität Heidelberg, Erziehungswissenschaftliches Seminar.

Combe, Arno, Prof. Dr., Universität Hamburg, Fachbereich Erziehungswissenschaft, Institut für Schulpädagogik und Pädagogische Psychologie.

Dahlhaus, Hendrik, Schüler der Elisabeth-von-Thadden-Schule Heidelberg.

Edelstein, Wolfgang, Prof. em. Dr., Dr. h.c., Dr. phil., Wissenschaftliches Mitglied der Max-Planck-Gesellschaft Berlin, bis 1997 Mitglied des Kollegiums und Direktor am Institut. Ehrendoktor der Sozialwissenschaften, Universität Island. Honorarprofessor der Erziehungswissenschaft, Freie Universität Berlin und Universität Potsdam.

Elbaek, Uffe, Gründer und Leiter der dänischen Hochschule Kaospilot, Aarhus, Dänemark.

Fatzer, Gerhard, Prof. Dr., Leiter des Trias Instituts für Coaching, Supervision und Organisationsentwicklung, Grüningen, Schweiz.

Franz, Gerd-Ulrich, Schulleiter der Internationalen Gesamtschule Wiesbaden.

Heide, Heidrun von der, Rektorin der Albanischule, Göttingen.

Herion, Volker F., Schulleiter der Elisabeth-von-Thadden-Schule Heidelberg.

Hornberger, Jana, Schülerin der Elisabeth-von-Thadden-Schule Heidelberg.

Kirschfink, Michael, Elternbeiratsmitglied der Elisabeth-von-Thadden-Schule Heidelberg.

Koch-Priewe, Barbara, Prof. Dr., Universität Dortmund, Fachbereich Erziehungswissenschaften und Soziologie.

Krainz-Dürr, Marlies, Universität Klagenfurt, Abteilung Schule und Gesellschaftliches Lernen.

Priebe, Botho, Direktor des Instituts für schulische Fortbildung und schulpsychologische Beratung des Landes Rheinland-Pfalz, Speyer.

Rihm, Thomas, Diplom-Pädagoge, Pädagogische Hochschule Heidelberg, Institut für Erziehungswissenschaften, Abteilung Schulpädagogik. rihm@ph-heidelberg.de

Schmidt, Undine, Lehrerin an der Elisabeth-von-Thadden-Schule Heidelberg und Mitglied der Koordinierungsgruppe (KOG).

Schnatterbeck, Werner, Dr., Schulpräsident, Regierungspräsidium Karlsruhe, Abteilungsleiter der Abteilung 7 - Schule und Bildung.

Schneider, Ingrid, Leiterin der Realschule an der Elisabeth-von-Thadden-Schule Heidelberg und Mitglied der Koordinierungsgruppe (KOG).

Teske, Marianne, Regierungspräsidium Karlsruhe, Abteilung 7 – Schule und Bildung, Referat 77 – Qualitätssicherung, Qualitätsentwicklung, Bildungsberatung.

Werner, Andreas, Elternbeiratsmitglied der Elisabeth-von-Thadden-Schule Heidelberg.

Werner, Traute, Lehrerin an der Elisabeth-von-Thadden-Schule Heidelberg und Mitglied der Koordinierungsgruppe (KOG).

Stichwortverzeichnis

Allgemeinbildung 130
Antifeminismus 135
Arbeitsbeziehungen 116
Arbeitslosigkeit 134
Ausbildung 75, 81
   -sdefizit 75
Autonomie-Paritätsmuster 50, 219

Benachteiligung, strukturelle, der Jungen 134
Bevölkerungsentwicklung 144
Bildungs
   -forschung 78
   -katastrophe 66
   -monitoring 195
   -politik 67, 78
   -qualität 196, 203
   -standards 148
   -verständnis 202
Bildungsplan 2004 148, 155, 176

Chanchen
   -gleichheit 127
   -ungleichheit 133
conceptual change 82

Demokratie 15
   als Gesellschaftsform 15
   als Herrschaftsform 15
   als Lebensform 15
   -sierung 127
Diskriminierung 136
Dissens 223

Elternmitarbeit 175, 180, 182 ff.
Entkoppelung 192 ff., 204
Entwicklung 122
Erfahrungswissen 38
Erwartungsdruck 206
Evaluation 131, 155, 178, 183, 225
   Fremd- 150
   Selbst- 121, 150
Expertenorganisation 49, 53
EXPO-Schule 159

Fächerverbünde 149, 156
Fend, Helmut 67
Förderung von Kindern mit besonderer Begabung 160
Frauenfrage 132
Führungsstil 226

Ganztagsschule 183
Gender Mainstreaming 127
Gesamtlehrerkonferenz (GLK) 178
Geschlechter
   stereotype 128
   -theorie 127
Globalisierung 16
   Dynamik gesellschaftlicher 196

Habitus 82
Handeln, selbstwirksames 19
Hands-off-Normen 224
Hauptschulabschluss 133
Hilflosigkeit, gelernte 19
Humanisierung 127

IGLU 134
Individualisierung 16
Innovations
   -bereitschaft 80
   -prozesse 162

Jahrgangsteammodell 179
Jungen
   -feindlichkeit 133
   -förderung 129

Kernaufgaben 71
Kerncurriculum 148, 177
Koedukation, reflexive 128
Kollegium 121, 176
Kompetenz 13, 37, 45, 73, 157
   -bereiche 73, 74
   -Erwartung 37, 45
   für junge Leute 13
   Kommunikations- 163
   soziale 186
   zukunftsfeste 13
Kommunikationsfähigkeit 176, 182
Konferenzkultur 156, 224
Konflikt 223
Konsens 222, 226 f.
Konstruktivismus 44
   dialektisches Verständnis des 44
Konzeptgruppe 168
Kooperation 23, 220
Koordinierungsgruppe (KOG) 174 f.
Kultusministerkonferenz (KMK) 73, 229

Lebensinteressen 201, 206, 214
Lehrerausbildung 75, 80
Lehrerbildung 73, 78
    Standards für 73
Lehrerindividualismus 225
Lehrerverhaltenstraining 167
Leistungsbewertung, multikriteriale 23
Leitbild 41, 71, 130, 174
    des Unterrichts 41
Leitvorstellungen, weltweite, der OECD 78
Lernen 19, 113 ff.
    des Lernens 19
    kooperatives 113, 116, 118
    verständnisvolles 19
Lernentwicklung, individuelle 170
Lernprozess 198
Lernstands-Erhebungen 121
Lesen 132
Literacy 132, 199

Mädchenförderung 129
Mediation 21
Menschenbild 153
Methodencurriculum 158, 174, 175, 177
Migrationsprozesse 135
Modularisierung 194
Monoedukation 128

Nachhaltigkeit 147
Netzwerkgesellschaft 192

Ökonomisierung 196
Organisationsentwicklung 68
Orientierung 204
    regionale 200

Pädagogischer Tag 174
Partizipation 24
Personalentwicklung 68
Perspektive, des anderen 20
Perspektivenwechsel 20
Picht, Georg 66
Pilotprojekt 186
PISA 70, 118, 229
    -Ergebnisse 70
Portfolio 216
Praxisschock 82
Praxiswissen 38
Problemlösekompetenz 113
Professionalisierung 55
Professionalität 54
Projektschule 76
Prozesse 157, 220

Qualität 205, 220
    -sebenen 70
    -sentwicklung 127
    -sprogramme 68
    -ssicherung 49, 155, 182, 226

Rückmeldung 115, 116, 121

Schlüsselqualifikationen 146, 147
Schnittstellenmanagement 61
Schüler 43, 180
    -sprecher 180
    -rückmeldung 43
Schul 49 f., 70 f., 155 f., 173 f.
    -aufsicht 78, 156
    -curriculum 148, 155, 177
    -ethos 67, 228
    -image 183
    -konferenz 176
    -kultur 50, 130, 228, 231
    -leben 130
    -programm 49, 68, 126, 155, 173
    -qualität 70
    -reform 77
    -verwaltung 152
    -ziele 220
Schule
    als lernende Organisation 76, 77
    als System 225
    Aufbau der 42
    Eigenständigkeit der 148
    Eigenverantwortung der 155
    lernende 78
Schulentwicklung 70, 76, 126
    Berater für 70
    Moderatoren für 70
    -sforschung 128
    -sprozess 159
Schulleitung 48, 59, 72, 157, 172, 226
    -sfortbildung 157
    Rolle der 55
Schulzeitmodell 213
Selbst
    -evaluation 53
    -organisation 126
    -verständigungsprozess 208
    -wirksamkeitsüberzeugung 19
Sinn 198
Solidargemeinschaft 192
Sozialisation 75, 135, 218
Sozialkompetenz 113
Standardisierung 194, 196, 201, 206, 214

Stichwortverzeichnis

Studium 81
Supervision 163
    -sgruppe 131

Team 43, 158
    -arbeit 158
    -entwicklung 43
TheoPrax-Zentrum 146
TIMSS 70
Transparenz 176
Trivialisierung 199

Umorientierung 209
Universität 80, 81
Unterricht 24
    Aufbau des 42

schüleraktivierender 24
-sentwicklung 68, 76, 175
-squalität 187
-sskript, deutsches 40

Vertrauen 37, 42, 45, 157
Visionen 155

Wandel, gesellschaftlicher 144
Widerstandsthema 131, 162
Wissen 198

Ziel 155, 172, 205, 221
    -ausrichtung 221
    -konflikt 205
    -vereinbarungen 155, 172

Schriftenreihe der Pädagogischen Hochschule Heidelberg

Herausgegeben von der Pädagogischen Hochschule Heidelberg

Band 42: Petermann, Bernhard (Hrsg.)
Islam – Erbe und Herausforderung
(5. Heidelberger Dienstagsseminar)
Mit Beiträgen von Bekir Alboğa, Hayrettin Aydın, Sandra Costes, Mostafa Danesch, Nurhan Deligezer, Suzanne El Takach, Nadeem Elyas, Margarete Jäger, Raif Georges Khoury, Albrecht Lohrbächer, Wolfgang Merkel, Samir Mourad, Peter Müller, Hans-Bernhard Petermann, Christoph Reuter, Karl Schneider, Willi Wölfing (†), Hans Zirker.
2004, 308 S.
Der Islam ist heute die in Deutschland nach dem Christentum zweitgrößte Religion, eine kulturell bedeutende Kraft. Dennoch kennen wenige den Islam genauer, auch Lehrerinnen und Lehrer nicht, die fast alle auch muslimische Kinder und Jugendliche in ihren Klassen haben. Dieses Defizit fordert heraus: Welches sind die tragenden Säulen dieser gleichzeitig nahen und fremden Religion, und welche Lebensformen haben Muslime entwickelt und entwickeln sie, auch in Deutschland?

Band 43: Hans Peter Henecka / Frank Lipowsky
Vom Lehramtsstudium in den Beruf
Statuspassagen in pädagogische und außerpädagogische Berufsfelder.
Ergebnisse einer repräsentativen PH-Absolventenbefragung in Baden-Württemberg.
2004, 245 S.
Der gesamte Arbeitsmarkt hat sich in den letzten 20 Jahren grundlegend verändert. Die Entwicklung des Lehrerarbeitsmarkts verlief nach einer leichten Erholung in der zweiten Hälfte der 80er Jahre mit Begin der 90er Jahre wieder eher ungünstig. Allgemein wird in den nächsten Jahren wieder mit guten bis sehr guten Berufsaussichten für Lehrer gerechnet. Für Lehramtsstudenten und arbeitssuchende Lehrer gilt jedoch immer die Notwendigkeit, sich in Eigeninitiative um ihre Weiterbildung und um »arbeitsmarktorientierte« Zusatzqualifikationen zu kümmern.

Band 44: Jörg Thierfelder
Gelebte Verantwortung – Glauben und Lernen in der Geschichte
Studien zur kirchlichen Zeitgeschichte II
Herausgegeben von Volker Herrmann und Hans-Georg Ulrichs
2004, 270 S.
Jörg Thierfelder schreibt in seinen Aufsätzen über das Leben in und mit der Kirche im »Dritten Reich« und in der Zeit nach den Zweiten Weltkrieg. Unermüdlich hat er die großen und kleinen Verhältnisse erforscht, beschrieben und durch Ausstellungen bekannt gemacht. Personen und Ereignisse dieser Alltagsgeschichte treten so lebendig vor Augen, dass sie auch ins Herz geschlossen werden, wo sie aller Erfahrung nach nicht nur innere Bewegung auslösen, sondern auch wieder nach außen dringen.

Band 45: Hans-Werner Huneke (Hrsg.)
Geschriebene Sprache
Strukturen, Erwerb, didaktische Modellbildungen
Mit Beiträgen von Elin-Birgit Berndt, Elisabeth Birk, Clemens Gruber, Sonja Häffner, Hans-Werner Huneke, Rubén Darío Hurtado V., Erika Margewitsch, Veronika Mattes, Martin Neef, Thorsten Pohl, Christa Röber, Tobias Thelen.
2005, 228 S.

Beim Erwerb der geschriebenen Sprache kommt der eigenaktiven Aneignung eine besondere Bedeutung zu. Schon Kinder, die Lesen und Schreiben lernen, gehen auf eine intensivierte Suche nach Strukturen, nach Invarianzen auf dem für sie neuen Gegenstandsfeld der Schrift. Sie konstruieren bei ihren Lese- und Schreibversuchen subjektives, zunächst hypothetisches Wissen über Funktion und Strukturmerkmale der geschriebenen Sprache und nutzen dieses Wissen für ihre eigenen Strategien zur Problemlösung beim Lesen und Schreiben. Dabei lässt sich beobachten, dass die Erwerbsprozesse trotz individueller Varianz charakteristischen Mustern folgen, oft unabhängig von bestimmten Unterrichtsmethoden. Ausschlaggebend sind vielmehr die Sachstruktur des Lerngegenstandes, also systematische Merkmale der geschriebene Sprache, und die Charakteristika der sprachbezogenen Lernprozesse.

Von einer solchen erwerbsorientierten Perspektive gehen die Beiträge in diesem Sammelband aus. Sie orientieren sich zumeist empirisch und fragen nach Strukturmerkmalen der geschriebenen Sprache, nach Erwerbsverläufen und nach Möglichkeiten einer aussichtsreichen didaktischen Modellbildung. Das thematische Spektrum reicht dabei von der Vorschulzeit über den Schriftspracherwerb auf der Primarstufe und die Sekundarstufe bis zum Schreiben im Studium.

Band 46: (in Vorbereitung)

Band 47: Rose Boenicke, Alexandra Hund, Thomas Rihm, Veronika Strittmatter-Haubold (Hrsg.)
Innovativ Schule entwickeln
Kompetenzen, Praxis und Visionen
(7. Heidelberger Dienstagsseminar)
Mit Beiträgen von Kurt Aurin, Klaus-Dieter Block, Rose Boenicke, Arno Combe, Hendrik Dahlhaus, Wolfgang Edelstein, Uffe Elbaek, Gerhard Fatzer, Gerd-Ulrich Franz, Heidrun von der Heide, Volker F. Herion, Jana Hornberger, Michael Kirschfink, Barbara Koch-Priewe, Marlies Krainz-Dürr, Botho Priebe, Thomas Rihm, Undine Schmidt, Werner Schnatterbeck, Ingrid Schneider, Marianne Teske, Andreas Werner, Traute Werner.
2006, 237 S.
Mit dem Titel *Innovativ Schule entwickeln* wird deutlich gemacht, dass unser Bildungswesen in Bewegung geraten ist, Modernisierungen in Gang gekommen sind und dennoch weitere Entwicklungsschritte dringend anstehen. Innovative Konzepte liegen dazu vor. Sie orientieren sich an der Idee des Prozesses vom lebenslangen Lernen und weitergehend in der Perspektive, die Beteiligten aktiv in die Konzepte und in die Realisation einzubeziehen. Welche Chance es für die Schule und unser Bildungssystem gibt, wird in den Beiträgen dargelegt. Wichtig ist, dass sowohl die Theorie als auch Beispiele aus der Praxis ihren Platz in diesem Band haben. Im ersten Kapitel *Kompetenzen für Menschen in unserer Gesellschaft* geben die Autoren Antworten auf die Frage, welche Fähigkeiten junge Menschen brauchen, um in der Welt von heute und morgen bestehen zu können. Der zweite Abschnitt umfaßt Beiträge zur *Professionalität und Professionalisierung im Lehrerberuf*. Ein einziges Modell der Schulentwicklung gibt es nicht, vielmehr bestehen ganz unterschiedliche Ansatzpunkte und *Modelle der Schulentwicklung*, wie sie im dritten Kapitel des Buchs beschrieben sind. In den Beiträgen des folgenden Kapitels werden notwendige *Veränderungsschritte* und Weiterentwicklungen im Bildungssystem auf unterschiedlichen Ebenen des schulischen Lebens angegangen. Im Kapitel *Visionen* verfolgen die Autoren das Ziel, Schule derart zu konzipieren, dass sie angemessene Antworten auf die Herausforderungen im Zeitalter der Bildungsglobalisierung geben kann.